◆文化津梁丛书◆

日本文化透视

杨 薇 [著]

青年读者的热点 + 青年学者的视角
透视文化现象 触摸文化脉络
显文化选择之审慎 作文化交流之津梁

天津教育出版社
TIANJIN EDUCATION PRESS

图书在版编目（CIP）数据

日本文化透视/杨薇著.—天津：天津教育出版社，2010.1
（文化津梁丛书）
ISBN 978-7-5309-5490-4
Ⅰ.①日… Ⅱ.①杨… Ⅲ.①文化—研究—日本 Ⅳ.①G131.3

中国版本图书馆 CIP 数据核字（2009）第 231942 号

日本文化透视	杨薇/著	选题策划/袁　颖
		/王艳超
		责任编辑/曾　萱
		装帧设计/郭亚非

出 版 人	肖占鹏
出版发行	天津教育出版社
	天津市和平区西康路 35 号 邮政编码 300051
	http://www.tjeph.com.cn
经　　销	新华书店
印　　刷	天津泰宇印务有限公司
版　　次	2010 年 1 月第 1 版
印　　次	2010 年 1 月第 1 次印刷
规　　格	16 开（787×1092 毫米）
字　　数	192 千字
印　　张	13
插　　页	2
定　　价	27.00 元

目录

第一讲　日本人从何而来   001

自公元前3世纪"徐福东渡"开始，或因战乱，或因苛政，东亚民族展开了历时千年的日本大迁徙，日本历史从此迎来了文明开化的新时代。

第二讲　神道哲学：日本文化的内核   012

在漫长的历史长河中，日本人也像其他民族一样，形成了其朴素的生存哲学、生活理念，形成了日本民族特有的宗教信仰、思维方式与行为方式等，也就是神道哲学。

第三讲　"以中国文明为目标"的古代   029

圣德太子是一位十分崇尚中国文化的开明君主，他吸收儒学、弘扬佛教，使其成为日本国的官方意识形态，并建立起以天皇为中心的律令国家。

第四讲　道家道教在日本文化中的定位　　042

道教虽未像儒学、佛教那样成为日本的官方意识形态，但其对日本文化的影响也是相当深入而广泛的。

第五讲　日本佛教与日本禅　　057

净土宗与禅宗对日本文化影响最大，因此某种意义上可以说，把握"净土真宗"与"日本禅"的发展脉搏，是深入破解日本文化的关键之一。

第六讲　日本儒学与武士道　　074

客观地说，有着千年历史的武士道文化也是极尽丰富的，它杂糅神、儒、释、道各学，既有精华也有糟粕，可谓天使与魔鬼的共生物。

第七讲　从"唐风"向"和风"的嬗变　　087

894年，遣唐使停派，日本吸收中国文化以后，自身的羽翼渐丰，逐渐从"唐风"向"和风"转变。

第八讲　"和风文化"的烂熟　　099

在经历了盛唐文化的深刻陶养、滋润之后，日本文化进入综合创生阶段，愈加显示出试图挑战极限的无穷创造力。

第九讲　明治维新的"前奏"　　113

明治维新并非一蹴而就，它是江户时代长期积累的结果。江户时代较高的文化教育普及率，以及西方科学及人文思想在日本的传播，为明治维新的成功创造了条件。

第十讲　转型时期日本伦理精神的确立　　126

以勤俭、克己奉公、敬业献身为特征的日本伦理精神，成为日本迅速现代化的重要精神之源。

第十一讲　"以西洋文明为目标"的近代　　138

1872年，以岩仓巨视为首的大型国家使节团出访欧美十二国，进行了为期两年的全方位考察。西方先进的技术与文化令日本人"始惊，次醉，终狂"……

第十二讲　"以美国文明为目标"的现代　　152

二战之后，随着美军占领日本，美国文化以滔天之势席卷日本列岛。有着强烈的"权威至上"文化心理的日本人开始了"以美国文明为目标"的文化转型。

第十三讲　战后日本文化思潮的流变　　164

二战后日本文化的突出特征是，结束了战前一元文化的格局，朝着多元化、多格局的方向发展。

第十四讲　现代日本文化忧思　　　　　　　　　　　176

后现代、后工业社会的日本,某种程度上已呈现出"病态社会"的征兆,陷入深刻的"道德困境"之中。

第十五讲　关于"日本模式"的新思考　　　　　　191

"日本模式"的深刻启示,即是:勤俭创业、持业,构建人与自然、人与人和谐的社会,以及"教育先行"的人力资本投资战略。

第一讲　日本人从何而来

自公元前3世纪"徐福东渡"开始,或因战乱,或因苛政,东亚民族展开了历时千年的日本大迁徙,日本历史从此迎来了文明开化的新时代。

关于日本人来源问题其实至今还尚无"定论"。中国研究日本古代史的学者为数不多,但基本上都认为日本人即东亚人;日本学者关于自身来源的探讨可谓海阔天空,包罗万象。这里笔者主要介绍在日本学术界较有影响的"二重构造说"。自公元前3世纪"徐福东渡"开始,或因战乱,或因为异族统治,或因苛政,东亚民族展开了历时千年的日本大迁徙,日本历史从此迎来了文明开化的新时代,东亚渡来人是日本历史的早期恩人。

一、二重构造模式

地质研究资料表明,日本列岛是经过漫长地质运动而形成的。现今的日本一带,原是一片无际的汪洋,并无陆地,约从6500万年前地球经历剧烈的"造山运动"①后,日本一带的海底徐徐隆起,逐渐出现了陆地。从大量的动植物遗迹可知,当时的日本是亚洲大陆突出在太平洋中的弧状骨架,骨架的南北两端均有断断续续的"陆桥"与亚洲大陆相连,而日本海则是为弧状骨架和亚洲大陆所环抱的一个内湖。

---

① 参阅冯玮:《日本通史》,上海社会科学院,2008年版,第2页。

一般认为，自200万年前开始至约1万年前止，地球处于冰川时代。冰川时代又可分为气候严寒的冰期与气候较暖的间冰期，冰期与间冰期反复交替。由于日本地靠海洋暖流，因此即使是在冰期，低地地带也是植物茂盛，绿林丛生。如此良好的环境是吸引亚洲大陆动物以及远古人类大迁徙的动因。据考古发掘表明，日本列岛与亚洲大陆的陆脊椎动物化石具有许多惊人的相似特征。因此学者们推测，在距今60万至1万年前的冰川时代，亚洲大陆动物分别从南方、北方经"陆桥"来到日本。如考古发掘出了来自南方的各种象，以及来自北方的虎、犀牛、鹿、鼹鼠、獾、狸、蒙古马、野驴、野牛等各种动物化石。同时，这些动物也是当时大陆远古人类追捕的对象。因此，随着动物群的迁徙，大陆远古人类也在追逐动物中进入日本，成为现代日本人的"母体"。在距今1万年前，由于地球转暖，冰雪融化，海面上升，朝鲜海峡、津轻海峡、宗谷海峡相继出现，从而使日本与亚洲大陆之间的"陆桥"最终断开，从而形成今天弧状的日本列岛。

日本列岛的旧时器文化渐露端倪。据日本学者森浩一在《图说日本的古代2 木土石的文化》一书中统计，日本列岛的旧石器遗存至今总数已达约4000处[1]，迄今为止，日本各地发现的旧石器时代的化石人，绝大多数属于距今35000年前以后的化石人。日本学者根据出土地点给这些化石人命名，目前已知的有明石人、牛川人、葛生人、三日人、浜北人、圣岳人、夜见滨人、宫古岛人、帝释观堂人、港川人等[2]。不过迄今只有港川人骨最为完整，为距今18000年的化石人。据港川人复原像推测：男性身高1.53米，女性身高1.43米，身体特征与现代人相差无几[3]。从距今1万年左右，由于日本列岛与亚洲大陆"陆桥"断裂，进入与世隔绝的新石器时代——绳纹时代，该时代因出土的陶器上饰有草绳样的花纹而得名。虽绳纹人因塑造出粗陶、陶俑、陶兽、陶版等手工艺品而令世人赞叹，但绳纹时代总体上处于未开化的蒙昧时期，其经济生活主要以采集、狩猎和捕鱼为主。公元前3世纪东亚渡来人大举东迁，为日本列岛带来了农业及金属工具，方使日本列岛从蒙昧进入文

---

[1] 参阅王勇：《日本文化》，高等教育出版社，2008年版，第4页。
[2] 参阅王勇：《日本文化》，高等教育出版社，2008年版，第5页。
[3] 参阅王勇：《日本文化》，高等教育出版社，2008年版，第8页。

明开化的新时代。

(一) 绳纹人来源

绳纹时代日本人的主体来自何方？一般学者认为，日本出现人类至少在3万年前，至今具有较为完整人骨和可信的仅有18000年前的港川人。中国学者吴新智认为，中国南方的柳江人与港川人之间的亲缘关系要比与中国北方山顶洞人更为接近，因此推测港川人可能来源于中国南方而不是中国北方或东南亚地区。或者还有一种可能性，就是港川人和柳江人在并不久远的过去有着共同的祖先，属古蒙古人种的柳江型分支向日本列岛东部扩散，产生港川人和之后的绳纹人。

据日本学者研究，绳纹人的骨骼化石极为丰富。人类学家内藤芳笃统计，迄今已出土数千具，而弥生时代和古坟时代的人骨化石均不过数百具。通过对人骨化石研究表明，绳纹人脸型短、颧骨高、胴长腿短、体形矮，属于南亚人种，尤其接近港川人和柳江人①。据日本人类学家埴原和郎博士推测，绳纹时代早期的日本人口约20000左右，而旧石器人当在四位数范围内②，比起旧石器时代的数千人，绳纹时代的人口有了成倍的增长。

综上所述，可以认为在距今3万至1万年前的冰川期，海面较低而出现"陆桥"时，从中国华南等地迁徙而至的古蒙古人种经"陆桥"抵达日本列岛，他们则成为绳纹时代日本人的母体。

(二) 弥生人的来源

据弥生时代的考古发现，大约公元前3世纪，一批脸型长、身材高大的人群突然出现在日本北九州和本州西部大部分地区，并不断向东扩散，与绳纹人发生混血，逐渐演变为现代日本人。并且这些来自东亚北部的"渡来人"，也称新蒙古人种，其人数之多，与绳纹人混血的深度与广度之大，均超乎一般人的想象。日本人类学家埴原和郎（1927— ）对弥生人的混血率进行过别开生面的测算，他将弥生人身高的变化视作遗传因子的量化表现，测出土井浜人混血率为1∶1.25，三津人的混血率为1∶0.8。如果埴原和郎的混血率测算无误的话，那么弥生时代移民人数与绳纹人的比例接近1∶1，由此

---

① 参阅王勇：《日本文化》，高等教育出版社，2008年版，第32~33页。
② 参阅王勇：《日本文化》，高等教育出版社，2008年版，第8页。

断定这是第一代混血儿①。这些大陆移民同时也将稻作农业和青铜器技术带入日本列岛，从而引起日本列岛翻天覆地的巨变。经过高度混血的弥生人成为今日大和民族的主体，占日本总人口98%。而北海道的阿伊努人很大程度上依然保留了绳纹时代原住民的体质特征和文化要素。

那么弥生时代身材明显高于绳纹人的大陆渡来人究竟源自何处？中日两国学者的目光聚焦于两处：一处为中国华北地区。黄河流域青铜器时代的某一部分人群头骨非测量特征的调查也支持此说。该说认为他们在不同时间层次上，或直接渡海，或经朝鲜半岛，最终在日本的西部登陆，尤其可能是北九州至山口地区；日本学者埴原和郎则认为，朝鲜西南部是"弥生文化的故乡"，其根据是中国的农耕文化伴有食用家禽及牛马，而朝鲜西南部和日本西部的农耕文化中，均未发现食用家禽及牛马。佐原真甚至断言："如果了解日本最初的农耕文化，那么这种文化来自朝鲜半岛南部，可以说是百分之百的事实。"②公元前223年秦灭楚，秦始皇"焚书坑儒"，实行苛政，是造成黄河中下游地区民族大迁徙的直接动因，他们或直接东渡，或暂停留于朝鲜南部后东渡日本。

另一处为中国长江流域及江南地区。王勇、毛昭晰、王心喜等学者认为，绳纹与弥生之交，正值中国的春秋战国至秦初，均造成江南人口大规模迁徙，此时拥有大型海船的吴越人则由海路出逃，携带稻种及农耕技术抵达日本的可能性很大，因为水稻传播的始发站在江南并最终得出结论："公元前3世纪前后大举东渡的移民集团，很可能是江南的'东海外越'，他们不服秦朝统治，拥有强大的船队，既有避乱迁徙的动机，又有集团越海的能力。他们将渔业、技术（水稻）、青铜武器、航海知识带到日本，而这正是弥生文化的精华所在。"③

日本人类学家埴原和郎根据旧石器时代到现代人类学研究资料，概括出日本人起源的二重构造模式：一是从绳纹人到现代的阿伊努人；二是绳纹人与渡来人经高度混血而形成的现代大和人。至今埴原和郎的二重构造模

---

① 参阅王勇：《日本文化》，高等教育出版社，2008年版，第73~74页。
② 参阅王勇：《日本文化》，高等教育出版社，2008年版，第68页。
③ 王勇：《日本文化》，高等教育出版社，2008年版，第79页。

式在学术界仍颇具影响力。

(三) 阿伊努人

在埴原和郎看来，阿伊努人是未与大陆"渡来人"混血的绳纹人的后裔，因此阿伊努人在种族、语言、文化上不同于大和民族。事实上，阿伊努人在德川时代以前并不归属于日本。居于日本最北部的北海道的阿伊努人，史称"虾夷人"，17世纪之后，才被江户幕府纳入日本的版图。

据《新唐书·日本传》记载，日本遣唐使曾提到"山外即毛人"，其中"毛人"一词指的就是阿伊努民族。归入江户幕府的阿伊努人备受大和人的歧视和欺辱，特别是明治政府强行对阿伊努人推行"同化政策"，阿伊努人的文化和风俗被粗暴地加以否定。许多阿伊努人，如岛崎藤村的小说《破戒》所描绘的那样，被迫隐姓埋名，远走他乡，致使该族语言及文化传承者日渐稀少，阿伊努人人口锐减为原来的十分之一。目前居于日本的阿伊努族仅有2.5万人左右。

"阿伊努"是阿伊努语"人"的意思，主要居住于以北海道为中心的日本诸岛。他们肤色黑黄，体毛浓密，窄窄的眉间距以及略微丰满的身段，有几分酷似亚洲系的俄国人。阿伊努先民们以渔猎、采集、狩猎为主，没有创造出自己的文字，所有的文化都靠口头传承。地处寒冷地带的阿伊努人劳累了一天，喜欢围坐在火炉旁，听讲故事和吟唱叙事诗，或拉或唱，以消磨时光。神话和英雄故事是阿伊努文学的主要形式。阿伊努人尊崇自然，黑熊在阿伊努文化中是神灵的象征。阿伊努民族的宗教仪式中规模最大、最重要的就是熊的送灵仪式，即被称为"熊祭"的祭祀活动，这是祈求丰收的仪式，也是祈求平安的仪式。阿伊努的木雕工艺是其传统工艺的一个重要方面，各种造型的熊、猫头鹰等动物木雕产品十分畅销。阿伊努人的编织工艺有草编技术和纺织技术两方面：其服饰工艺多种多样，有利用熊等动物的皮制作的兽皮衣，也有鱼皮衣，用花魁鸟等带羽毛的皮制作的羽毛衣，还有用树皮纤维制作的树皮衣。阿伊努族是能歌善舞的民族，有自己独特的乐器——口弦，其用竹片制成。

阿伊努语是独立的语言体系，但在语序方面与日语几乎相同，由于明治政府强制推行"同化政策"，导致阿伊努语言与文化面临严峻危机。目前日本政府已意识到保护阿伊努文化的重要性：1984年将其传统舞蹈指定为国家重要无形民俗文化遗产;1987年在北海道开设了阿伊努学习教室,此后北海道大学、北海道学园大学、札幌学院大学等均将阿伊努语及文化纳入教学课程;自1989年以来,阿伊努民族每年举行一次"阿伊努民族文化节"。阿伊努作为日本人口最少的少数民族,其文化在保护与消亡的拉锯战中开始得到恢复。

二、东亚民族的日本大迁徙

从徐福东渡开始,绵延数世纪,由于战争、政治等各种原因,东亚民族大举进入日本列岛,形成古代四次移民高潮。"四次移民高潮说"是由日本学者上田正昭提出来的。他认为第一次移民高潮是在公元前200年左右的秦末;第二次移民高潮为5世纪前后的古坟时代;第三次移民高潮为5、6世纪之交;第四次移民高潮为7世纪后半叶的飞鸟时代。据埴原和郎推算,从弥生时代以后历时千年,迁徙至日本的移民总数多达100万人,这对于古坟时代仅三四百万人的日本来说,移民的比例是相当高的。据9世纪成书的《新撰姓氏录》统计,居住在畿内的1182氏族中,汉人为177氏,百济122氏、高句丽47氏、新罗19氏、任那9氏,大陆移民和朝鲜半岛计374氏,约占总数的32%。由此可见,日本原住民绳纹人与大陆移民的比例大约为3:1,移民的数目及规模是相当庞大的。

(一)从徐福东渡说起

若说日本列岛最初的渡来人,还得从徐福东渡说起。据史料记载,第五次东巡中的中国始皇帝秦始皇感到体力衰竭,开始为日益衰老而焦虑。自公元前219年以来,始皇为求长生不老药已花费了巨资,恰此时,齐人贵族、方士徐福自告奋勇,上奏始皇,表示要代为其求长生不老药。据《史记·秦始皇本纪》载:"齐人徐市(徐福)等上书,言海中有三神山,名曰蓬莱、方丈、瀛洲,仙人居之。请得斋戒,与童男女求之。于是遣童男女数千人,入海求仙人。"然九年后,徐福无功而返。徐福恐遭谴责,谎称:"汝秦王之礼薄,得观而不得取",若"以令名男子、若振女与百工之事,即得之矣"。秦始皇大悦,"遣振男女三千人,资之五谷种、百工而行。徐福得平原广泽,止王不来"。

此后,历史学家们纷纷就徐福东渡的目的进行种种分析与猜测。从装备来看,"徐福集团"备有充足的粮食、粮种及百工。日本民俗学家柳田国男在《海上之道》一书中分析,"徐福集团"若真想采了仙药返还,无须带这么多东西。据其所带之物推测,他们像是有备而去的海外移民,或称之为"海外开发新大陆集团"。20世纪70年代,自日本回国的徐逸樵先生认为,徐福的两次东渡是为逃避秦始皇的苛政及惩罚,但为掩人耳目,又不得不讲些"动听"之语[1],投始皇所好,以求仙药为名,而行有目的、有计划地向海外移民之实。再看《史记》中一再用到"伪""诈"之语,此为后人寻找徐福东渡的真意埋下了伏笔。

有学者从当时的时代背景分析认为,徐福东渡的目的是为避秦之"苛政"。《史记·淮南衡山列传》载:"昔秦绝圣人之道,杀术士,燔诗书,男子疾耕不足于糟糠,女子纺织不足于盖形,恬筑长城……死者不可胜数……流血顷亩,欲为乱者十家而五。"就当时社会背景而论,可谓上至文人术士,下至平民百姓,几无活路可寻。徐福欲在黑暗时代觅得一生路,不得不诈称寻长生不老药,或许徐福第一次出航目的尚不明确,然而第二次则显而易见是有目的、有计划,带有移民倾向的"海外开发集团"。

"徐福集团"入海东渡的时间为公元前210年前后,没过多久,日本列岛便奇迹般地结束了漫长而停滞的绳纹时代,开始大规模进行水稻耕作,并使用铁器、青铜器等冶炼技术,跨入了弥生时代。这两者之间并非偶然巧合。可以说,徐福等大陆移民的东渡掀起了日本列岛的"农业革命",日本在弥生时代基本上完成向农业社会的转型,其对日本历史的意义与明治时代的"工业革命"可同日而语。因此学者们常使用"弥生革命"或"弥生维新"来高度评价其深刻的历史意义。客观上,作为海外拓荒者的"徐福集团"可谓功德无量。秦以后,随着中国持久的战乱,无以数计的炎黄子孙循着徐福所开辟的"海外路线",继续源源不断地东渡,形成东亚史上空前的移民景观,从而将华夏文明的种子撒向东方。

---

[1] 参见徐逸樵:《先史时代的日本》,三联书店,1991年,第191页。

(二) 四次移民高潮

1. 第一次移民高潮

按照上田正昭所述,第一次移民高潮正值秦灭六国,中华大地战乱迭起,秦王朝实行"苛政"时期。可以说从文人术士到平民百姓怨声载道,他们纷纷向"海外"寻求生路。

关于第一次移民高潮,即弥生人源自何方?如前所述,学术界有诸多说法,有主张"吴越移民说";也有"北方人种渡来说";日本学者埴原和郎等则主张源自朝鲜半岛。主张源自中国华北地区的学者认为,为逃避战乱和秦始皇的苛政,大陆流亡人纷纷外逃,先取道朝鲜半岛,在半岛停留的时间不等,当面临无法生存的情况时,再于不同的时间层次上东渡日本,从而形成"中国→朝鲜半岛→日本"三点一线的移民大迁徙。诚然,移民中既有中国华北人,也有朝鲜半岛人。

秦人避乱东徙,将中华文化传入朝鲜和日本,其中自然包括汉字文化。于是便有了徐福携去逸书之说。14世纪的《神皇正统记》云:"始皇好仙,求长生不老药于日本,日本则求五帝三王遗书于彼国,始皇悉数予之。"其后中国发生"焚书坑儒",于是便有"孔子全经唯存日本"之说。北宋欧阳修在《日本刀歌》中亦云:"徐福行时书未焚,逸书百篇今尚存。令严不许传中国,举世无人识古文。"明清时期,中国文人多怀疑日本藏有徐福携去的逸书。

大陆移民东渡,为弥生文化带来怎样的萌动呢?有学者推测,道家哲学至少在秦末汉初就随流亡人一起传入日本,徐福即为秦始皇所推崇的方士之一。所谓方士,乃掌握道家哲学的高级知识分子,因此道家哲学很可能早就传入日本。日本考古发掘中,弥生中期大量中国古铜镜出土,其种类之多,数量之大,高于中国周边他国。据说当时日本的君侯族长持有镜可鉴人、鉴物等种种咒术或理念,颇具神秘色彩。

1957年至1958年,日本学者金关丈夫在种子岛广田发现汉字贝符,有些表面刻有"山",部分学者认为"山"是"仙"的省笔,这是否意味着神仙信仰在日本列岛的流传呢?尚处于史前文明的弥生文化令人感到扑朔迷离。不过有学者认为,"邪马台国(约1世纪末至3世纪)拥有移民及其后裔构成的识字集团,在一定范围内开始使用汉字",这均表明早在弥生时代大陆移民已将汉字文化传入日本。近年有关弥生汉字出土的消息也不断见诸于报端。

2. 第二次移民高潮

4世纪初,中国形成南北对峙局面,北方陷入"五胡乱华"时期,南方在东晋统治下相对稳定。因而北方民族因战乱迁入相对太平的朝鲜南部,其后又因该地纷争,部分汉人渡海入日。

日本史籍《古语拾遗》(807年)载:"秦汉百济内附之民,各以万计。"表明古坟时代大举东迁的移民,包括秦人、汉人、百济人。秦人很有可能是秦朝时东渡的中国人的后裔,汉人则是汉代移民的后裔。

第二次移民潮的主体是秦人和汉人。秦人的首领是弓月君。据《日本书纪》载,应神天皇十四年(379年)弓月君由百济来日。有学者根据《日本书纪》和《新撰姓氏录》统计,6世纪中叶秦人户数总7513户,总人数超过35000人[1],占渡来人总数的二十分之一。京都是古代秦人聚集地,主要从事纺织业,于是赐姓"波多",日语"织机"之义,念作"hata"。也有研究者认为秦人善于农业、水利,秦氏河胜因成功治理京都盆地终年泛滥成灾的桂川、鸭川而为人称道。

汉人的首领为阿知使主,他们稍晚于秦人来日。《日本书纪》(应神二十年,即382年)载:"倭汉直祖阿知使主,其子都加使主,并率己之党类十七县而来归焉。"据9世纪中叶《坂上系图》所述,阿知使主带来的汉人共分七姓:段、李、皂部、朱、多、皂、高。汉人主要聚居在大和国桧隅郡(奈良),后渐次向大阪、滋贺等地扩散。据日本文献,汉人又称"绫人""汉织""穴织"等,说明其也擅长纺织,此外还似精通金工技术,并且东汉直还成为大和王朝极度依赖的强大豪族。

百济人入日主要执掌文教事业,学者们考证其首领也皆为融入百济社会的汉人后裔。据《古事记》和《日本书纪》载:应神十五年(377年),百济王遣阿直歧贡良马、横刀、大镜赴日。阿直歧善读经书,应邀为太子师。经阿直歧推荐,翌年王仁博士应招赴日,"则太子菟道稚郎子师之,习诸典籍于王仁,莫不通达"[2]。王仁供职于大和王室后,逐渐从百济招来同族,他们聚居

---

[1] 参阅王勇:《日本文化》,高等教育出版社,2008年版,第123页。
[2] 参阅王勇:《日本文化》,高等教育出版社,2008年版,第125页。

于河内古市郡（大阪府），专事教授汉籍和起草文书，形成"文首"，奉王仁为始祖，他们的后代都是日后赫赫有名的大姓豪族。

第二次移民潮主要来自朝鲜半岛，但主体仍是汉人。他们作为华夏文明的载体，将儒学等中华文化带入日本。

3. 第三次移民高潮

5、6世纪之交，来自朝鲜半岛的技术超群的汉人，被称为"今来才伎"。"今来才伎"就是技术高、知识新的新来人之意。据《日本书纪》载，雄略天皇将"西汉才伎"招致日本，来日后形成几大技术集团：含陶部、鞍部、画部、锦部、译语（从事翻译）、衣缝部等，归西汉直统一管辖。至今在日本各地仍有以"今来轩"命名的中国式小饭铺（二战前更多）。5世纪由朝鲜半岛移民带入的须惠器，为日本土器生产带来革命性影响。日本本土弥生粗陶都是在低温下烧制，硬度不够，尚有透水性，须惠器的引进使日本制陶技术迈入了一个新的台阶。"今来才伎"以其卓越的技能，使古坟文化大放异彩。

佛教也是在第三次移民潮时期由渡来人之一的"司马达集团"带入日本的。据《扶桑略记》载，司马氏于522年抵日，在大和国（今奈良）一带安置本尊，皈依礼拜。司马达乃移民百济的南梁工匠，具有高超的建寺造像技术。司马达一族以"鞍部"为姓，其孙鞍部止利是飞鸟时代著名的佛像师，创造了闻名后世的佛像艺术——"止利样式"，为日本佛教及佛像艺术的发展做出了不朽贡献。因此可以说，道教、儒教、佛教均是由渡来人带入日本的。

4. 第四次移民高潮

676年，大量百济人、高句丽人徙往日本。610年高句丽僧人昙征赴日，传授颜料、纸墨制法，为日本文化的发展创造了条件。虽然第四次移民潮数量上不如前几次，但依然对日本社会产生了深远影响。由此可见，第二、三、四次移民高潮主要来自朝鲜半岛，但移民大多是移居朝鲜半岛的汉人。

（三）渡来民的贡献

东亚民族的大迁徙，引起了日本列岛翻天覆地的巨变。渡来人大规模来日前，日本列岛主要以采集、狩猎为主，而渡来人大举进入后，才在渡来民的推进下，将农耕技术由西向东推广至全列岛，使日本步入农业社会。弥生时代之初，日本列岛也有了极其简陋的纺车，也是由渡来人带入的。据《三国志·东夷倭传》记载，倭人已种稻、养蚕、种麻、织布，其服饰与古代吴越相同。渡来人传入纺织技术,为弥生人服饰文化带来了革命性变革,使其从鱼皮、兽衣、植物纤维编织物向纺织布衣进化。

同时,渡来人还带来了养马术①,引起了列岛交通工具的革命。将马匹用于运输与交通,则加强了运输的力度,发展了生产力。直至明治维新前,往返于东京和京都之间的陆上交通工具均以马匹为主。直至明治时代,西洋先进技术导入后,才被更为先进的交通工具——铁路所取代。因此有学者指出,在日本历史上"养马术"与"近代铁路"具有同等重要的意义,都引起了列岛生活方式的革命。同时,道教、儒学、佛教初传日本,均是由渡来人带去的。此外,渡来民虽来自朝鲜半岛,但大多数都是取道朝鲜半岛入日的汉人。《日本书纪》中关于汉人的记载不少,并且汉人居留地主要以大和、河内为中心的畿内地区,即奈良时代以前辉煌的"飞鸟文化"(538—710)的腹地,均是汉人生活的大舞台。因此可以说,以汉人为中心的渡来人对当时日本文化的发展做出了卓越的贡献。

公元前3世纪至7世纪,渡来人的到来使日本列岛从蒙昧走向开化,步入了文明社会的殿堂。渡来人不仅是日本列岛开发与建设的主力军,也是日本原初文明的缔造者,日本人的血管中流动着"渡来人"的血液。

2008年6月八国峰会(在日本北海道召开)前夕,日本国会终于破天荒承认阿伊努人为原住民,并承诺对这个崇拜自然、忍受多个世纪歧视的族群提供协助,可谓史无前例。这似乎意味着日本官方对学术界的"二重构造说"有某种程度的认同。虽然至今关于日本人种的来源尚无"定论",但有一点则是毫无疑问的,即日本人种与东亚民族有着很深的渊源。同时,东亚民族随着历时千年的大迁徙,还源源不断地将大陆先进文明带入日本,直接参与了日本原初文明的建设。更准确地说,中国文明是日本古代文明的源头活水,离开中国文明,日本古代文明则难以想象。同时,从日本人种的"天孙民族说""欧美人种说",到今天的"二重构造说",可以看到日本学者关于日本民族自身来源问题的探讨越来越客观了。

---

① 1948年,东京大学江上波夫教授的"骑马民族论"震动了当时日本史学界。他认为,公元前1世纪至4世纪来自大陆北方的游牧民族两次进入日本列岛,第一次进入北九州,第二次进入畿内地区,甚至认为骑马民族建立了大和朝廷,而实现此统一之人,乃应神天皇。

第二讲　神道哲学：日本文化的内核

在漫长的历史长河中,日本人也像其他民族一样,形成了其朴素的生存哲学、生活理念,形成了日本民族特有的宗教信仰、思维方式与行为方式等,也就是神道哲学。

提起日本文化,在一般人的印象中,它不过是先借鉴了东方文化,之后又融合了西洋文化而成。研究日本史的人往往也是过多地着笔于日本吸收东方文化以后的历史,以为日本的史前文明没什么可谈,而笔者认为,构成日本文化模式的内在根据,恰恰存在于史前文明之中,即以神道为主体的日本原生文化乃是日本文化的母体,之后经过与作为父体的外来文化及人种多次交融,才形成今天日本所特有的文化。虽然日本历史开化较晚,有文字记载的历史也相当滞后,但其中却沉潜着未来日本文化发展的内在活力与积极因素,正是这种内驱力才是推动日本历史发展的强大动力。

日本近代启蒙思想家中江兆民(1847—1901)指出:"我们日本从古至今,一直没有哲学",这是一个相当准确的判断。中江兆民一语道破了日本人不擅长抽象思辨的思维方式特质,因此日本历史上没有出现过像康德、黑格尔那样的世界一流的哲人。但在漫长的历史长河中,日本人也像其他民族一样,形成了其朴素的生存哲学、生活理念,形成了日本民族特有的宗教信仰、思维方式与行为方式等,也就是笔者将要论述的神道哲学。具体而言,包括敬神与天皇信仰、自然本位思想、精农主义、生命一体感意识、彼世观与现世主义、尚强文化心理、性文化上的开放意识与人情伦理等方面。虽然日本历史上曾有过四次大规模吸收外来文化的高潮,但始终都是在神道哲学主宰下进行的,这便是日本虽吸收中国文化而未中国化,虽吸收西方文化而未西方化的内在根据,并决定着日本文化的发展方向和未来走势。因此,了解神道哲学,是把握日本文化的第一步。

一、敬神与天皇信仰

现代日本科技高度发达,但日本人的宗教热情依然浓烈,从皇室到民众,宗教祭祀活动乐此不疲。知日家周作人早就洞悉到日本文化浓烈的宗教气息。他说:"我总觉得关于信仰上,日华民族很有些差异,虽然说儒学与佛教在两边同样流行着","我们的信仰仿佛总是功利的","日本便似不然,在他们的崇拜仪式中,往往显示神态或如柳田国男所云神人和融的状态",而"要了解日本,我想要去了解日本人的感情,其方法应当从宗教信仰入门"。依周作人之见,日本"民族的根本信仰还是似从南洋来的道教,它一直支配着国民的思想感情"(《知堂乙丙文集·日本管窥之四》)。笔者认为作为日本民族的根本信仰——神道在其历史发展中,虽然吸收了许多道教的内容与形式,但神道与道教则有着根本上的不同。比如,道教的核心是长寿信仰,而神道则是一种彼世信仰,也就是说道教"乐生",而神道则"乐死"。因此,虽然神道与道教具有某种相同的特征,如敬天尊祖、降妖驱邪等,但两者毕竟是各自独立的两大思想体系,因此不能简单地将神道视为道教的日本化。周作人的深刻见解在于窥见到了日本人强烈的宗教信仰,并指出破解日本文化的关键要从日本人的宗教信仰入手,从而为我们指出了一条研究日本文化的捷径。

日本神道有着源远流长的历史,它是外来文化传入以前,日本文化的内在支撑。日本本土神道信仰由来已久,但冠之以"神道"之称谓,则是 8 世纪以后的事。"神道"一词最早出现于《日本书纪》中,其曰:"天皇信佛法,尊神道。"其中,自然崇拜与祖先崇拜是神道的核心信仰。一般认为,神道始于自然崇拜的历史较长,祖先崇拜则是农耕社会以后的事。慑于不可抗拒的自然的威力,日本人将山、川、草、木以及氏族首领、部落首领均视之为神,一一加以顶礼膜拜,以护佑众生。也可以说,自然崇拜与祖先崇拜是神道的原点和核心。

日本早在绳纹末期，就有了神社的雏形"神篱"和"磐境"，即人们将自己所信仰的神树或神石围起来，并与周围隔绝开来，加以供奉之。日本远古时代有着强烈的森林信仰，树木、森林代表着神灵的附体，因此在日本人看来，神圣的地方不能没有树木、森林，所以日本的神社都是古树参天。史前时代日本盛行祖先崇拜，具体表现为长期流行的氏族神信仰，这种传统自古坟时代一直延续下来，逐渐形成以天照大神为主神的体系神话，并出现后来祭祀天皇家族的伊势神宫。

约1500年前，天皇祖先被供奉于奈良一带，十代天皇时迁至三重县伊势南部，称"内宫"，专门供奉天照大神，后在伊势中部又建了"外宫"，以供奉丰收神。每年伊势神宫的祭祀活动约1600次，可以说世界上很少有哪个民族像日本民族那样热衷于敬神、造神。据10世纪初《延喜式》神名帐（即神社花名册）记载，当时全日本共有神名3132个，神社2861处。政府对这些神社每年都拨款资助，当时神社共分十二等级，由国家统一管理①。在日本，则有"八百万神"的夸张说法，足见日本人信奉的神祇之多。按照神道的说法，人死后都变为神，英雄、伟人死后则成为被供奉的神。如，德川家康死后被供奉于栃木县日光市东照宫，明治天皇死后被供奉在明治神宫（位于东京）。

日本的天皇信仰即由祖先崇拜、氏族神信仰发展而来，始于8世纪。成书于720年的《日本书纪》中，第一次出现关于"天皇是神"的记载。有学者指出，8世纪初的《古事记》、《日本书纪》可视为日本最高统治者天武天皇掀起的一场自我神话运动，其利用神话传说，渲染天皇乃太阳神天照大神的后裔，神武天皇乃第一个开国天皇。由此，太阳神成了天皇家族的祖神和守护神，而历代天皇则成了天照大神的子孙和化身，从而使天皇具有了现世人神的威力与资格。日本古代史书上常常出现对天皇神力的夸张记载：皇极天皇元年6月，大旱无雨，天皇亲临南渊河边，跪拜四方，仰天祈雨，顿时电闪雷鸣，大雨滂沱，大雨下了整整五天五夜，于是乎九谷登熟，万民皆喜等等。在日本历史上，即使天皇大权旁落，自平民百姓到将军武士，对天皇的信仰依然是永恒的主题，因为天皇代表着人间之神。

---

① 参阅张扬：《亦教非教的日本神道》，当代世界1998年第1期。

供奉天皇祖神——天照大神的伊势神宫,历来是日本人心灵所向往的圣地,仅江户时代就有 1650 年、1705 年、1718 年、1723 年、1771 年、1830 年等多次集体参拜,每次参拜人数达两三百万,甚至五百万之多,形成日本民族历史上少有的宗教奇观。伊势神宫对日本人来说相当重要,每个人出生后应前往参拜,在海外出生的日本人往往将自己的头发剪下一缕用黄纸包上,委托回国的亲友带至伊势神宫,以示认祖归宗。

伊势神宫每二十年要举行一次重大的迁宫祭,神道诸多繁文缛节的祭祀活动一直持续到现代日本社会。较之政治,日本天皇则更多地具有祭祀的职能,国家每年花大量的人力、物力、财力去从事这些祭祀活动。现代日本人,无论是身居高位的政治家、从事科学研究的科学家、教授,还是学生、职场人士等普通民众,每每升迁、升学、求职,乃至出国讲学,都要去拜神,以求神灵的护佑。日本人敬神之心,从古至今,依然深切,与高度现代化的文明社会相得益彰,很和谐地融汇在一起。

二、自然本位思想

怡人的气候赋予了日本列岛丰富的植被,异常丰富的花草树木,将列岛装扮得美而不骄,丽不娆人,淡雅而宁静,错落而有致,自然而不落俗,其山川景色之美,被称之为美的极致。日本人正是在这种风和日丽的大自然的造化中,得到滋养与抚慰,获得了生命的源泉,并由此产生了人与自然合一的情愫。

同时,慑于不可抗拒的自然威力(火山、地震、台风、海啸),远古时代的日本人亦将山川草木视为神灵,倍加呵护,不敢冒犯,逐一膜拜,从而产生山岳崇拜、森林崇拜等等。如日本人视拔地而起的富士山为神山,视树木森林为神灵的附体,加以膜拜。日本的神社往往依山傍水而建,依偎在大自然的怀抱之中,与自然和谐为一体。神社之中高耸云天的木柱则必不可少。日本学者梅原猛认为,树木柱子不仅本身是神物,而且是通往"彼世"的绿色通道,即柱子有把日本人的灵魂送往彼世的意思①。因此日本的神社里必定有树木,而寺庙里就不一定有树木。正是由于深植于日本文化深层的森林信

---

① (日)梅原猛:《"森の思想"が人類を救う》,小学館,1993 年版,第 52 页。

仰,所以日本的神,无论是神社中的,还是佛寺中的,大多是木制的,而中国、印度等国的神则是用其他材料制作的。梅原猛指出:日本信仰的基本点就是对树木的崇拜,"神道本身就是一种自然崇拜",神道就是"森林的宗教",森林信仰乃是日本文化的起点①。

在日本,每年新年(元旦),家家户户、公司企业门前都要装饰门松。日本民俗学家柳田国男认为,日本每年新年挂在门前的门松是彼世的先祖们回到现世的标记,是欢迎祖灵回家过年的一种仪式,迎接祖灵,并祈求祖神护佑,此均可视为日本人森林信仰在现代生活中的延续。

现实生活中,日本人处处以自然花草来包装自己的生活,片刻不离自然左右。日本作家古川彻三曾经写道,每一个日本家庭无论多么贫穷,总有一盆花和一张挂在专门的壁龛里的镶版画。如果它有一块地,就一定会把它开辟成一个小花园,园中种上两三棵树,竖起一座石质的灯柱,并用青苔铺满地面,且对这座小花园侍弄得很细心。知日家戴季陶也曾指出:"日本人对自然美的赏玩,是很有一种微妙的情趣的。最使我们注意的,是造园、盆栽、生花,把某些天然风景缩小若千分之一成为一个园林,把某处的一株松柏的奇古形态作标本,造一个盆栽,把某一家的画法作基础,案出一种生花的流义",均体现出日本一以贯之的"自然情结"。

日本人还"食花",可以说日本民族是世界上吃花最多的民族。在日本人看来,莲、藤、葛、椿等,均为可食之花。步入日本超市,在装饰精美的生鱼片方盒之中,小小菊花、绿叶点缀其中,菊花、绿叶均可裹着生鱼片,沾着芥末、酱油一同食用。在日本人那里,樱花也是可食之花(八重关山樱),可制成各种春季时令商品。如樱花渍物(咸菜)、樱花酒、樱花汤、樱花丸子等。日本人还用樱花叶(大岛樱的幼叶)制成樱饼。日本人的食花习俗有点儿嫁接"神物",从而将大自然的神力与生命力在自身上延续之意。由此可见,自然的理念可谓彻入日本人的骨髓之中。

日本人对大自然细腻入微的感受力也是独特的。《万叶集》全卷许多诗歌纯粹是季节歌。11世纪平安时代清少纳言的《枕草子》写出了四季的情趣,作者对四季变化观察入微。14世纪镰仓时代吉田谦好的《徒然草》,则

---

① (日)梅原猛:《"森の思想"が人類を救う》,小学馆,1993年版,第55页。

以动态形式描绘四季动态风物。近世俳人松尾芭蕉酷爱自然,强调风雅精神在自然之中,认为风雅之人以自然为伴。现代日本人的季节感也是颇为独特的。日本人见面寒暄无不和季节有关,如:今天真是好天气啊!相互往来的信函伊始,也多为季节的问候,如:现在是樱花盛开的时节了!秋天已过,寒冷的冬天就要来了!等等。甚至信中的许多内容也是关于季节的感受以及自然的变化的。即使夏季,日本人的问候也有多种,但仍不离季节用语,如:初暑お見舞い申し上げます(初伏问候)!暑中お見舞い申し上げます(暑中问候)!残暑お見舞い申し上げます(暑末问候)!等等。

每年3月15日至4月15日,是日本一年一度的赏樱时节。每到此时,日本媒体会铺天盖地地一路播报"樱情",从什么时间第一株樱花在何地点开放,到什么时间最后一株樱花在何地点谢幕,都会一路播报下来,并且每年的"樱情"会得到全民的广泛关注。每当樱花时节,日本人都会举家出动前去"赏樱",场面颇为壮观。

如果将中日两国的自然观加以简单的比较,笔者认为,中日两国虽然都具有着"天人合一"的东方思想,但两者的自然观又有所差异。日本自古即形成了根深蒂固的自然崇拜思想,在神道哲学中"自然即神",因此日本人对大自然极其敬畏,不敢有所冒犯;而中国文化的根本,则是以儒家思想为主导,儒家也讲"天人合一",但更强调"以人为本",《孝经》即云:"天地之间人为贵",强调人力的伟大。我们在日中两国园林的置景方法上就可看出两国不同的自然哲学思想。日本的园林总是按照自然的景致和样态,顺随自然的造化,尽显自然本色,园中人工建筑、人工雕琢的部分很少,即使有,也尽量小化至不显眼的境地,体现出"自然化人"的特点;而中国园林中人工建筑多而伟岸,显示出人工雕琢的神奇,突出人力的伟大,体现出"人化自然"的特点。

一位日本学者曾经说,日本文化形态是由植物美学支撑的,对日本人来说,自然就是神,生活如果没有神,就不能成为生活。如今,日本的森林覆盖率为世界之最,或许正是深植于日本文化深处的森林信仰成就了日本的高森林覆盖率。笔者认为,日本人"自然本位"思想,也是日本文化中最有价值的思想,特别是在经历了现代化与工业化的深刻洗礼之后,日本的"自然本位"思想则是更顺应21世纪"共生哲学"理念的科学生态观,它为解决21世纪人类环境困境,提供了有益的参照。日本思想家梅原猛(1925—)指出:"人必须再一次反省迄今为止所采取的以人为中心,以自我为中心的世界观,应当把自己的位置放在巨大的宇宙运动之中,放在生命永恒循环运动之中。"在与自然共存、共荣的"共生哲学"理念指导下,20世纪90年代起,日本已开始了向"循环型社会"的全面转型,建设节能、环保、高效的后现代社会已成为日本国民的广泛共识,日本的做法很值得借鉴(这一问题在第十五讲将进一步深入论述)。

三、精农主义

苏联学者佛·普罗宁可夫在《日本人》一书中强调勤劳是日本人的特性,笔者这里所谈的精农主义即指日本人的勤劳特性。所谓"精农主义"是指勤恳专心,精耕细作,全身心投入农业生产的一种精神和态度。他谈到英国人、德国人、美国人也勤劳,但认为德国人的勤劳是有从容的、有节制的,而日本人的勤劳则是狂迷的、忘我的,且带有一种满足的感情,表现出一种特有的美感。

日本列岛的农业生产始于弥生时代。日本学者松尾康二强调,日本人的勤劳来自于日本列岛优良的环境。他说,日本的土壤最适合农业生产,其中有着最适合耕植水稻的冲积土和最适宜旱田农业的火山灰土。此外,日本列岛日照时间长,降水也丰富,森林覆盖面积大,对保持水分有利。且日本如脊梁一样的山脉纵贯日本列岛,冬季积雪一直可供使用至春末。而欧洲的土壤、降水量、日照量等自然条件均没有这些优越,于是就产生了适度劳动,适度休息的思想。因此,日本人的精农主义很大程度上是自然条件造就的结果。在日本,水稻从播种到收获有八十八道工序之说。古代日本是以农业为主的国家,因此日本人一年到头忙忙碌碌,无暇闲歇。

优良的农业环境的确造就了日本人勤勉、敬业的性格。笔者认为,日本人的勤劳还与日本人与生俱来的忧患意识有关。由于日本列岛火山地震频繁,自然资源有限,使日本人忧世心理甚浓,总担心列岛资源枯竭,所以形成日本人深谋远虑,不断囤积食粮和一切物资,以备不测,从长计议,节俭度日的朴素的生活哲学。

精农主义这一日本文化的早期性格,到了近世又被加以近代化阐释,从而成为日本人的人生哲学、价值观的核心。17世纪,日本禅僧铃木正三则提出了"世法即佛法",工作即修行的"工作禅"思想,从而确立起"劳动即佛行"的全新职业观,与西方新教"天职"思想有着异曲同工之妙,成为日本资本主义精神之源。

换言之,在日本人那里,生命的意义就在于工作,即所谓"死后方休"。因此,日本男人即使退休,往往也会找机会开始第二次工作人生,而对于那些中途丢失了工作的日本男人而言,若没有找到再工作的机会,会觉得活下去没有面子,往往会以自杀结束生命。自1998年以来,连续10年,日本以每年3万多人自杀的高自杀率引起世人广泛注意,其中很多则与经济低迷、金融危机,日本企业大量裁员有关。虽然有些新新人类不像老一辈那样,执著于工作,但一旦不工作,便会隐居起来,与亲友断绝往来,因为他们觉得不工作的生活见不得阳光。

四、生命一体感意识

日本列岛一方面自然景色怡人,天然植被丰富,另一方面地形也颇为复杂,全列岛综括了世界范围内所有的四种火山类型。在日本各地都能见到断层、隆起、沉降和侵蚀等各种类型的地质现象。尤其是纵贯日本的环太平洋断裂带,使日本的地理条件具有更大的流动性,这一地带构造线极不稳定,其裂痕至今仍在活动之中。总体上说,日本国土朝日本海一侧下沉,并向太平洋方向缓慢移动。若将日本列岛比喻为一艘正在缓慢沉降的巨船,也未尝不可。20世纪70年代初,日本大型科幻巨片《日本沉没》,即极为形象地反映了日本为抗拒列岛下沉至海底的厄运,而团结一致,共同抗争的恢宏场面。

可以说,日本民族自古就是在一个复杂多变的环境中生存着的民族。他们既领略着自然的恩赐(美景与天然植被),另一方面也承受着火山、地震、山崩和海啸的侵袭,所以日本人有着两种极其复杂的感情:既热爱自然,又畏惧自然。因此,为战胜生存危机,列岛全体人民必须精诚团结,同舟共济,由此"生命一体感意识"油然而生。日本自古就形成了祭祀者与被祭祀者,氏族首领与成员间的生命一体感意识。梅原猛指出,早在绳纹时代,日本人的世界观即以"生命一体感"为基础,"和"的理念乃是贯穿日本社会结构的中心理念,是日本人价值观的基础。日本著名哲学家和迁哲郎同样将人际关系视为日本社会伦理价值的中心。

归根结底,生命一体感意识的产生,源自日本特定的物质生产方式。古代日本人在共同的水稻生产中,以"村"为中心,形成了共同协作的生产组织。在农忙时节,全村人要举行全体成员一起吃饭的仪式(祭),以表达全体成员齐心协力,共同协调作战,以完成生产的共同志向。在日本就有"村八分"一词,意为:大家共同遵守村中的规范与习惯,背私向公,维护共同体的利益。若有违背者,则将被从"村"共同体中驱逐出去,而使其陷入孤苦无助的"无以为生"的境地。因此,一个人一旦脱离"村"这个共同体,就意味着走向死亡。所以每一个成员在"村"共同体中,都竭力克制个人的私心、私欲,而为共同体的发展作贡献。神道所强调的美德即"正直之心",也就是克己奉公之心。另一方面,"村"也有保护个人生活的社会职能。总之,"村"为上,它远比个人、家的地位重要。这即是日本早期文化的特征,即所谓"和"的伦理。

应该说,"生命一体感"是现代日本社会集团主义思想的原型。第二次世界大战后,随着日本经济飞速发展,日本学者纷纷从社会学、心理学角度,对日本社会特殊的人际关系结构进行剖析,并给予了积极的肯定。20世纪60年代,日本社会学家中根千枝认为,日本社会人际关系结构为"纵式"社会关系,强调集团"上下"的一体感意识,并且认为这种具有高度凝聚力的集团主义文化,促进了日本经济的腾飞。20世纪70年代,心理学家土居健郎则提出日本人心理构造为"甘え",即矫情心理,也可理解为依赖性,这种文化心理易于服从一个至高无上的权威,从而为日本集团主义的社会结构提供了心理学的依据。日本社会学家滨口惠俊等认为,明治维新、二战后,日本即使接受了西方个人主义的洗礼,也依然保持着日本式集团的凝聚力,形成一种介乎于东西方文化之间的"间人主义""间柄主义",或称"柔软的个人主义"。

可以说,"生命一体感"源于日本特定的地理环境与历史文化,并成为日本独特经营模式的内在文化基础,关于其深刻的意义笔者将在第十五讲中做进一步深入论述。

五、彼世观与现世主义

(一) 彼世观

日本著名哲学家梅原猛认为,阿伊努人是未与渡来人混血的绳纹人的后裔①。他通过考察寻觅到了潜存于日本文化最深层的信仰——彼世观。他指出:阿伊努人的彼世观体现于"送熊"仪式中。在阿伊努人那里,不仅是熊,而且人、动物、植物等一旦死去,他(它)们的灵魂都要回到天上(彼世)去,且死后去到天国的灵魂,还会从天国再回到现世。"送熊"仪式则意味着把熊的灵魂送到彼世去,并且若干年后,它的灵魂还要回到现世来。梅原解释说,日本人那里的"彼世"既非极乐世界,也非地域,只是和现世完全颠倒的世界而已,彼世的夜间是现在的白天。在现世做过好事的人,去了彼世会很快回来,干了坏事的人则推迟去彼世。死了的人还会回来,灵魂在那里托生——这是日本古老的信仰,并且这种信仰至今还深深扎根在现代日本人的心灵深处。

梅原猛认为,《古事记》、《日本书纪》神话的核心,体现的就是这种"再生"的思想。即天照大神之灵、天皇之灵一死去,又变成另一个人再生。伊势神宫每20年迁宫一次,即把原神宫拆毁再造,这便是一种对"死与再生"的祭奠。现世是暂时的,彼世也是暂时的,一切众生的灵魂都在这两个暂时的旅宿之间循环不息。并且人一旦死去,它的灵魂就到彼世成为神。

梅原对日本人"彼世观"的揭示,无疑告诉我们:日本人在接受外来佛教以前,本土即存在"生—死—再生"的生命轮回思想。笔者认为,日本列岛火山、地震、山崩、海啸等复杂多变的地理环境以及有限的生存资源,不仅酿就了日本人"人生无常"的世界观,同时有限的自然资源也使日本人时时感到生存的巨大压力和危机感,因此日本人的人生情怀与其说是乐世,不如说是"悲世"心理浓重。认为现世生活沉重、疲惫、悲苦,因此去往既非天堂也非地狱的彼世,实在是不错的选择。

日本历史上曾经自杀成风,以致天皇、将军不得不颁布自杀禁令。据日本学者稻村博在《自杀学》中记载:大化二年(646年),日本自杀大为流行,

---

① (日)梅原猛:《"森の思想"が人類を救う》,小学馆,1993年版,第47页。

孝德天皇不得不颁布禁止自杀令,但自杀仍禁而不止。大宝元年(701年),文武天皇颁布《大宝令》;淳和天皇宣布《会议解》禁止僧侣自杀。是年,净土僧众还发生大规模"焚身舍身"自杀。江户时代男女殉情之风盛行,享保七年(1722年),德川幕府不得不颁布《公事方御定书百箇条》,禁止男女"心中"(情死)①。神道的"死亡哲学"至今还一直延续。据日本厚生省统计,自1998年以来,日本每年自杀人数均超过3万,是交通事故死亡人数的4倍多。另据日本自杀对策支援中心的调查,现在的日本每天大约有1000人产生自杀的想法。

也可以说,在日本文化的深层理念中即潜存着向往彼世的"死亡哲学"。因此,日本人也乐于接受外来宣扬人生"无常"的佛教,亲近主张"生死一如""寂死为乐"的禅宗,并加以极端化的"改造"。正是日本文化深层特有的彼世观,决定了佛教、禅宗在日本的"变奏"历程。在日本人的思想中,死人和活人是一样真实的,去彼世还可以与亲友相会,如同现世一样,因而在这种哲学观影响下,死本身并不可怕,只不过是生命在另一个世界的延续。即使是普通人死后都成为神,灵魂在另一个世界里超生,这是神道的根本观点②。

目前学术界将"日本自杀文化"作为日本文化特殊一部分,正在进行积极的研究。笔者认为,从古至今,日本自杀率高居不下的最根本原因还是受神道"死亡哲学"的影响,日本人的悲世心理、彼世信仰,都是决定日本人自杀的决定性因素。之后导入外来禅宗只是给予神道哲学更多的理念支持而已,其实,禅宗并没有崇尚死亡、主张自杀的内容,因为禅宗本身是戒杀生命的。但传到日本后,武士社会的最高统治者为打造英勇作战的武士,大加借用禅宗的"生死一如""寂死为乐""死乃重生"等理念,以支持武士在战场上临危不惧、视死如归。最后竟然走向渲染"自杀美学""唯美自杀"等漠视生命(他人的生命以及自己的生命)的极端化境地,这不能不说是"恶用"禅宗的结果。

(二)现世主义

由于受精耕细作农业生产方式的影响,日本人的生活态度具有着强烈

---

① 参阅李建军:《历史文化因素与日本人的自杀行为》,思想战线2007年第6期。
② (日)梅原猛:《"森の思想"が人類を救う》,小学馆,1993年版,第45~47页。

的务实、崇信现世利益的色彩。他们对于超越于现实之上的空论及抽象思辨不感兴趣。日本学者源了圆则将日本人不喜欢思辨的形而上学思考,而倾向于事实、现象、经验、实证的思维方式,称之为日本文化的"即物主义"性格。

笔者将日本人的现世主义归为两大类:(1)生活原则上的实用主义态度。最为显著的实例就是关于日本人的宗教信仰。现代日本人一般具有神道与佛教双重信仰,这在世界宗教史上的确是极为罕见的。日本人家里往往既供神龛也立佛龛。孩子出生以后要去神社参拜,结婚式也多在神社举行,每年年末新年钟声敲响之际(12月31日深夜12:00点左右),无论风雪严寒,家家户户都会步调一致地前往神社参拜;而每每家人离世时,又会托付寺院做法事、主持葬事,认为这样才能顺利地将死者送往彼世。也就是说,大多数日本人将宗教信仰一分为二,把活着的事托付给神社,把死后的事交给寺院。还有的日本人同时还是基督教徒。20世纪90年代初笔者在京都留学时,曾经教那里的家庭主妇们学汉语,她们中就有很多基督教徒。基督教重大节日自不必说,星期天或平日她们也常常去教堂祈祷,吃饭前她们会在胸前画十字,出门旅行必去当地的教堂祈祷,但在她们的家里也并行不悖地供着佛龛。所以每当日本人出国旅行,填写宗教一栏时会感到很为难,外国人更是感到困惑不解。但日本人认为,既然每个神都对护佑自己的人生起作用,那么就都可取之用之,他们也不会深究其中的体系与逻辑是否冲突。总而言之,各尽其用,兼容并包,互不相扰。日本学者中村元在《东洋人的思维方法》一书中则揭示道,在日本人的思维方法中最基本的原则是,原封不动地肯定为了生存所处的自然环境或者是客观条件,他们往往把所有客观现象视为绝对的东西。

(2)实用主义思维方式。日本人不擅长抽象理性思辨和创建体系的宏论,而倾向于实用、实践。如"日本近代伦理精神"的确立者,17世纪杰出禅僧铃木正三,他首先思考的不是创建恢弘的禅学体系,而是更为关注禅学思想对改变战争之后日本人迷茫、懈怠、委靡之国民精神有何功用。他"以佛经为药",极其实用主义地做出"日本化"的阐释和发挥,提出"工作禅"的思想,从而确立起一种全新的职业观、人生哲学,或者说价值观体系。对促进日本资本主义经济的发展,振奋国民精神,都起到难以估量的积极意义。因此日本评论家山本七平称他为"日本资本主义精神的缔造者"。

另一位被山本七平赞为"日本资本主义的精神导师"的近世伟大思想家石田梅岩则杂糅神、儒、佛诸家之学，创建出一个庞杂的体系。虽很难说他所创建的思想体系多么精妙，但其学说的确很实用。他将儒家的节俭理念上升至哲学意义上的"道"的高度，形成"为公"之俭约哲学，这对扭转江户中期的奢靡世风，树立全民节俭风尚起到积极的作用。至江户时代末期，由石田梅岩及其弟子所创办的心学塾达200处之多，对提高全民的道德素质发挥了积极的作用，并得到江户幕府的高度肯定与支持，使心学在江户末期得到广泛的传播，对社会转型时期日本伦理精神的确立，推动日本资本主义的发展具有积极的意义。

如今茶道已成为日本的一大专利和文化特色。但若深入考察茶道的发展史，定会发现日本的茶道实际来自于中国的禅寺茶与茶礼，但中国的禅寺茶仅限于"寺院禅房"，而且明代以后也没有继续发展。而日本禅僧得之则如获至宝，将其带回国内，日本茶人将其推向市井草莽，改造成为一种民众化的融宗教、哲学、道德与美学为一体的综合性文化艺术。这便体现了日本人极其实用主义的思维方式以及现世主义的生活态度。应该说，这也是一种富于实践性的日本文化特色，体现出神道哲学的现世主义特征。

六、尚强文化心理

大和民族自古就显示出"尚强"的文化心理倾向。从历史记载中我们可以发现，日本人对待拥有先进文化和技术的渡来人是相当敬重的，并一一予以重用。如《日本书纪》载：渡来人之一的秦氏集团首领弓月君于应神十四年（403年）来日，并告应神天皇，他携本邦人来归，中途滞留于新罗。于是应神遣精兵往迎。因为日本对掌握先进文化与技术的东亚民族极其倾慕，所以才不惜全力，将中途受阻的渡来人迎来日本。

日本古代尚强心理突出表现为对中国文化的崇拜，最突出的史实就是遣隋使与遣唐使的派遣。自7世纪初，历时两个半世纪，日本人不顾葬身海底的危险（据统计，死亡率高达50%），频繁派遣隋使、遣唐使赴中国取经，学习中国的先进文化，成为世界文化交流史上少有的"壮绝"。

近代日本人尚强目标则转向欧美。1872年明治政府派出以岩仓巨视为首的大型国家使节团,包括参议木户孝允、大藏卿大久保利通、工部大臣伊藤博文及留学生近百人,以修改不平等宪法为名,全面对欧美十二国进行了为时一年零十个月的全方位考察,学习西方的先进文化,这在世界文化交流史上也是少有的"奇观"。欧美又成为日本人追随的目标。二战期间,先进的美式武器令日本人深深折服。尽管美国在广岛、长崎投下两颗原子弹,并占领日本,日本人却并不介意,而是重新调整目标——追随美国。这体现出日本人不仅尚强,且屈从于权威的文化性格。

日本人"尚强凌弱"的民族性格也广泛体现于日常生活之中。在大多数日本人眼里,弱者是被鄙视的对象,一个弱者往往得不到同情和怜悯。被欺负的对象往往是弱者,很多被欺负者常常不堪被凌辱的痛苦,最终选择自杀。而日本一项针对中小学生的调查显示,大部分人认为欺负人不是坏事,人人自强,弱者才被认为有问题。

七、性文化上的开放意识与人情伦理

日本的风俗产业源远流长。据《梅干与日本刀》一书所载,平安时代的舞女乃是日本妓女的鼻祖,即日本的娼妓产业起源于平安时代。镰仓时代,妓女卖淫成为合法行为,此乃日本公娼制度的开始。在德川时代,当时东京每78名妇女中就有一人是娼妓。二战时期,日本更是别出心裁,设随军妓院,在日本国内征慰安妇,又强行在朝、中、菲等国征慰安妇。如今,虽日本警方多次展开扫黄攻势,但色情产业仍年年花样翻新,一切均在"文明"的外衣下进行。诸如此类现象,难以与日本人彬彬有礼的仪表,斯文有加的外貌相匹配,由此引起许多外国人的困惑与不解。若要拨开日本文化的这一迷雾,则要从远古时代的日本说起。日本自古以来性文化上的开放意识与人情伦理是产生这一文化现象的深层原因。

我们首先上溯至日本史前时代。许多绳纹末期的女性"偶人"(土偶),多为栩栩如生的女神,或怀抱婴儿的母亲,或乳房和腹部隆起的孕妇,无一不刻意突出或夸张生殖器官,表现出对繁衍的神秘力量的崇拜和对生命创造力的敬信。关于性与生殖器的描述,仅在《古事记》前半部中就多达35处,古代日本人对性的开放与毫无掩饰,显露无遗。高洪指出:"在原始时代的日本人心中,性与宗教处在一种和谐的状态","古代日本人并不因性行为而感到羞愧,在他们的性意识里,性是大自然基本而和谐的表现"①。

如果说史前时代日本人的性理念尚未经过文明的净化的话,那么古代日本在接受了外来儒教文明与佛教文明的洗礼之后,却也未完全脱胎换骨,远古文化遗痕仍依稀存在。如此想来,不能不认为这是日本文化亘古不变的特征。

在《万叶集》中居多数的恋歌,毫不隐讳地直抒男女爱恋之情,将人间恋情置于很高的位置。而中国儒家《诗经》中虽也收录了一些恋歌,如《关雎》等,但历来别有解说。此外,再看成书于平安时代的《源氏物语》,其主人公源氏的第一个婚外恋的对象是他父亲的宠妃,源氏与其私通并使其怀孕,生下了日后成为冷泉天皇的皇子,但他们并无罪恶感,且《源氏物语》中知晓此事的几个人均不以此为非。由此可见,当时的贵族对异性之爱是极为宽容的。

日本古代女性作家清少纳言在《枕草子》第六十一段中曾描写男女情人冬夏欢会的场面。她这样写道:"秘密去会见情人的时候,夏天是特别有情趣。非常短的夜间,真是一下子天就亮了,连一睡也没有睡……""还有冬天很冷的夜里,同了情人深深缩在被窝里,听撞钟声,仿佛是从什么东西底下传来的响声似的,觉得很有趣"。另外《枕草子》的"常陆介"一段中,有中宫寓所的记事:宫廷女官们竟大胆而无所忌避地以性事作戏谑玩笑。进入中宫的尼姑,竟然可以吟唱"夜里同谁睡觉啊,同了常陆介去睡啊,睡着的肌肤很是细腻"云云。② 中国当代学者严绍璗认为,一个女性作家能如此坦陈情人欢会的体验,无所顾忌地展示女性的激情与活跃,不难想象当时日本社会在男女两性关系上的自由程度。

16世纪朝鲜使节黄慎在《日本往还记》中曾描述道:"其俗尚沐浴,隆冬不废。常在市街设为浴室,以收其值。男女混处,露体相狎而不相羞愧,与客戏狎,无所不至……至嫁娶不避甥妹,父子并淫一娼,亦无非者,真禽兽也。"总体来看,古代日本人对浪漫的恋爱与性爱并不像中国那样采取克制

---

① 高洪:《日本史前文明管窥》,日本研究1998年第3期。
② 转引自严绍璗、中西进:《中日文化交流史大系(6)》,浙江人民出版社,1996年版第41~42页。

的态度,并且即使接受了东方儒教与佛教文化,也未完全改变"初衷",因而可以得出结论:日本文化一贯的传统是,较之理性原则,则更为忠实于内心情感。日本学者源了圆认为,这表现了日本文化"情的与共感的"性格。

戴季陶在其著作《日本论》中也曾谈到这一点。他说,日本人对于处女的贞操观念决不如中国那样残酷。对日本孀妇的贞操,虽然也主张,但决不如中国那样残酷。日本人对于妓女同情的心理多于轻蔑的心理,讨妓女作正妻是极为普遍的,尤其是(明治)维新志士的夫人几乎无人不是来自青楼,这也可以说日本社会对于妓女并不比中国社会残酷。他们的贞操观念,不是建筑在古代礼教上,而是建筑在现代人情上。

关于日本的人情伦理,美国著名人类学家本尼迪克特在《菊与刀》中揭示得更为透彻。他说:"日本道德中竟能宽容五官的享受,如热水浴、睡眠、食事,浪漫的爱情是日本人所追求的另一种'人情'。"他还指出:"'同性恋'的耽溺也是日本传统'人情'的一部分。在古代日本,这是武士和僧侣等高地位人士的'正当享乐'。虽明治(维新)为迎合西方法律禁止许多风俗,但日本人对'自淫'的享乐也并不把持严格的道德态度,没有一个国家像日本有那么多自淫的道具。"最后,本尼迪克特指出:日本社会之所以如此,是因为"在日本人的哲学中,肉体并非罪恶,享乐可能的肉体快乐也不是犯罪,精神与肉体并不是宇宙中针锋相对的势力"。美国日本通赖肖尔也指出:"日本人没有西方人那样认为性关系有罪的观念。对他们来说,性关系和饮食一样,自始至终是一种自然现象,理应有其适当的位置。"①

从理论上来说,日本人性文化上的开放意识与人情伦理同原始神道密切相关。江户大儒贝原益轩(1630—1714)在《神祇训》中指出:"神道以诚为本。"古代"まこと"(即"诚")是真情、真实、真率的表现。日本导入儒家"诚"的理念,却加以"日本化"阐释。山鹿素行(1622—1685)指出:"所谓诚,乃天下古今人情不得已之谓也。"也就是说,从内心涌出的不可抑制的感情是"诚",将自己内心真挚的情感付诸行动是"诚",并认为男女情爱(欲)都同样是人的"不得已"之情,也就是"诚"。在日本人那里,人们对内心真实的情感乃至性欲不加以制限,任其自然,纵其发展,视之为"诚"。因此,日本

---

① (美)赖肖尔:《当代日本人》,陈文寿译,商务印书馆,1992年版,第150页。

人的伦理观极富感情色彩,与儒家"发乎于情而止乎于理"的道德理性原则迥然不同。可以说,即使现代日本社会,某种程度上仍然保留着其远古未开化时代本土神道文化的遗风。

第三讲 "以中国文明为目标"的古代

圣德太子是一位十分崇尚中国文化的开明君主,他吸收儒学、弘扬佛教,使其成为日本国的官方意识形态,并建立起以天皇为中心的律令国家。

旧一万日元的纸币上,印着圣德太子(574—622)的肖像,他是日本古代文明的总设计师,他十分英明地推行"以中国文明为目标"的伟大战略。不畏惊涛骇浪和险途,数次派遣隋使赴中国。如果说在圣德太子以前,日本吸收大陆文化处于一种时断时续、半自觉状态的话,那么以圣德太子为转折,则开始了大规模、有目的、有计划地引进中国文明的自觉行动。圣德太子是一位十分崇尚中国文化的开明君主,他吸收儒学、弘扬佛教,使其成为日本国的官方意识形态,并建立起以天皇为中心的律令国家。此后,大化改新即沿着他所开创的文明轨迹,进一步深化政治经济改革,自上而下、全方位、大规模地引进中国文明,大大缩短了与中国文明的差距,从而使日本与中国文明共进退。即使一千余年后的今天,日本人仍然深深铭记圣德太子的伟大恩泽。

一、遣隋使与遣唐使的派遣

(一)圣德太子与遣隋使

圣德太子系用明天皇的皇子,天资聪颖,智力拔群。《日本书纪》称他:"生而能言,及壮有圣智,一闻十人诉,以勿失能辨。"太子崇尚大陆文化,"习内教于高丽僧惠慈,学外典于博士觉哿,并悉达矣"。太子师从高丽僧惠慈学习佛教,师从百济博士觉哿学习儒学。"外典"指佛教以外的学问,包括道家哲学、道教。据圣德太子制定的"冠位制"和"宪法十七条"看,太子亦有道家、道教方面的学识。

圣德太子19岁摄政,他执政初期国家处于内外交困之中。为此,圣德太子决意遣使入隋,试图全方位汲取中国文明的经验,以振兴皇室的权威。并导入儒家思想,确立君臣之间严格的等级秩序,立佛教为国教,改以往君王的称谓(大君)为"天皇",试图建立起以天皇为核心的中央集权国家,并改国号"倭"为"日本"。

为树立皇室权威,603年圣德太子施行"冠位十二阶",成为内政改革的先声。冠位制将儒家"德"置于首位,其下依次为儒家强调的五常,即仁、义、礼、智、信。表明圣德太子高度重视儒家思想,并以此为官方的意识形态。冠位共分十二阶,朝廷授予冠位的依据是对朝廷贡献的大小,而非门第。这一举措,不仅广纳天下贤才,且将效忠天皇的力量凝聚在一起,削弱了豪族势力,增强了皇室权威。

604年圣德太子颁布《宪法十七条》,更集中体现出圣德太子以儒家思想与佛教思想为治国理念,以及全面改革的决心。首先,《宪法十七条》中贯穿着君上臣下等儒家人伦秩序及等级观念。如《宪法十七条》第三条强调"君则天之,臣则地之","君言臣承,上行下靡";第十二条强调"国非二君,民无两主,率土兆民,以王为主",核心是宣扬忠君思想,强调天皇权威。总体上看,《宪法十七条》基本上因循中国儒学的"原貌",体现出中国儒学"以仁为本"的特色。其次,将佛教置于国教的显要位置。如宪法第二条则云:"笃敬三宝,三宝者佛法僧也",体现出圣德太子欲兴隆佛教的宏愿。另外,据日本学者河村秀根《书纪集解》考证,圣德太子在编定《宪法十七条》时参考过《庄子》,如第十条"彼是则我非,我是则彼非",从文字到内容均似《庄子·齐物论》中的"自彼是非"论①。

年轻有为、富有远见和胆识的圣德太子在外交上更有突出的建树。他开辟了直接通隋的新航路,向隋派遣使节和留学人员,恢复了与中国断绝了

---

① 参阅王勇:《日本文化》,高等教育出版社,2008年版,第170页。

百余年的邦交,直接摄取中国先进文化与典章制度,促成了日本历史与文化飞跃发展的重大转折。正是在圣德太子大力弘扬佛教的主张下,日本全国才出现了竞造佛寺的局面,迎来了日本佛教隆盛的时代。当时仅圣德太子一人所建寺庙就有46座,其中最著名的是607年建成的法隆寺。圣德太子还潜心钻研佛典,用汉文著《三经义疏》,并亲自讲经说法。因此,日本人都尊奉圣德太子为日本佛教的创始人和"鼻祖"。

日本国学家本居宣长在《驭戎概言》中指出:"及至圣德太子听证之时,所遣多为求佛法之使节。而自昔韩国之人,来者甚多,得亲侍太子。太子既闻其经常赞扬隋唐为可钦羡之国,并阅读汉文精湛典籍,便思设法与之通好,万事悉欲仿效之心,与日俱增。"①圣德太子乃先进文化之先觉者,他憧憬中国文明,产生了深入到堪称东方文化渊源的中国本土,直接汲取优秀文化的念头。

据统计,圣德太子摄政期间共派六次遣隋使,分别为600年、607年、608年(两次)、610年、614年。小野妹子曾三次入隋,考察中国的制度。隋都城洛阳之繁荣,使小野妹子等"瞠目结舌","街上树木,全都裹以丝绸","夜深而街衢依然热闹。大剧场和有印度象的杂技团等处人山人海。外国使节所到之处,饮食免费,据称隋是世界第一的物质丰富国家,故不收费"②,而此时日本"尚无货币"。两国巨大的文明落差,更加剧了日本统治者不畏艰难险途,索取中国文明的恒心。遣隋使僧昊回国后,将贵族子弟聚集一堂,讲授《周易》,留隋生南渊请安在家塾中指导中大兄皇子和中臣镰足(均为此后大化改新的中坚力量)研习儒学。遣隋使的派遣,为此后更大规模的遣唐使的派遣做好了各方面的充分准备。

可以说,圣德太子是日本古代文明的开路先锋,是日本历史上的有"功"之臣。但是他在位期间也发动了对朝鲜的侵略战争(600年),使两国人民蒙受巨大损失,这是圣德太子的"过"。

---

① 转引自武安隆:《文化的抉择与发展——日本吸收外来文化史说》,天津人民出版社,1993年版,第140页。
② 转引自曹林娣、许金生:《中日古典园林文化比较》,中国建筑工业出版社,2007年版,第30页。

(二)遣唐使

618年,唐朝兴起。遣隋留学僧惠齐、惠日留学中国多年后归国,报告天皇大唐乃法律制度最完备的国家,日政府决定组织大型遣唐使团,并以留学生、留学僧随行,此外还有医生、文书、翻译、画师等等。朝廷选拔的使臣大多是汉学水平较高,熟悉大唐情况的一流人才,随员也均有一技之长,留学生、僧均为优秀青年,可谓是精挑细选的强大"阵容"。遣唐使的总任务是学习中国先进的文化(求购书籍)与制度,并进行外交、贸易活动,自此,逐渐形成日本历史上的遣唐使制度。

据统计,自630年至894年约264年间,日本共拟派20次遣唐使,但实际成行16次。前期集中在7世纪,一般由2艘船组成,乘员250人左右;后期由8世纪至9世纪末,船只增至4艘,乘员500人左右。据统计,渡海人员的死亡率接近50%[1]。如此惊人的数字表明,日本人求取中国先进文明的心情不仅是急切的,甚至是狂热的。遣唐使规模之大,次数之多,持续时间之长,在世界史上也是极为罕见的。这种不甘于平庸、勇于索取先进文明的文化性格,在某种意义上预示着未来的成功。

遣唐使的意义是巨大的。首先,从入唐求书来看,由遣隋使开拓中日直航以前,书籍的流通量和速度均很低,但遣唐使以来购求书籍成为其主要任务。如入唐留学僧玄昉,一次携归佛经5000余卷,约相当于唐代一切经的总数。留学生吉备真备,归国时携带《唐礼》、《大衍历经》、《大衍历立成》、《乐书要略》等共计150余篇。此外,有"入唐八家"之称的最澄、空海、常晓、圆行、圆仁、惠远、圆珍、宗睿等,在中国求得数以千计的经卷,所编"请来目录"传承至今。

其次,留学生、留学僧归国后,成为日本政治、文化事业的中坚力量。留学生中,如精通刑律的大和长冈任民部大辅,修律令二十四条;藤原刷雄任刑部大判事;菅原尾成回国后任针博士、天皇侍医;春苑玉成任大学寮阴阳博士;膳大丘归国后任大学寮助教;橘逸势归国后传播唐样书法;阿倍仲麻吕归国后任司经局校书等职;高向玄理在大化改新时充任国博士(政治顾问),他在中国留学达33年,对中国典章制度有深刻的理解,指导日本国进

---

[1] 王勇:《日本文化》,高等教育出版社,2008年版,第192、198页。

行全面改革,做出杰出贡献;吉备真备也是遣唐留学生的杰出代表,他留唐期间无所不学,博学而多识,归国后任大学助,为大学寮讲授五经、三史、明法、算术、音韵等,使大学寮教学内容充实了盛唐各方面的新知识,后又出任右大臣,成为当时政治核心人物之一。留学僧惠施、惠通、智藏、玄昉、宗睿等,被任命为僧正(最高僧官),永忠、行贺、空海等被任命为僧都(仅次于僧正),他们著书建寺,开创新宗,成为日本佛教界的领军人物。

第三,外来僧被遣唐使邀请入日,促进了奈良佛教的繁荣。如大学头袁晋卿、雅乐员外助皇浦东提、天竺僧(印度)菩提仙那、林邑(今越柬一带)僧佛彻(也有写作"佛哲")等。菩提仙那、佛彻还将梵语传入日本,使日本僧侣可以直接阅读佛典原文。佛彻还将属唐乐系的"林邑八乐"传入日本,使林邑乐被正式编入宫廷舞乐。另外,唐僧道明塑造十一面观音,为日本佛教艺术的发展做出突出贡献。

当然,最杰出和影响最大的还是鉴真。鉴真六次东渡,最后成功时已双目失明。在宗教史上,他使日本佛教纳入正规戒律的规范,并开创了律宗;他还带来天台宗的典籍,为日后最澄创建天台宗打下基础;在建筑方面,他亲自领导设计,建唐招提寺建筑群;在医学药物方面,他凭手摸、鼻嗅、口尝一一鉴定药物,说明用途,并为人治病,江户时代的药商奉他为"祖师";他带来王羲之的真迹,对日本书法的兴盛起到积极的推动作用。他圆寂后,弟子为其塑像,现代日本画家东山魁夷(1908—1999)还以巨画讴歌鉴真精神。日本人在当年鉴真登陆地鹿尔岛修建了"鉴真纪念馆",他成为日本人永远铭记的文化恩人。

概而言之,遣隋使与遣唐使架起了一座通往中国文明的"桥梁",使日本在追赶中国先进文明的跑道上,迈出了关键性的一步。公元894年,根据平安中期政治家菅原道真的建议,日本停止派遣唐使。主要原因是日本酣畅淋漓地摄取唐文化已历时两个半世纪,羽翼渐丰,加之派遣使团耗资巨大,危险系数较高,且"安史之乱"后唐帝国日趋衰微,均促成遣唐使的中止。

二、唐代政治、经济、教育的全面导入

646年大化改新后,日本效法唐朝建立起中央集权的封建国家。在日本历史上,大化改新一般被视为与明治维新并驾齐驱的重大转折。这一时期,

由遣隋使与遣唐使带入的隋唐文化影响力巨大,也就是说,以大化改新为契机,日本开始由之前的南朝文化,向隋唐文化转变;在社会制度上,由奴隶社会向封建社会迈进。

大化三年,孝德天皇申明新政宗旨,强调"当遵上古圣王之迹而治天下"(《日本书纪》),表明要继承圣德太子的遗志,贯彻《宪法十七条》的政治理念,将改革进行到底的宏愿。日本历史也由此开始了以唐文化为目标的全面转型。

(一)政治法律制度

大化改新后,日本效法唐制建立中央集权的行政制度。唐在中央设立三省(中书省、门下省、尚书省)、六部(吏部、户部、礼部、兵部、刑部、工部)、一台(御史台)。日本根据国情需要稍加变通,设二官、八省、一台。所谓二官,指神祇官、太政官。神祇官的设立表明日本"祭政一致"的政治特色,神祇官负责祭祀天皇族神和其他神祇,并掌管全国神社,其长官称神祇伯,将祭祀置于一切之上,突出了日本天皇现人神的性质。八省为太政官下辖的中务省、式部省、治部省、民部省、兵部省、刑部省、大藏省和宫内省。所谓一台是弹正台,负责监督官吏,与唐的御史台相当。另外,唐在边疆设立都护府,日本也在九州设大宰府,并派人驻守。

日本大规模移植中国的法律,也是大化改新以后。《大宝律令》(701年)和《养老律令》(718年)都是以唐律令为范本制定的,因此处处可捕捉到唐律的影子。比如说,关于执刑中的很多细节也是依照唐的做法。如对拷问的规定:在一次拷问之后,若未满20日则不得进行第二次拷问;对于70岁以上的老人和孕妇则禁止拷问;在传达行刑通知时,须使用驽马,以便在天皇改变主意时,快马追上,做到刀下留人①。

日本法律亦基本效法唐律,但稍有变通。如唐律实行的婚姻制度是一夫一妻制,娶妻后再续妻即犯重婚罪,但允许纳妾,妾非正式配偶,身份较卑微,甚至可以买卖,也不能继承丈夫的遗产。当时日本通行一夫多妻制,称"前妻""后妻",其地位是平等的,均可继承丈夫的遗产。日本律令效法唐律

---

① 转引自武安隆:《文化的抉择与发展——日本吸收外来文化史说》,天津人民出版社,1993年版,第151页。

后改为：前妻称妻，后妻称妾，不过妾的地位比之唐朝，地位较高，享有与妻平等的地位，也可继承丈夫的遗产①。正如日本学者桑原隲藏所说："我国大宝律大体上是采用唐律，只不过因考虑我国国情稍加斟酌而已。"②

（二）经济制度

大化改新前，日本普遍存在着奴隶主贵族土地所有制和部民制，其实质是奴隶制国家。大化改革中，废除了皇室、贵族的土地所有制，将其变为国家的"公地""公田"，在此基础上效仿中国的均田制，实行班田制。其具体措施为：（1）6岁以上男性公民，班给口分田二段（约21公亩）。（2）女性公民则为男子的三分之二，每六年班一次。与班田制相适应，导入租庸调制。租：口分田每段贡稻谷二束二把，后减为一束五把，相当于收获量30%。庸：每个正丁每年赴京城服役十日，后改为以布二丈六尺代之。调：依男子人头税，根据不同年龄交纳绢、布、绵、染料、油等土特产。

武安隆先生认为，班田制系模仿中国北朝以迄隋唐的均田制，并根据日本国情稍加变通而成。改新以后，国家成为最高地主，"公民"则变为依附于国家的农民，日本由奴隶制过渡到封建制。与此同时，日本还从唐引进先进技术，如"纬锦织法""染色技术"等，"唐大刀"制作术也引进过来，此外，如中国的团扇则由遣隋使带入，现存京都广隆寺的一柄形制规范的中国团形古扇，据传为圣德太子的遗物。并且日本的"一刀一扇"，日后大有后来者居上之势。

（三）教育制度

大化改新前，日本教育以私人教育为主要形式，改新后则发生了根本性的变化。日本效法中国的科举制，创办了国家教育机构——大学寮。大学寮于《近江令》（671年）颁布之年设立。《近江令》云：设"学职头"；《净御原律令》（689年）云：设"学制"。最终《大宝律令》（701年）中有关学制规定为奈良时代所继承，机构日趋完备。

大学寮属式部省管辖，大学头以下设四等官及史生。教官为：博士一

---

① 参阅王家骅：《儒家思想与日本文化》，浙江人民出版社，1990年版，第252页。
② 转引自武安隆：《文化的抉择与发展——日本吸收外来文化史说》，天津人民出版社，1993年版，第152页。

名、助博士(助教)、音博士、书博士、算博士各两名。学生必修课目为:《孝经》和《论语》。选修课目包括《礼记》、《左传》、《毛诗》、《周礼》、《周易》、《尚书》等。学生定员为400人,另有算学生数十人,专习儒学的学生占80%。只有年龄在13岁至16岁的五位以上的贵族子弟、东西史部(世代以文书为业的家庭)和八位以上官吏子弟及国学毕业生,才可入大学寮,进入大学寮也无需考试。体制上基本仿效唐法,其培养出的人才成为奈良时代知识分子的主体。

首先,由大学寮所招收的生员身份来看。日本的大学寮门第观念较深,不同于中国的科举制。中国科举制对庶民是开放的,但要经过严格的考试,然后成为秀才、举人、进士,再入仕为官。相比之下,中国则更为平等。而且日本的门阀政治根深蒂固,高官必出自权门。大学寮的优等生、合格者也就是属于中级官僚,通过此途径根本进入不了上流社会。其次,人数上,大学寮要比国子监少得多。当然,两者的最大不同还在于选学经典上,大学寮不采用为唐朝所尊崇的《老子》。曾经有日本学者解释道,这是因为在日本统治者看来,老庄之学乃是注重修养自身的自私之学,神道强调的是"正直之心",即"背私向公"、克己奉公之心,因此始终未将老庄之学立为官方的意识形态。

三、文学艺术等"唐风一色"

奈良文化(710—794)在唐文化的哺育下,进入了史无前例的辉煌时代,无论文学艺术还是生活方式,皆以唐文化为主旋律和基调,日本掀起唐风文化热。

(一)唐诗的兴盛

极具日本民族特色的和歌起源于上古的歌谣,其以粗犷、纯真、直白地自由宣泄个人感情为特色。强调个人感情的抒发,少有对社会的关心,追求古朴、自然的美,是日本古代文学的基本特征。

随着日唐之间频繁交往,唐文学开始扎根日本列岛,奈良至平安时代初期影响最大的要推唐诗。上至天皇,下至贵族,竞起效仿,以欣赏和写作汉诗为"高雅",而将和歌排挤到次要的位置上去。751年,日本人创作的第一部汉诗集《怀风藻》,共收录了64位作者的120首诗,主要作者为尤津皇子、藤原不比等父子等人。以表现宫廷饮宴、仪礼,为天皇歌功颂德为主,几乎未收录恋歌。如《怀风藻》开篇第一首即是大友皇子侍宴时,颂扬天智天皇的。诗云:"皇明光日月,帝德载天地。三才并泰昌,万国表臣义。"尽显汉诗模式,与日本传统文学直抒胸臆的"主情"风格显然不同。据统计,120首作品中有241处引用中国典故,有40处模拟唐诗句式。①

　　进入平安时代(784—1192),日本迎来了"唐风文化"的全盛期,贵族文坛完全被汉诗所占据,汉诗格律的齐整与风格之典雅令日本的文人折服,和歌的创作遂呈衰落态势。根据嵯峨天皇(809—823在位)的敕令编辑的《凌云集》(814年?)与《文华秀丽集》(818年?),以及淳和天皇时编辑的《经国集》(827年)即是这一文化氛围下的产物。嵯峨天皇是一位唐文化修养很高的天皇,根据他的敕令编辑的《凌云集》收录了24位作者的91首诗,《文华秀丽集》收录了28位作者的148首诗,《经国集》则收入了178位作者的汉诗文968篇。由此可见日本汉诗作者阵容之强大。除《文华秀丽集》以描写闺情为主,《凌云集》和《经国集》都公开言明创作的意图为"文章,经国之大业也"。《经国集》的名称即"经国之大业"之意,来自中国魏文帝曹丕名著《典论·论文》,表达了"经世治国"的中国文学观。

　　平安时代,中国唐代诗人白居易的诗异军突起,对日本诗歌产生了强烈的冲击力。白居易不为文而作的"兼济"精神与忧世情怀,对菅原道真产生极大影响。菅原道真的名作《路遇白头翁》、《寒早十首》中,表达了他对下层民众困苦生活的深切同情及忧世情怀,成为以文学干预政治,"经世治国"文学的典范,无论是思想情感,还是诗风均尽显白诗风格。醍醐天皇(897—930在位)在一首诗的自注中说:"平生所爱,《白氏文集》七十五卷是也。"其后兼明亲王亦云:"我朝词人才子以《白氏文集》为观摩。"香山诗在日本影响之大,几乎到了不可想象的程度。

　　日本优秀的汉诗集多所涌现,如空海的《性灵集》、都良香的《都氏文集》、岛田忠臣的《田氏家集》、菅原父子的《菅家文草》和《菅家后草》、纪长谷雄的《纪家集》等。唐文学对日本文学影响之巨,令人叹为观止。中岛健

---

① 转引自曹林娣、许金生:《中日古典园林文化比较》,中国建筑工业出版社,2007年版,第31页。

藏先生说:"唐诗在日本人心目中,是自己国家的古典。"①此语可谓入木三分,唐诗已融入日本文学的血脉之中了。

(二)"唐绘"的霸主地位

所谓"唐绘",一般指7世纪至9世纪由唐朝输入日本的绘画,其尽显中国意境的山水、人物和故事。盛行于奈良、平安时代初期,直至894年遣唐使停派,"唐绘"一直不失其霸主地位。奈良初期最具代表性的唐绘,也是日本最古老的肖像画是《圣德太子及二童子像》。画中圣德太子及身边的两童子均一番唐人风范,圣德太子头戴唐式幞头,身着标准的唐式圆领服,身边的两童子身着相同的唐式袍服,发式也是唐朝少年标准的总角发式。圣德太子身材高大魁梧,两侧童子却故意画得很小,这一表现模式与阎立本《历代帝王图卷》如出一辙。

奈良药师寺的《彩绘吉祥天画像》(奈良晚期)也是杰出的唐绘。专家评论道:画中天女长袖飘逸,柳眉樱唇,圆脸丰躯,活脱一个盛唐美女。无论是奢华的装束,还是艳丽的敷色,均尽显唐朝风俗画的常见技法。另,奈良正仓院的《鸟毛立女屏风》,从人物造型到服装设计,完全套用唐代侍女图。在唐朝,侍女图是一个极常见的绘画母题,以张萱、周昉二人最为著名,因唐俗喜丰腴,故其笔下贵妇、宫女无一不体态丰腴。以上绘画均不失为奈良绘画追随唐风的杰作。

奈良时代唐风造像艺术最巅峰之作,非奈良东大寺卢舍那大佛莫属。它是现今世界上最高的铜铸像,像高16米,气势恢弘,堪称世界雕像艺术的瑰宝。据《续日本纪》记载,743年,圣武天皇为夸耀自身财富、权势和力量,造此佛像。据学者研究,东大寺大佛是受到唐朝建造巨佛风气的影响。如龙门奉先寺卢舍那石佛,高达17.14米,由唐高宗发愿,武则天捐粉脂钱两万贯凿造而成。此后各地僧俗争造大佛,唐代中日往来频繁,此风必波及日本。东大寺大佛螺发盘顶,与龙门石佛的印度式样有异,整体造型不属于一个体系,很可能是博采众长营造的,尽管很难在唐朝佛像中找出母体,但盛

---

① 转引自武安隆:《文化的抉择与发展——日本吸收外来文化史说》,天津人民出版社,1993年版,第158、160页。

唐气韵一览无遗①。

(三)"唐乐"的风行

唐代是中国音乐的繁荣期,随着遣唐使的大规模派遣,先进的乐器、动人的乐舞,源源不断传入日本。此前,日本主要以三韩乐为中心,进入奈良时代则转向唐乐。702年,日本朝廷设立了"雅乐寮",管理宫廷舞乐及舞乐学校。奈良初期,雅乐寮制度大规模改革,唐乐跃居首位,和乐、三韩乐退居次位(《日本书纪》)。

当时传入日本的唐乐有五调,即壹越调、平调、双调、黄钟调和般涉调。曲目有《秦王破阵乐》、《王昭君》、《崇明乐》、《泛龙舟》等一百多种。大批乐器此时传入日本,主要有琴、瑟、筝、曲项琵琶、五弦琵琶、尺八、阮咸、箫、竽、方响、鼓等,其中部分还保留下来,珍藏于正仓院。736年,留学生吉备真备带回铜律管一部、铁如方响写律管声十二条、《乐书要录》十卷,这些乐器和书籍对日本音乐发展产生重要影响。

林邑(今越柬一带)僧佛彻应遣唐使之邀赴日,将"林邑八乐"传入日本。所谓"林邑八乐"指《兰陵王》、《胡饮酒》、《菩萨》、《拨头》、《部侣》、《迦楼频》、《安摩》、《万秋乐》,其杂糅唐乐、西域乐、天竺乐而成,一般认为属广义的唐乐之一种。

唐乐对日本音乐发展产生重大影响。据说嵯峨天皇和仁明天皇对唐乐颇有兴趣,嵯峨天皇不仅喜爱琴、筝、琵琶、笛,也能作曲,传说《鸟向乐》是他所作。仁明天皇不仅为吹笛能手,还仿唐乐创作了《长生乐》、《西王乐》、《奥引乐》、《夏草井》等乐曲。在唐乐的孕育下,平安时代的日本迎来了乐曲创作的繁盛期,涌现出如大户请上、大户真强、三岛武藏、犬上是成等一大批有才华的音乐家,使唐乐在东瀛扎根,并大放异彩。

(四)仿唐都城园林

日本在很长时期内没有固定首都,在大和平原上几经搬迁。遣隋使与遣唐使亲历隋唐都城的盛况,倍感震撼。或许是为唐都魅力所折服,公元708年元明天皇下诏,决定在平城(今奈良)兴建新都。大陆移民的后裔,出身于东汉氏的坂上忍熊被委任为总工程师,领导新都的设计和施工。新建

---

① 王勇:《日本文化》,高等教育出版社,2008年版,第238、239页。

的平城酷似长安:两者均呈方形,街道都是棋盘式;宫城位置均位于城中轴线的北首,皇宫北面均有御用园林,长安称西内苑,平城京叫松林苑;城的东南角均有池,长安称曲江池,平城京叫五德池;宫城的南门都称朱雀门,门前干道都叫朱雀大街,都设有东西市。793年,日本又建成新都——平安京,即今日的京都,其面积略大于平城京,约为唐都长安的四分之一。有"千年古都"之称的京都,虽历经千余年的世事沧桑,仍留存至今,可谓奇迹。

"中国式池苑"在隋唐以后更是大举传入日本。内含道教与佛教思想的"中国式池苑"构成奈良园林的主流。622年,苏我马子在自家府邸建中国式园林。据载:"大臣……家于飞鸟河之旁,乃庭中开小池,设小岛于池中,故时人曰岛大臣。"689年,天武天皇之子草壁皇子去世时,人们写下许多挽歌,从挽歌中可以了解到当时宫中有池,池中有岛。近年来,日本陆续发现了奈良初平城京内宫苑及贵族宅邸中的庭院遗址,找到了该时期日本庭园刻意模仿中国宫苑的仙境布局和仙居建筑形式的踪迹。如平城宫东院庭园,全园以广渺的苑池为中心,园内东南隅的小山上也建有楼阁,借鉴了唐长安、洛阳城宫苑的做法[①]。

(五)生活方式的吸收与保留

奈良时代是全面引进中国文化的时期,日本统治者、贵族十分倾慕唐人的生活方式,衣食风俗无不引进。701年《大宝律令》明文规定:制作衣服要仿照唐衣式样,并引进隋唐纺织技术。奈良初期的著名唐绘《圣德太子及二童子像》,即反映了奈良宫廷的服饰文化,可谓一派唐朝风范。与此同时,唐代一些食品,如各式各样的唐点心、茶叶、纳豆、豆腐等,也被遣唐使带回日本,极大地丰富了日本人的饮食文化。

奈良至平安时代初期,日本无论是意识形态、政治经济体制,还是文学艺术等方面,均显现出"中国文化一边倒"的倾向。但令人不可思议的是,唯独在饮食上,日本人则恪守着严格的禁欲主义,虽也引进了唐代的茶点,但由于奈良、平安时代日本大兴佛教,天皇贵族带头禁绝肉食,以"素食"为洁品,以致平安贵族由于长时期食物单一而面部浮肿,患上营养不良症。关于

---

① 参阅曹林娣、许金生:《中日古典园林文化比较》,中国建筑工业出版社,2007年版,第32、33页。

天皇禁绝肉食的禁令均有案可查:676年,天武天皇下令严禁食用牛、马、狗、鸡等动物;身为虔诚佛教徒的圣武天皇更是在737年、743年、745年等屡次下达肉食禁令。因此,多以家禽为原料的中华料理实际上在奈良、平安时代并未被大规模引进。据学者研究,中华料理真正登陆日本列岛,则是大正时代(1911—1925)以后[①]。

[①] 参阅徐静波:《东风从西边吹来——中华文化在日本》,云南人民出版社,2004年版,第165页。

第四讲　道家道教在日本文化中的定位

道教虽未像儒学、佛教那样成为日本的官方意识形态,但其对日本文化的影响也是相当深入而广泛的。

众所周知,道家是先秦时期一个重要的思想派别,以老庄为主要代表。道家崇尚自然,主张清心静修,光华内敛,矜而不争。道教则是根植于中国古代宗教和老庄之学,又受到外来佛教的刺激和影响,而发展起来的大教,是中国传统社会的重要精神支柱。中国道教推老庄为始祖,主张得道成仙,养生长寿。它吸收佛教的宗教形式,维系了中国人"敬天尊祖"、降妖驱邪的基本信仰,如流行于民间的关帝信仰和妈祖信仰均属于道教的范畴。

总体上看,道教虽然未像儒学、佛教那样成为日本的官方意识形态,但其对日本文化的影响也是相当深入而广泛的。道教填补了神道的诸多"空白",对神道的发展起到推波助澜、不可或缺的积极作用,甚至许多神道的重要名称都直接源于道教。奈良、平安时代,日本皇室接受道教长寿信仰,服食之风尤胜。但进入武士社会以后,武士阶级亲禅习禅,摒弃了道教长寿信仰,导入禅宗"生死一如""寂死为乐"等思想,却走向片面崇尚死亡的极端。同时,道家思想亦潜入日本文化的深层,对日本人文化心理、审美意识产生一定的影响,也可以说,道教与神道相融合,形成日本人崇尚自然、素朴的美学意识。笔者认为,道家对日本文化的影响集中体现于茶道文化之中,也可以说"茶道乃变装了的道家哲学",道家的智慧、伦理、美学被实用主义地贯彻于茶道文化之中。

一、道教与日本文化

(一) 道教的传入

道教产生于中国东汉中后期,弥生时代(前3世纪至3世纪)随大陆流亡人一起传入日本。日本发掘出大量弥生中期的中国古铜镜,其种类之多,数量之大,高于中国周边其他诸国。据说当时日本的君侯族长持有镜可鉴人、鉴物等种种咒术和理念,颇具神秘色彩。种种遗迹表明,道教于弥生时代已传入日本。

两汉以来,中国盛行用天人感应和阴阳五行思想来预示吉凶祸福,这些也传入日本。日本古代年号如"朱雀"等,均有祥瑞之意。日本近代思想家津田左右吉(1873—1961)在所著《中国思想与日本》中指出,阴阳学说对于天武天皇时代"阴阳道"的产生,具有极其深刻的影响。受其影响,古代天皇设立"阴阳寮"行政机构,并设"阴阳师",成为日本天皇掌控国家的重要工具。

7世纪以汉文创作的"汉文传奇",其中以《浦岛子传》为代表,描写一位日本青年与蓬莱龟女之间的爱情故事。蓬莱、仙洞等均为道教语汇及模式。10世纪出现的《竹取物语》也有道教文化的印记,作者在结尾处以主人公赫映姬回归月亮为结局。8月15日那一天,她身穿"羽衣",吃了"不死之仙药",登上云车,飞向月亮。这一思想与形式亦为"道教模式"。

诚然,最早公开记载、反映道家道教在列岛传播状况的,则是宇多天皇宽平年间(889—897)藤原左世奉敕撰写的《日本国见在书目录》。其中记载了相当多的道教经典,有关道教方面的书籍多达63种449卷,表明9世纪道教在日本已有相当广泛的传播。

(二) 道教在列岛的流播

如今日本的端午节(阳历5月5日)已为男孩节,全国法定休假一天。追根溯源,它源于中国道教的恶鬼信仰,据说起于先秦。古代中国人认为,五月是不吉利的月份,重"五"更是犯忌的日子。因此人们在"五月五日"恶月恶日这天,门上要插菖蒲和艾草,以驱除邪恶。菖蒲、艾草均为药材,民间以为降妖伏魔的神物。届时中国还有赛龙舟、吃粽子、饮菖蒲酒的风俗。

带有道教文化色彩的中国端午节,也被遣隋使、遣唐使带入日本。甚至发展到天皇下诏"五月节会时","不带菖蒲、簪子者不许入宫"(《续日本书纪》),平民以"端午节不把菖蒲放在房顶上为不吉祥"(《蜻蛉日记》)的地步。他们每年5月5日效仿中国挂菖蒲的习俗,"在宫殿的房顶和平民的房顶都密密麻麻地铺上了菖蒲"(《枕草子》),"在门帘上装饰绿绿的菖蒲"(《荣华物语》),甚至"屏风上……五月画的是插的菖蒲的人家"(《落洼物语》),院内"供五月赛马之用"的场地也"种着茂密的菖蒲"(《源氏物语·少女》)。他们还模仿中国端午节喝菖蒲酒,《改正月令博物筌》注亦云:"将菖蒲切碎入酒泡了喝,加少许雄黄,能驱邪。"

第二次世界大战后,日本的端午节则改为男孩节。按传统风俗,这一天要喝菖蒲酒,用菖蒲汤沐浴,吃饼和粽。有7岁以下的男孩家庭要摆放武士偶人,户外挂"鲤鱼旗",有几个男孩挂几个鲤帜。因为鲤鱼喜欢逆水邀游,还有"跃龙门"的壮举,象征勇敢,以祝愿男孩茁壮成长,飞黄腾达。可以说,如今日本的男孩节是中国端午节的变体,并且是以浓郁的道教文化背景为依托的,由此可见,道教在列岛有着广泛的流播。

据《祇园社牛头天王缘起》记载,祇园社最初乃为击退疫病而建,带有浓郁的道教色彩,后演变于今,便是盛行于日本的神佛融合祈祷平安的"身守り"(护身符)信仰。福永光司认为,"护身符"这一用语自古在道教教典中就被使用,如今在日本则广为流传。现在日本人的护身符有种种样式,有放在家里的,也有带在身上的,有请自神社的,也有请自于寺院的。若究其渊源则来自于道教。

据史料记载,1689年长崎总人口6万,其中唐人1万,此后华人、华侨不断向全国扩散。在日本长崎、横滨、神户、东京等大城市,就住有不少华人,他们把中国道教带入日本。在长崎,17、18世纪陆续修建了崇福寺、兴福寺、福济寺、圣福寺等寺庙,内均供奉关帝。1876年在横滨中华街,华人兴建关帝庙,后因关东大地震及战事、火灾,三度被毁,1990年8月14日又重建开光。在神户,也于明治25年(1872年)建成关帝庙,内供奉关帝,还供奉观音和妈祖。此外,函馆等地也建有富丽堂皇的关帝庙。

至今,日本沿海仍有"天妃信仰",它源于中国东南沿海的"妈祖信仰",在中国已有千年的历史。传说妈祖原是福建沿海一位心地善良的姑娘,乐于助人,每当渔民遇到海难,在她的救助下总能化险为夷,她死后成仙,成为中国东南沿海渔民供奉的女神。在日本长崎,海难事故经常发生,于是为祈愿海上交通平安的宗教信仰和祭祀活动,也由华侨从中国带入日本。长崎唐人街的崇福寺里,佛像与妈祖同被供奉着。2006年,在横滨中华街还建成了日本第一座妈祖庙。在日本,"妈祖"改称为"天妃",作为保佑远洋渔业安全之神被供奉着。今天,在日本的水户、青森、山形等地均有"天妃神社",其元祖即长崎唐人街的妈祖女神。可以说,道教遗迹在东瀛日本比比皆是。

(三) 神道的助产士

笔者认为,在神道的形成与发展过程中,道教还起到了不可或缺的"催化剂"的作用。神道吸收了许多道教的内容与形式,极大地丰富、完善了神道体系。关于道教与日本文化的关系,日本学者福永光司进行了深入的研究,并于20世纪80年代出版了系列研究论著。以下,笔者主要借鉴福永教授的研究成果,阐明道教对神道的"催化"作用。

1. "天皇""真人"来自道教

在中国宗教史上,"天皇"乃宇宙最高神的说法首次出现于公约前1世纪。东汉以来,把在宫殿中服侍天皇大帝的仙界高级官僚称为"真人"。受其影响,日本古代史上首次出现"天皇"一词乃607年,此后经过统治者不断大肆渲染和日益神圣化,天皇信仰被确立起来。"真人"出现于日本文献上,则是7世纪后期。

2. 神社、神宫、神道

福永教授认为,遍布于日本全国的"神社""神宫"均源于道教。"神社"一词在中国文献中最早被使用,乃公元前4世纪的《墨子·明鬼篇》,其中记载着:在齐国的"神社"里,两个男人向神供奉一匹羊的祭拜仪式。"神宫"载于公元前2世纪《诗经》中,在鲁国宗庙神乐歌里,称宗庙为"神宫"。

"神道"一词,在中国思想史上首次出现于《易经》中,日本借用之,最早出现于720年的《日本书纪》。当时作为与外来"佛教"相对置的概念,指佛教传入前,日本本土流传的宗教信仰或思想的总称。《日本书纪》曰:"天皇信佛法,尊神道。"

3. 皇室三神器

镜与剑来自于道教,后加上八尺琼勾玉,遂成日本皇室三神器。关于象征天皇大帝神圣权威的神器镜与剑的论述，最早见于中国梁朝道教大师陶弘景的著作中，后唐道士司马承祯在《含象剑鉴图》中评论了这两种神器的宗教哲学意义。日本借用之，据《日本书纪》、《养老令》等载，象征天皇地位的镜与剑，在天皇传位时授予新天皇，这一传统一直延续至今。并且福永光司认为，古代日本天皇在宫廷中举行的四方拜及"禊祓"（驱邪）仪式，乃原封不动地引入中国道教的宗教礼仪。举行大规模的驱恶避邪活动历来是日本宫廷的重要职能。

4. 重奇数、尚紫色

老子以奇数为基础，之后道教也重奇数。《老子》四十二章："道生一，一生二，二生三，三生万物。"即以奇数为基础，与儒教在日常生活中重偶数正相反。受其影响，日本《古事记》中神诞生的神话或神代史的展开，都是基于"三柱神——别天神五柱——神代七世"这样的三、五、七奇数开始的。如今日本广泛流行的祝福儿童成长的也是"七五三"节。

此外，公元前2世纪道教经典《淮南子》中，记载着天皇大帝的前身太一神居紫宫，此后汉代非常重紫色，最高级官吏的服饰、印绶均为紫色。5世纪，北魏道教盛行，故北魏时代宫殿就称为紫宫。日本借鉴之，自古尊重紫色。《日本书纪》中规定上位官吏身着紫服，还有紫门等等记载，至今紫色依然是皇室的色彩①。

5. 天皇现人神思想

在中国道教义学中，有奉天皇大帝之命的神仙或真人、神人，从天而降至地上世界，以拯救众生，并实现地上的大和世界之说。如在汉天师张道陵的传记中，就记载着道教神仙太上老君从天上神仙界，降至地上世界的故事。太上老君被称为"神人"，既是神又是人的存在，即所谓"现人神"思想。这一思想被日本大加借鉴，用以树立天皇神威。称日本天皇乃日神天照大神的后裔，降至日本列岛以拯救众生。日本天皇现人神的思想很显然受到道教思想的启示。

由此可见，神道在发展过程中，移植了许多道教的要素，但两者是否合而为一了呢？笔者认为，虽然道教直接促成了神道体系的形成，但神道与道

---

① （日）福永光司：《道家与日本思想》，德间书店，1985年版，第112～114页。

教终究是两大各自独立的思想体系。虽然受道教影响,两者有着许多共同的特征,如降妖驱邪、敬天尊祖等等,但核心价值观则有着根本的不同,特别是日本进入武士社会以后,两者的差异则越来越大。如道教"贵生",而神道则"乐死"等等。应该说,神道与道教是既相交,又各自独立的两大思想体系。总之,道教在日本文化中有着不可或缺的重要意义,虽然它未被列入日本主流文化的行伍,但从宫廷到民间,道教文化的影响是深入而广泛的,道教文化的烙印也可谓无处不在。

(四)摒弃道教"长寿信仰"

中国的隋唐时代道教之风尤盛,受其影响,日本宫廷"服食"(服食丹药以求延年)之风也颇为流行。平安时代多有关于天皇服食丹药的记载。据《日本三代实录》卷十四载,867 年,仁明天皇曾食名为"五石"之药。

作为"上品"之药的"白术",至今在京都祇园社还保留着。其源于道教药学书,《神农本草经》云,"久服身轻而延年",《抱朴子》仙药篇与《神农本草经》同样视其为"上品",还指出它能使人"平安、升为天神遨游四方,使役万灵,体轻如羽之用"云云。古代天武天皇祈祷病体恢复的"大解除""奉币""改元"等,与唐王朝皇帝病气平愈的宗教祭事相似。可以说,奈良、平安时代作为日本最高统治者的天皇和贵族曾经深受道教长寿信仰的影响。

但进入武士社会以后,日本最高统治者将军、武士"亲禅""习禅",逐渐摒弃道教的"长寿信仰"而选择禅宗,借用禅宗"生死一如""寂死为乐"等理念,给于疆场上的武士以理念上的支持,使其能够勇而不畏,视死如归。武士以"忠勇"为美德,崇尚剖腹自杀、殉死,以至于江户时代殉死成风,社会上流行所谓"自杀美学"。从此,中日文化开始分道扬镳,大相径庭。

二、道家思想与日本文化

(一)道家思想的传入

笔者认为,道家哲学入日更早。最早应追溯到秦人徐福及渡来人。徐福即为当时秦始皇所推崇的方士之一。所谓"方士"乃具有较高道家哲学素养的高级知识分子。成书于 14 世纪的《神皇正统记》即云:"始皇好仙,求长生不老药于日本,日本则求五帝三王遗书于彼国,始皇悉数予之。"其后中国发生焚书坑儒,"孔子全经唯存日本",等等。北宋欧阳修《日本刀歌》亦云:

"徐福行时书未焚,逸书百篇今尚存。令严不许传中国,举世无人识古文。"明清前,中国文人多怀疑日本藏有徐福携去的逸书。

据1873年熊本县玉名郡菊水町江田考古发掘表明,5世纪末道家思想已留存日本。江田船山古坟铁刀铭文曰:"治天下……服此刀者长寿,子孙注注得其恩,不失其所统……书者张安也。"张谷认为,老庄均重生养生,这种以刀之道喻养生之道的思想(如《庄子·养生主》"庖丁解牛"故事),道家之外极少见,乃《庄子》所独有的。此外,478年倭五王向中国南朝刘宋顺帝上表文云:"若以帝德覆载,摧此强敌,克靖方难,无替前功。"(《宋书·倭国传》)其中,"帝德覆载"之语不见《论语》、《孟子》,而出于《庄子》中。且据文中熟道的南北朝文体风格可以断定,在当时日本中央政府里,有些掌握汉学的高级知识人,他们很可能是大陆渡来人的后裔。由此所述,可以认为道家思想在5世纪末以前,在日本列岛有一定的流播。

圣德太子是积极引进中国先进文化与文物典章制度的圣明君王。他自幼"习内教于高丽僧惠慈,学外典于博士觉哿。并悉达矣"。这里的"内教"指佛法,也是圣德太子的核心思想,"外典"指儒、道诸学。604年圣德太子所制定和颁布的《宪法十七条》中,第五条"绝餐去欲,明辩诉讼",及第十条"绝忿弃瞋,不怒人违……人皆有心,心各有执,彼是则我非,我是则彼非。我必非圣,彼必非愚,共是凡夫耳!是非之理,讵能可定?相共贤愚,如王不无端"等,显然皆来自老庄清心静修及齐物论思想。表明至圣德太子以前,道家思想在列岛已有相当的流传,至少在统治者上层,有一批拥有高深道家哲学素养的高级文人。

《古事记》(712年)乃日本第一部历史和文学著作。其序文开篇云:"夫混元既凝,气象未效。元名无为,谁知其形?然乾坤初分,叁神作造化之首,阴阳斯开,二灵为群品之祖。"则与老子宇宙生成篇模式相似:"有物混成,先天地生,寂兮廖兮……"(《老子》二十五章)此外,日本第一部正史《日本书纪》(720年)卷首曰:"古天地未剖,阴阳不分,浑沌如鸡子,溟涬而含牙……"几乎与《淮南子》等道家宇宙生成表述无二致:"天地未剖,阴阳未判,四时未分,万物未生,汪然平静,寂然清澄……"(《淮南子》)由此可见,在日本最早史书《古事记》、《日本书纪》中,均可见道家思想的影响,表明从文化心理上,日本不同程度上接受和认同道家思想。

关于道家文献在列岛的流传,日本历史上最早明确记载,则出自平安时代的《日本国见在书目录》(891—897成书),共收录了四十家汉籍,其中道家类仅《老子》《庄子》注本即有四十多种。其中《老子》的河上公注和王弼注,《庄子》的司马彪注和郭象注位居前列。此外还有《列子》《文子》《老子化胡经》十卷、《太上老君玄元皇帝圣化经》十卷、《抱朴子内篇》二十一卷、《本际经》一卷、《玄书统义》十二卷、《太上灵宝经》一卷、《消磨宝真安志经》一卷等,杂家类有《淮南子》,纵横家类《鬼谷子》等。可见道家类汉籍在日本已有相当的规模,如此众多的道家书籍在列岛流传,表明平安时代道家思想在日本已非一般的传入,而是传播相当深入而广泛了。

(二) 道家思想与受容

1. 古代统治者的拒斥

道家思想传日,从总体上看,日本统治者始终未将其作为官方的意识形态。古代史上,圣德太子极力弘扬佛教;中世纪,将军和武士大兴禅宗;近世,儒学(朱子学)成为江户时代的官学。隋唐时代,中国道家道教达到顶峰,唐朝极为尊崇道家道教,唐高宗于666年尊老子为"太上玄元皇帝",唐玄宗于742年尊庄子为"南华真人",以《老子》等道家文献为必修经典。虽隋唐道风极盛,也正值日本全方位大规模引进中国文化的黄金时期,但日本统治者始终将道家道教排斥于官学之外。

例如,作为唐朝官方必修经典——老庄等道家书籍并未被列为日本官方教育机构"大学寮"的教材。大学寮的必读经典是《周易》《尚书》《周礼》《仪礼》《礼记》《毛诗》《春秋左氏传》以及《孝经》《论语》,全无道家书籍。奈良时代,日本官方学者关于儒道的优劣评价是:"公(疑为玄)涉清虚,契归于独善。儒抱旋折,理资于兼济。玄以独善为宗,无爱敬之心,弃父背君。儒以兼济为本,别尊卑之序,致身尽命。"在日本,老庄之学一直被日本统治者拒之门外。明治维新以后,老庄思想依然被视为"背君弃父"、颓废虚无、于国家富强有百害而无一益的懒、慢、狂的独善之学,而被加以否弃[①]。

日本统治者认为,道家是"独善其身"的自私之学,而神道则主张"背私

[①] 参阅(日)福永光司:《道教与日本文化》,人文书院,1982年版,第190~191页。

向公"、克己奉公。日本著名导演黑泽明曾揭示道:"日本人把看重自我视为恶行,以抛弃自我视为良知。"在日本统治者看来,道家的独善其身不利于维护日本社会秩序,因此对道家总是持"狐疑"的态度。日本著名汉学家武内义雄(1886—1966)指出:"当时的学者似乎认为,老庄是独善主义,不适合我国国情,应仅依据儒教明君臣之分,尊卑之序,确立为君为国奉献生命,兼济国民的教育方针,这可以说也是当时的一般舆论。"虽然道家思想未得到统治者的垂青,但却为日本的知识分子所"钟情"。

2. 知识分子的"钟情"

《怀风藻》(751年)是日本现存最早的汉诗集,作者主要为天皇、皇子、官僚和僧侣等,其中既有儒佛思想的表述,同时也具道家的人文情怀。如当时朝廷官员越智直广江所作《述怀》诗云:"文藻我所难,庄老我所好。行年已过百,今更为何劳。"表达了作者已至天命之年,而向往退休后闲适生活的心情。另一位作者河岛皇子(天智天皇之子)在名为《山斋》诗中云:"尘外年光满,林间物候明风月澄游席,松桂期交情。"表达了作者对"世外桃源"生活的无比向往之情。

《怀风藻》的另一位作者藤原万里在《过神纳言虚》诗中则更明确地表达了希望摆脱仕官之乐,向往淡泊、自在、逍遥生活之情:"一旦辞荣去,千年奉谏余。松竹含春彩,容辉寂旧墟。清夜琴樽罢,倾门车马疏。普天皆帝国,吾归逐焉如。君道谁云易,臣道本自难。奉规终不用,归去遂辞官。放旷游嵇竹,沉吟佩梵兰。天闻若一启,将得水鱼欢。"藤原万里在《暮春于弟园池置酒》的序文中则更深切地表达了鄙薄世俗功名利禄,不慕世间荣华富贵,而崇尚自然,向往淡泊宁静生活的心情。

《万叶集》(759年)是日本现存最早的诗歌集,其作者的范围很广,包括天皇、皇后、公子、王孙、朝臣、名媛和平民等。其中不乏道家意境的诗篇。如卷十六中有一首无名氏诗云:"置心在何处,无何有之乡。藐姑射山上,望之在近旁。""无何有之乡""藐姑射山上"都表达了作者向往逍遥生活的心情。

《万叶集》中,大伴旅人有两首赞酒歌也颇具道家风范,其一云:"今生能享乐,来世岂相关。即使为虫鸟,吾将视等闲。"其二云:"古有七贤人,七贤为好友。七贤为者何,所欲为醇酒。"第一首诗表达了极为洒脱的生命观,顺遂造化,处之泰然,颇具道家风气。第二首诗的"七贤",指中国魏晋时期的"竹林七贤",作者对七贤洒脱、畅饮豪情的酒风,颇有共鸣,赞溢之情跃然纸上。

日本汉学家蜂屋邦夫(1938—)深刻指出,古代日本知识分子"一方面直接阅读了老庄的著作,一方面以竹林七贤作为六朝时代中国知识分子的代表,通过他们的思想和行为,理解六朝时代的思想。这种理解虽说并不深刻,但是古代的日本知识分子已经从中认识到,远离政治的世界也有一定的价值"①。

3. 中世:走向神、儒、释、道的合一

空海(774—835)是日本平安时代初期的杰出僧人,他擅长诗文、书画,入唐前曾作《聋瞽指归》,引用诸多道家道教书籍,但总体上认为儒道不如佛,站在佛教立场上排斥儒道。但空海入唐留学时,中国文化潮流已由初唐儒释道三教论难,转变为三教融合。福永光司曾深刻指出:日本佛教主要从中国传入,最初传来的佛教典籍都是汉译佛典,汉译佛典借用了许多道家道教的语汇和概念,其中包含着道家道教的思想,日本的佛教宗派如净土宗、禅宗、净土真宗等,都受到道家道教思想的影响。空海留学的唐代,道家道教盛行,佛教本身就是在融合道教的基础上发展的。受其影响,空海归国后,亦走向三教融合,他将《聋瞽指归》改为《三教指归》。其在序文评判三教时指出:"虽浅深有隔,并皆圣说。"空海后期著作《文镜秘府论》即受道家文学创作观的影响。空海曰:"自古文章,起于无作,兴于自然,感激而成,都无饰练,发言以当,应物便是",他还提出作文作诗"必须忘身,不可拘束","即须凝心,目击其物"。其中的"自然""都无饰练""应物""忘身"等均来自道家思想。

镰仓时代,日本统治者将军及武士扶植禅宗,禅宗大盛。幕府将军也皈依禅法,禅宗成为武士社会的官方意识形态,但就列岛所藏书籍来看,有关儒家、道家等方面的内容,就数量上并不亚于前者。13世纪禅僧俊芿(1168—1227)和圆尔辨圆(1202—1280)先后入宋,又携回一些道家类书籍。

---

① (日)蜂屋邦夫:《道家思想与佛教》,隽雪艳等译,辽宁人民出版社,2000年版,第366页。

室町时代,老庄注本又增加了宋代林希逸的老庄"口义","口义"多以禅解老庄,行文通俗易懂,故在日本颇受欢迎,出现一批关注、爱好和研究老庄的禅僧。据学者统计,有文献可查的与老庄有关者有47人,如雪村友梅(1290—1346)、绝海中津(1336—1405)等人。

镰仓、室町时代,先后以京都、镰仓为基地形成的五山禅僧(或称"五山文化")博学多才,博采众说,接近道家,亦不排斥儒家,采取三教一致的立场,正如惟肖得岩所云:"三圣人设教之迹相异,而治心之方归一者。"体现出儒释道的融合的趋向。之所以如此,乃在于五山禅僧崇尚汉学,以开放心态研究道家,另一方面还由于禅宗作为高度中国化的佛教宗派,原本就与道家特别是庄子的学说有相通之处,所以传日后,依然与道家结下不解之缘。因此,五山禅僧的知识结构与文化心理已走向神、儒、释、道的统一。

不仅限于五山禅僧,道家思想在中世纪影响还不断扩大。室町时代以后,官方亦改变了以往排斥老庄之学的做法,开始允许大学寮讲读老庄,高等教育机构足利学校也准许开设老庄课程。

道家思想之所以在中世纪广泛传播,如武内义雄所言,"从平安末至镰仓时代,在连年动乱中感到人生无望的人们嗜读老庄也是必然的"。同时,禅学的兴盛也助长了爱好老庄的风气,此外,长期以来道家思想在日本文化中的渗透和积淀达到了相当的程度,也是深层的原因。笔者认为,隋唐以后儒释道思想的大举东渡,直接孕育、促成了独具和风特色的日本文化之形成,比如茶道即是神、儒、释、道在高度融合的基础上,综合创生的结晶。以往的学者往往对日本文化中的道家要素极少关注,或忽略不计,而笔者则试图揭开日本文化中道家文化的神秘面纱。

(三)神道与道家的融合——日本美意识的形成

1. 道法自然、见素抱朴

日本自古即有崇尚自然,追求简素的美意识传统。早在绳纹末期,神社雏形"神篱"和"磐境"就依山傍水而设,与大自然融为一体。远古时代的日本人慑于不可抗拒的自然的威力,以为"山川草木皆有灵性",极其敬畏,不敢冒犯,从而形成"以自然为本位"的神道哲学。神道主张与自然合一,反对以人为尊,这与道家、禅宗崇尚自然的理念正相一致,从而使神道与道禅自然观走向更大的融合与统一。

隋唐以后,带有浓郁中国色彩的道禅文化犹如一对连体婴儿,在东瀛日本不仅生根,而且开花、结果,促使神道与道家自然观走向更高度的融合,形成"道法自然""见素抱朴"的东瀛独特美学。使老子的"人法地,地法天,天法道,道法自然""见素抱朴"(《道德经》十九章)的美学观、自然哲学思想在东瀛日本大放异彩。

所谓"见素抱朴(璞)"的"素",指未染任何颜色的丝;"朴"指未经任何雕琢的原木;"璞"指未经任何加工的原石。总之,主张一切本自完成,无后天人为修饰,刻意造作。如伊势神宫可以被视为"见素抱朴"美学理念下的建筑杰作。伊势神宫整体为木结构,草草屋顶,各部分均毫无人工装饰或人工技巧,使用未经雕琢的原木,甚至不涂任何油漆,尽显原木本色,体现出"自然本位"的美学特色。

在"道法自然、见素抱朴"理念指导下,日本的园林景致显示出"自然化人"的美学特色,日本的园林总是按照自然的景致和样式,顺随自然的造化,尽显自然本色;而中国园林突出儒家人力的伟大,人工建筑多而气派,显示出"人化自然"的力量。因此,可以说道家的自然哲学思想在东瀛日本开花结果,但在中国主导着国人精神世界的则是儒家思想。

2. 贵"柔弱"的美学意识

日本风土原本小巧、纤细、精致。而老子的"以小胜大""以柔克刚"的美学智慧则更适于日本的风土环境。老子《道德经》则曰"柔胜刚,弱胜强"(《道德经》三十六章),"守柔曰强"(五十二章),"天下之至柔,驰骋天下之至坚"(四十三章)。在神道、道家美学理念统摄下,日本的神社、园林往往以不显眼的原木、璞石为原料,力避夸张、耀眼的颜色或形态,体现出含蓄、内敛的女性阴柔气质,显示出神道与道家顺遂自然的造化,"无为而治"的自然哲学理念,但最终却达到了以拙胜巧、以简胜繁、以柔弱胜刚强的艺术效果。

中国地大物博,高山峻岭,飞檐走壁,均气势磅礴,显示出伟岸恢弘之气魄。在这一特定的地理环境与儒家思想主导下,中国的寺院园林则显示出雄伟、庄严的男性阳刚之美。儒家强调"治国平天下",突出人力的伟大,与日本至简至纯的"自然化人"相比,中国则体现出"人化自然"的特点。

(四) 茶道乃变装了的道家哲学

福永光司说:"茶道乃变装了的道教。"①笔者认为此语表述并不准确,更客观地应该说,茶道乃变装了的道家哲学。

日本茶道来自于中国的禅寺茶与茶礼。据传入日本的研究资料显示②,中国的禅寺茶以"禅茶一味"及"和、清、敬、寂"为宗旨,体现出融儒释道思想为一体的中国茶风。中国的禅寺茶与茶礼传日后,又为日本茶道的创始人所继承,同时融合本土神道美学和思想,并不断发扬光大而传承至今。直至今天,中日学界多以"禅"一元思维解释茶道,笔者认为这不足以客观地阐释博大精深的茶道文化内涵,茶道之中亦融入浓郁的道家美意识、人生境界,以及伦理美意识与人生智慧。

1. 草庵茶风——道家美意识

16世纪茶道创始人千利休(1522—1591)一反安土桃山时代的奢华之风,融合本民族素淡的美学意识,以及道家"道法自然""见素抱朴"的美学理念,创立了草庵茶风。所谓的"草庵"即农家茅草房,其使用未经任何雕琢的原木、草质榻榻米、草茸屋顶,尽显道家返朴(璞)归真,回归自然的本色。饮茶的茶碗也使用看似十分简陋的器皿,甚至有的歪歪扭扭、灰釉流淌,还有裂纹出现,在如今国人看来,俨然就是不合格的"伪劣产品"。但这正是利休茶道的美学追求,即反对精美、高级、华贵、奢华、张扬、夺目,而追求稚拙、简素、贫困、含蓄、内敛以及自然之美。

千利休成为日本美学的集大成者。自此以后五百余年间,"利休美学"一直被日本人视为美的标准和美的极致,传承至今。无论是神社、寺院、园林,还是日本人的住宅、衣着、饮食,均尽显素朴、回归自然的独特风格。如果说奈良、平安时代,日本曾追随"唐风",天皇贵族追求华丽美学,但自千利休起,独具和风特色的素朴的美理念开始形成,并一直传承至今。

2. "寂"蕴含道家境界

我们可将千利休的茶道精神概括为"和、清、敬、寂"四个字。其中"寂"

---

① (日)福永光司:《道教与日本文化》,人文书院,1982年版,第176页。
② 据西部文净先生考证,在绍明禅师带回日本的七部茶典中,有一部刘元甫制述的《茶堂清规》,其中《茶道轨章》和《四谛义章》两部分为后世抄录为《茶道经》,其中揭示了"禅茶一味"及"和、清、敬、寂"的茶道哲学思想。关于《茶道经》的考证在学术界也存在一些争议。

乃茶道的最高境界,也是茶道的核心与灵魂。脱胎于中国禅寺茶的日本茶道本身就以儒释道文化为底蕴,因此笔者认为,"寂"乃道禅融合的最高文化境界。

所谓"寂",其一,体现禅学精神。"寂"乃涅槃、寂灭之意,引申为"本来无一物",万物皆空,否定一切的精神境界。其二,体现道家精神。"寂"乃贫困、静寂,主要指精神上摆脱俗世俗物的干扰,"不以物喜,不以己悲",达到"宠辱不惊,看庭前花开花落;去留无意,任天空云卷云舒"的极其高远的道家人生境界,显示出不媚世俗荣华与权贵的茶人风骨。

千利休一贯主张"少私寡欲",他说追求豪华房宅、美味食品,那是俗世之举,家以无漏雨,食无饥苦足矣。在道家看来,五彩缤纷使人眼花缭乱,难得的货物使人行为不轨,人多私多欲,追逐世俗荣华,只会伤生害性,自取败辱,故主张清心寡欲,清心静修。茶道追求之"美境",即"脱俗",鄙薄世俗功名利禄,笑傲王侯权贵,追求"淡泊、清心、明志、宁静、致远"之极其高远的人生境界,这才是茶道的根本精神之所在。因此,茶道之中有着深厚的道家文化的底蕴,这是不可视而不见的。并且,千利休最终亦以不屈的精神,实现了不媚权贵的道家风骨,达到了茶道的最高境界。

3. 体现道家"谦卑内敛"的美德

老子《道德经》曰"光而不耀"(五十八章),又云"我有三宝:一曰慈,二曰俭,三曰不敢为天下先"(六十七章),即不敢自傲,居天下人之先,又曰"知其雄,守其雌,为天下溪"、"知其白,守其黑,为天下式"、"知其荣,守其辱,为天下谷"(二十八章)。可见老子主张谦卑退让,矜而不争,光华内敛的人生美德。《庄子》杂篇第三十二章论道:正考父(孔子十代祖)一任士职,就曲着背;再升大夫,就弯着腰;最后担任卿职时,就俯着身顺着墙走路了。如果是一般的凡夫俗子,一上任士职,就开始自命不凡;再任大夫,便在车上轻狂起来;一旦担任卿职,便自称长者了(《列御寇》)。庄子认为,"圣人"之德乃不外露,宠辱不惊,始终保持着内心的平和。由此可见,老庄均主张谦卑内敛、低调做人。

茶道因循道家光华内敛的美德,并融入茶道的人格规范之中。茶道创始人村田珠光给大弟子一封信《心之文》中即指出:"此道最忌自高自大,固执己见,嫉妒能手,蔑视新手,最最违道,须请教于上者,提携下者。"为提醒人们谦卑做人,千利休还特别设计了一个70厘米见方的茶室小入口,意在提醒人们谦卑做人,切勿趾高气扬,此乃茶道修行者的必备美德,真可谓用心良苦。茶道过程中,茶人往往还会故意在客人面前弄出一点儿小小的"错误",以免给人自恃过高,好为人师的感觉。以达到大巧若拙、大成若缺、大盈若冲、大直若屈、大辩若讷、大智若愚的美学效果和美学智慧,并且茶道谦卑内敛的伦理美意识某种程度上已融入日本人的人格规范之中了。

  由是观之,道家的美学意识、人生境界、伦理美意识与人生智慧均被融入茶道之中。因此,笔者认为"茶道乃变装了的道家哲学",它是融宗教、哲学、道德与美学为一体的综合性文化艺术,有着不可抵挡的文化魅力。正是由于此,它成为日本女性出嫁前的必修课程之一,茶道从产生至今已五百余年,一直深受日本人的喜爱。

第五讲　日本佛教与日本禅

净土宗与禅宗对日本文化影响最大，因此某种意义上可以说，把握"净土真宗"与"日本禅"的发展脉搏，是深入破解日本文化的关键之一。

6世纪中叶，佛教传入日本，但半个世纪以后才在圣德太子的大力弘扬下兴隆起来，并达至极盛，成为日本的国教。因此日本人都尊奉圣德太子为日本佛教的"始祖"。奈良佛教主要引进中国的华严宗、法相宗、俱舍宗、三论宗、成实宗和律宗，也称"南都六宗"。奈良佛教基本遵照中国佛教的"原貌"；平安佛教则逐渐显现出日本佛教的民族本色。其将中国佛教八大宗派之一的净土宗导入日本，并加以现世化、世俗化改造，形成独具日本特色的"净土真宗"，日益彰显出日本佛教"特立独行"的文化景观。镰仓时代以后，禅宗东渐，当时的日本统治者将军、武士开始扶植禅宗，"禅"逐渐成为日本文化的支柱。总的说来，净土宗与禅宗对日本文化影响最大，因此某种意义上可以说，把握"净土真宗"与"日本禅"的发展脉搏，是深入破解日本文化的关键之一。

一、日本佛教的民族本色

（一）佛教的传入

据《日本书纪》载，佛教于钦明天皇十三年(552年)，由百济圣明王遣使护送金铜像一尊及经论若干卷传入日本。学者们一般认为，此乃佛教传入日本的时间。不过也有学者持不同见解,而将百济献佛记于538年(钦明天皇戊午年),是年在百济王上表文中大力褒扬佛法无边,"有所祈愿,无不遂心","最为殊胜",因此有日本学者认为日本佛教的历史应从此开始。

佛教在入日半个多世纪以后,在圣德太子的大力倡导下兴隆起来。604年圣德太子制定《宪法十七条》,将佛教定为国教。宪法第二条则曰:"笃敬三宝①,佛法僧也。"圣德太子还深入钻研佛教教义,著有《三经义疏》②,并亲自在宫中讲解佛经,建立斑鸠寺(法隆寺前身)等众多寺院,结果国内很快出现了敬佛崇佛、竞造佛寺的局面。至推古天皇三十二年(624年),全国已建寺院46所,僧816人,尼569人,日本佛教的发展已初具规模。日本民族即是如此,大凡被最高统治者认同的外来事物,往往会在短时期内得到全民族的认同。日本学者中村元深刻指出:其原因乃是由于"支配着日本的,不是自己提出和解决问题的意识,而是权威至上主义"。

(二) 现世主义特色

1. 神佛融合

佛教传入前,日本广泛敬神。佛教传入后,宇佐八幡神宫集团为取悦于天皇,得到中央政府的垂青,在神宫内修建三级塔,安放最胜、法华二经。后又对东大寺的修建鼎力相助,从而使宇佐八幡神宫取得了与伊势神宫并列的、具有国家宗庙资格的地位;僧侣也积极在神社内设寺院,由僧侣在神前诵经,并且给日本神奉以佛的称号。

神佛相互渗透、相互靠近,并存并立,此反映出日本人思维方式的宥和性、共融性特点以及日本人现世主义的生活态度,无论是外来神、本地神,只要对自身有所助益,均可兼容并包。如今日本人的宗教信仰即表现为神道与佛教双重信仰,大多数日本人把活着的事交给神社,而把死后的事则托付给寺院。也就是说出生的时候、考学的时候、升迁的时候、结婚的时候,往往前去神社祈祷、参拜,而死的时候则请寺院做法事、主持葬礼,这在世界宗教史上都是极少见的。

---

① 三宝:即佛、法、僧。"佛"指佛陀;"法"指佛教教义、经典;"僧"指僧侣。
② 《三经义疏》是圣德太子撰写的佛经注释,据说写著时参照了中国注释书,但也提出了自己的见解。

2. 服务于现世

佛教中心思想是说人生极苦,经过修行往生极乐,而神道则追求"现世本位"。因此日本人将祈祷"来世",实用主义地转变为祈祷"现世"的内容,以适合于日本文化。

(1)药师寺的兴隆:药师如来全名"药师琉璃光如来",其出自《本愿经》。原意是说,众生若听到药师如来的名号,即可消罪业而修善根。但佛教传日后,药师信仰则变为一种祈愿天皇病体康复,此外还包括保佑平安、降雨、顺产、求官、克敌等服务于现世生活的内容。如607年法隆寺药师佛,即为祈愿用明天皇病体康复而建。

(2)守土护国:日本佛教还具有"镇护国家"的现世职能。圣武天皇在东大寺《仁王经》(704年)跋文中称:"上为国家,下及生类,乞索百年,祈祷万福。"表明仰佛的目的乃镇护国家,安身立命。12世纪,荣西(1141—1215)将临济禅带入日本,并著《兴禅护国论》,强调兴禅的目的乃镇护国家。他得到幕府将军的支持,在京都造建仁寺,又赴镰仓开创寿福寺。从而使原典中少见的守土护国的内容现于日本的佛教之中,从而将超凡脱俗的佛教,变成为世俗生活服务的宗教。

(3)参与时政:佛教原本远离政治,释迦遗训云:"不参与世事……好结贵人。"(《佛遗教经》)但日本僧侣则是入世、参与时政、效忠皇室的。如奈良法相宗僧人道镜(?—772)曾任太政大臣,由于备受孝谦天皇的宠爱,企图篡位,遭到大臣们的反对而下野。又如真言宗祖师空海(774—835),晚年恶疾发作,弥留之际仍上奏天皇:"沙门空海,得沐恩泽,竭力报国……"并表示"生生为陛下法城,世世为陛下法将"。奈良名僧善殊(723—797)在所著《本愿药师经疏》序文中亦表示,弘佛的目的是"终于天朝的大愿,报恩国家的广恩",使皇室千秋万代。佛教入日后,亦被打上了日本文化的烙印。

(三)世俗化改造

自平安时代起,净土宗风靡日本列岛,其中,亲鸾上人(1173—1262)成为传播净土宗并将净土宗加以日本化改造的核心人物。在印度或中国为非主流的净土宗,在日本则变成主流。亲鸾在世时备受奈良旧佛教念佛教团的强烈排挤和打压(被流放),但是正因为他的出现,日本佛教开始朝着否定戒律的"在家佛教"方向发展,并且深刻地影响着日本人的生活。

1. 娶妻生子

平安时代以前,也有不少僧侣暗蓄妻妾,但亲鸾认为这是虚伪的。他继承了净土宗开山祖师法然(1133—1212)的思想,并发挥至极致。他认为既然法然主张无论善人恶人,只要念佛,都能往生极乐,那么娶妻生子也应该没有什么关系了。他积极主张"在家佛教",提出排除一切清规戒律,认为即使不出家,过娶妻生子的世俗生活,而只要念佛,靠佛力便能"往生"。于是乎,一旦信仰净土宗,便立即能感受到信仰带来的极大喜悦,因此亲鸾的净土宗深受日本民众的喜爱,他创立了看起来好似毫无戒律的新佛教。

亲鸾还身体力行,一生结过两次婚,生有四男三女;另一名僧莲如上人(1415—1499)则妻妾五人,子女二十七人。1872年(明治五年),政府宣告允许僧侣娶妻、食肉及蓄发,自此,寺院中的僧侣们穿上袈裟做和尚,脱下袈裟便是有家有室的普通人。二战以后,日本僧侣娶妻生子更是公开的行为了。按照佛教戒律,出家僧人不得结婚生子,但日本佛教界却打破戒律,这一独特的"创造"则是始于亲鸾上人。

现代日本僧侣大多因袭亲鸾的传统,恪守严格戒律的仅是少数。日本佛教自成一家,与中国强调戒律的大乘佛教有所不同,不过唐招提寺的和尚则继承了鉴真律宗的根本,与中国和尚一样,恪守着严格的戒律。在日本,除唐招提寺及临济宗住持一级的僧人外,和尚娶妻生子、食肉饮酒是极普遍的。

16世纪赴日的葡萄牙传教士佛洛伊斯曾在《日欧比较文化》一书中谈道:"欧洲僧侣节制饮酒,日和尚虽禁饮,但醉倒在路上的则屡见不鲜。"佛教"五戒"中虽有不饮酒之禁忌,但日和尚通常都饮酒。此外,欧洲僧侣为表示蔑视世俗生活,不穿丝绸衣服,而日和尚穿锦着绣,招摇过市者不乏其人。

究其原因,制约着外来佛教吸收机制的乃是神道哲学,"原始神道以诚为本",其主张对人的自然本性、情感乃至情欲不加以限制,任其自然,纵其发展。因此,即使禁欲主义的佛教,到了日本也被大加还俗,走向"开放",日本佛教世俗化特征亦由此可见一斑。

2. 主持丧葬

在印度,佛教是不参与丧葬活动的。佛教传入日本初期,僧侣也不参与主持丧葬活动。但平安时代以后,随着净土宗的普及,主持丧葬逐渐成为日本僧侣的重要工作。笔者认为,这是净土宗为适应日本文化心理的需要而做出的"本土化"调整,同时也是为谋求自身生存需要而加以改进的结果。

对净土宗加以"日本化"阐释与独特发挥的关键人物就是亲鸾上人。亲鸾融日本人传统的"生—死—再生"的彼世信仰于净土宗之中,在《观无量寿经》和《阿弥陀经》中极力证明念佛的信徒死后如能往生净土成佛,必然会再回还到现世。即,亲鸾有着强烈的"还相回向"思想,他试图说明人往生之后还要回来,还要转生回归到现世,这是亲鸾思想的核心。实际上,亲鸾的净土宗乃是日本人心灵深处彼世观的反映,也是外来净土宗与日本人的传统信仰相结合的产物。与此同时,净土宗的僧侣又把原来由土著宗教进行的葬礼仪式吸收到佛教中来,从而大大增强了净土宗对民众生活的影响力与穿透力,净土宗逐渐变成日本佛教的主流。于是,把人的灵魂送往彼世的仪式、葬礼、忌辰、供养等,逐渐都由佛教来司掌。

佛教葬礼之所以在日本产生并长盛不衰,是因为在日本人心灵深处存在着浓郁的彼世信仰,即"生—死—再生"的生命轮回观。通过佛教葬礼这种将死者送往彼世的仪式,死者的灵魂才能再生,日本人的灵魂最终才能有所寄托,心灵才能获得宁静,得以安然离世。有灵能的人在葬礼上所说的话非常重要,他们一方面要说服彼世的先祖,让先祖相信现在送去的人并没有干过什么坏事,同时要说服死者不要迷恋现世,安心地到彼世去。无论是杰出的科学家、知名的学者、高级官僚,还是一般民众,都有着这样的愿望,即通过做法事,往生彼世,再回到现世,以此进行着生命周而复始的轮回。也就是说在日本,葬礼、忌辰、供养是僧侣的工作,诞生、结婚、七五三儿童成长礼仪,是神主的任务。现在的日本人就是在这样的无意识之中,把死与生分别交给佛教与神道了。

如今,大多数日本和尚过着"两亩地一头牛,老婆孩子热炕头"的优哉生活。"两亩地"指的是日本和尚大多靠"地"吃饭,即寺庙多经营墓地。日本地价昂贵,一块两三平方米的墓地也要上百万日元,靠出售墓地和每年收取墓主的功德钱,就可让大多数和尚过上相当滋润的生活。"一头牛"指做法事的费用。去年暑假,一位日本朋友的奶奶过世,据说断断续续地做了三个月的法事(至少九次),大约花了300万日元,这在日本是非常普遍的。

3. 祖先崇拜

祖先崇拜也是日本佛教的一大特色。在日本，一年一度的盂兰盆祭是仅次于新年的第二大节日，也是以佛教文化为背景的祭祀祖先的重大节日。日本的盂兰盆祭既受到以"祭祖"为主旨的中国盂兰盆祭的影响，同时由于适于日本文化的风土而得以发展，并传承至今。但在中国，清代以后，民间的盂兰盆活动就逐渐消亡了。

盂兰盆节其实原产于印度，但其中没有祭祖内容。"盂兰盆"在天竺语中意为"倒悬"，"拯救倒悬之苦"乃盂兰盆的本意。据《盂兰盆经》记载，释迦十大弟子之一的目连，为拯救坠入恶鬼道、忍受倒悬之苦的母亲，向佛祖祈求帮助。佛祖称其母罪孽深重，要靠十万僧众的力量，并警示他于七月十五日设盂兰盆祭，以百味饭供养四方僧众方可拯救其母。目连遵照佛祖旨意从恶鬼道中解救了母亲。

由此可见，盂兰盆会在佛教兴起之时，主要是以盆施僧，超度前世父母。传入中国后，南朝梁武帝曾因循之，大兴盂兰盆祭。唐代以后则被"中国化"，形成以"祭祖"为特色的中国风格，是民间救度亡灵、祭祀祖先的重要节日。道家经典以七月十五为中元，中元乃地官大帝的诞辰，这时要打开地狱之门，祖先、鬼魂等来到人间，所以这一天要祭祖和拜鬼。由此显示出以祭祖为主题，儒释道共融的中国特色。其实祭祖原与佛教无关，它是中国化的产物，后传入日本，被发扬光大。由于与日本传统的祖先崇拜相契合，故完好地保留至今。

盂兰盆祭传入日本，始于圣德太子时代。圣德太子曾为他死去的父亲举行供养，从此，以祖先崇拜、死者供养为主题的盂兰盆祭就在日本列岛扎下根来，如今已成为日本佛教的一大"胜景"与特色。先祖们在盂兰盆节回到现世，各种各样的孤魂野鬼们也随先祖们一起回来，所以盂兰盆节不仅要款待先祖，还要供养这些孤魂野鬼。

每年盂兰盆节，是日本法定的休息日，一般放假一周到十天。日本民间一般于七月十三日便拉开盂兰盆节的序幕。但实际上自七月一日开始，人们已开始清除从祖坟到自家门前的杂草，相信祖灵会沿此路回家。七月十三日早上人们开始搭建盂兰盆棚，人们如同迎接盛大节日那样地采盆花、买供品。三日傍晚，各家都在佛坛和盂兰盆棚处点"盆提灯"，传说祖先依靠明灯才能回家。住在海边的人相信祖先会从大海彼岸回来,故海边往往点上迎神火。

盂兰盆棚是祖先回家的寄身之处,三日傍晚人们献上米粉团,十四日供奉米饭和面条,十五日敬上唐年糕,并且不断变化种类,称"百味饭",这是沿袭印度盂兰盆节做供养的习俗。日本人还常以鱼做供品,因为佛教的盂兰盆会禁杀其他动物做供品。在京都地区,人们还用筷子穿上用黄瓜和茄子做成的马和牛,表达希望"祖先乘马速来,牛拉礼品慢走"的心情。盂兰盆节期间,各地寺院、街道等处都会举行各具特色的盂兰盆舞,一切均自愿参加,服装很随意,乐器一般为大鼓和笛子,节拍为七七七五调,歌词往往即兴创作。届时男女老幼均兴致勃勃,翩翩起舞。笔者曾参加过爱知县冈崎市的盂兰盆祭,深为日本民众对传统文化的执著和热情所感染。总的来说,通过与祖先共饮、共欢、共舞,表达欢迎祖灵回家的心情。七月十四日、十五日是供奉祖先的高潮时刻,各地以不同的形式表达对祖先的感激之情以及对未来的祈愿。

一般认为,十六日是盂兰盆节最后一天,这天要送祖先回到所来之处,叫"送灵"。与"迎神火"一样,在盂兰盆节降下帷幕的这一天傍晚,各地点燃"送神火",以送祖灵离去。其中最负盛名的是京都"大文字"送神仪式。届时京都大文字山半山坡燃起"大"字形篝火,以送神灵离去。"大"字第一笔长 75 米,第二笔 146 米,第三笔 124 米,蔚为壮观,非常优美。

如今,盂兰盆节已成为日本佛教的重大盛事,虽历经现代文明的考验与洗礼,但盂兰盆"祖先崇拜"的传统一千多年来依然统摄着日本人的精神世界,届时出门在外的人们忙着返乡祭祖。带有中国道教色彩的"中元"一词,则演变为盂兰盆节时互送礼物的习俗了,至今在日本还广为流行。周作人曾经说过:"我们在日本的感觉,一半是异域,一半是古昔,而这古昔健全地活在异域的。"(《苦竹杂记·日本的衣食住》)日本一方面高度现代化,但另一方面又不割裂传统,将传统与现代和谐共熔于一炉,这样的文化景观可以说在日本比比皆是。

4. 现代色彩

在日本,僧侣是一个很受人尊敬的职业,被视为智慧、博学和富有的象征。提起僧侣,一般人会以清心寡欲来形容,但日本僧侣的真实生活则是千姿百态，丰富多彩。不仅大多数和尚娶妻生子，享受与常人几乎无异的生活，而且他们所从事的职业也极其丰富，包罗万象。

（1）世袭兼职：在日本，有些和尚除当寺院住持外，还是出色的科学家、工程师、大学教授、律师、电视节目主持人，甚至电影导演。日本寺院多为世袭制，就是说，寺院的住持在世时，他的长子往往同常人一样，读大学、研究生、博士，出国留学，当教授，而当儿子的事业如日中天之时，父亲却不幸离世（圆寂），那么寺院住持自然由他来继承。在这种情况下，他们也只好两边兼顾了——既是大学教授，又是寺院住持。这种从业方式也被日本社会广泛认同。

（2）托钵僧：笔者在京都留学时，每每经过位于市中心的鸭川大桥，经常能够见到立于桥上，请求布施的托钵僧。他们不到施主门前去恳求布施，而往往选择繁华的车站、广场等人员流动的中心地带。戴上斗笠，穿上僧袍，端然一立，低头祈祷。看到这样的僧人，不时地会有人前去布施，而每得布施，托钵僧便摇动法铃作为回报，大概是为布施的人送去祝福。这样的托钵僧人，也成为日本大都市一道独特的风景线。

（3）和尚、尼姑"时装秀"：位于东京的筑地本愿寺，2007年12月15日迎来了一场特殊的"时装秀"。僧侣们在寺中搭起T形台，身着五光十色的僧侣服装，展开服装走秀。举办方表示，此举乃为弘扬佛教文化，吸引年轻人关注佛教，光顾寺院。按佛教传统，僧侣本应以朴素为宗，但为吸引时下的年轻人，僧人们独出心裁，纷纷穿起了色彩各异的僧袍，有的僧袍还镶上金色饰物，可谓精心设计，精心制造。当天的这场"时装秀"还以动感音乐为烘托，约40名和尚、尼姑身着佛教八大流派的各式各色服装登台亮相。走秀时，僧侣们还高声诵读经文，并不断地向空中抛洒代表莲花瓣的五彩纸屑。

二、日本禅文化体系

禅宗的发源地在中国，传到日本后受到日本最高统治者将军、武士阶层的支持，而逐渐成为镰仓、室町时代的官方意识形态。禅宗乃印度佛教思想"中国化"的产物，具有"不立文字""教外别传""见性成佛""直指本心"等特点，简单易行，非常适合当时来去匆匆的武士阶层的胃口；特别是禅宗强调苦心静修的禁欲主义的生活方式以及"生死一如""寂死为乐""生命轮回"等思想,有利于培养武士勇猛、坚强的意志;此外,禅宗崇尚直觉思维,注重佛教实践,强调"坐禅""作务",即以劳动为最佳修炼方式。与中国人相比,日本人的思维方式更注重直觉与实践,这是禅宗之所以能"长驱直入"于日本文化之中的深层原因。查尔斯·艾略特在其名著《日本佛教》中也持此见,他说:"禅对于东方的艺术、知识及政治生活来说,具有伟大的力量,禅也是日本式性格的表现,其他所有佛教流派都没有禅那样'日本式'。"

进入镰仓时代,将军、武士亲禅、习禅,禅风大盛,禅逐渐成为武士社会的文化支柱。步入武士社会,制约武士行为与道德规范的武士道则大加借用禅宗。禅不仅构筑了日本人的人生哲学,而且也影响着日本艺术美的基调。禅宗与神道相融合形成"日本禅",它使日本文化朝着苦涩、枯淡的方向发展,并直接促成了"物哀""空寂""闲寂"日本文艺三大美学理念的形成。"日本禅"早已走出中国"寺院禅房"的天地,被民众化、社会化,并渗透到日本文化的各个方面,从而形成不同于中国的独树一帜的禅文化体系。

(一) 禅构筑了日本人"生的哲学"

1. 禅宗"作务"思想

禅宗强调"作务",即砍柴、烧水、打扫、园林、种田等等劳动实践,中国唐代的百丈怀海禅师(720—814)就有"一日不作,一日不食"的名言。日本自古就有着勤勤恳恳、专心致志于农业生产的"精农主义"精神,17世纪日本禅僧铃木正三(1579—1655)又将其发扬光大,提出"世法即佛法",工作即修行的"工作禅"思想,从而树立起一种促进近代日本资本主义发展所需要的全新的宗教伦理,即"劳动为美"的道德理性原则。至今,工作狂般的生活方式依然是被日本社会所普遍认同的生命价值与人生追求。

2. 禅宗"清贫主义"的生活方式

禅宗崇尚疏食蔽衣,粗茶淡饭,这与武士倡导的廉俭操守相一致,因此为武士所推崇。对于武士而言,对饮食说长论短是有伤大雅,缺乏教养的表现,大丈夫应远离厨房,饮食讲究七分饱、不奢华、尚节俭,均被视为武士的教养与修行。继铃木正三之后,石田梅岩(1685—1744)更强调浪费与奢侈会破坏社会秩序,提出"俭约"乃政治之大本的主张,并将"节俭"上升至哲学意义上的"道"的高度,从而确立了"俭约哲学"、俭约社会伦理。江户幕府高度肯定并积极支持石门心学的传播,并多次颁布节约令,从而树立起全民节俭的风尚。在日本,浪费乃极大的犯罪,上至天皇下至民众,均以"节俭为美","勤俭"成为日本人美德评价的重要标准。

3. "言简意赅"

禅宗崇尚简洁的思维方式还深深地影响了日本人的语言世界,武士以寡言敏行为美,即多做事,少言语,甚至"无言语"。对武士而言,多言多语则有失武士威严之气,因此一句话能说半句不说一句,能说一句不说两句,讲求语言凝练,言简意赅,只言片语却让人回味无穷,即所谓"沉默是金"。日本人常常教育男孩子不要多说话,无论遇到什么都要默默地忍耐,认为这是男子的美德,即以"沉默为美"。

4. 禅宗"悲世"情怀

自然资源贫乏,火山地震等自然灾害频繁的日本岛,往往会在弹指之间一切美好的东西均幻化为乌有,因此特定的地理环境使日本人对"人生即苦""人生无常"的佛教、禅宗情有独钟,产生强烈的共鸣,因此武士亲禅,日本人亲禅。强烈的忧患意识,以及巨大的生存危机感使日本人总是以挑战人生极限的姿态工作着,沉重、压抑,因此日本人身上少有狂喜的表情,被称之为"富而不乐"的人;而有着深厚儒道文化积淀的中国人的文化心理则比较"乐世",既有积极入世的儒家理性,亦有退而隐逸的道家哲学。对此,周一良先生曾精辟地指出,日本文化有一种苦涩、枯淡之味,即"禅味"。查尔斯·艾略特在《日本佛教》中也指出,日本的性格就是禅,而接下来笔者所要论述的日本人的"死亡哲学",以及日本文学艺术、艺道则正是日本人"悲世"心理的折射。

(二) 日本禅与"死亡哲学"

1. 禅宗的生死观

禅宗认为,"生一时也,死一时也,亦如春而夏也,夏而秋也,秋而冬也",也就是说禅宗看淡生死,它既不过分执著于生,也不过分伤心于死,而是顺随自然的造化,应生而生,应死而死,比较超然、达观,但禅宗也并没有崇尚死亡、渲染死亡,主张自杀的内容。因为佛教、禅宗本身都是戒杀生命的。

2. 崇尚死亡的"日本禅"

然而日本武士社会最高统治者则大加借用禅宗"生死一如""寂死为乐""生死轮回"等理念,给予驰骋疆场的武士以理念上的支持,并将其发挥至极端化的境地。最后则走向片面推崇和渲染死亡精神的武士道文化,甚至出现了所谓"自杀美学""唯美自杀"等文化价值取向。在禅宗等外来文化传入日本以前,日本本土神道就有着浓重的向往彼世的信仰以及悲世的人生情怀,武士道大加移植了禅宗诸多理念,但却打上了浓烈的神道文化的烙印,特别是在崇尚死亡,蔑视生命(无论是他人的生命还是自己的生命)这一点上,已经根本远离了佛教禅宗的本意,而走向"重死轻生""悲生亲死"的极端化境地。被称为日本武士论语的《叶隐闻书》一书中的名言即曰:武士道即通向死亡之道,武士的哲学就是"死亡哲学"。由此可见,禅宗经日本化改造以后,已成为自成一格的价值观体系,在生死观上已背离了禅宗的本意。

3. 武士文化影响下的"高自杀率"

武士道"崇尚死亡",日本许多著名文学家选择自杀,如有岛五郎、芥川龙之介、川端康成、太宰治和三岛由纪夫等。川端康成小说结尾处都是唯美死,在他看来死乃重获新生,他本人亦最终选择吸煤气管自杀;三岛由纪夫则是当众剖腹自杀。1998年日本企业经理自杀者达713人之多。2007年11月东方早报报道,日本自杀人数连续九年超过3万人,日本自杀率在发达国家里是较高的,日本上网普及率很高,近年网上相约自杀者更是不计其数。

日本著名画家古贺春江说,"再没有比死亡更高的艺术了,死就是生"。也有人说,在赴死之际,能体验到一种人格升华的慷慨凄凉的满足。由此可见,日本化了的禅已走向了漠视生命的极境,武士道借用了禅宗,却加以极度的"扭曲"与"变形",而非禅宗"原貌"了。

4. 不同文化下的生死观

西方国家,如美国经济同样不景气,但其自杀率仅日本的一半。基督教认为自杀是罪恶,13世纪著名神学家托马斯·阿奎那(1224—1274)在《神学大全》中罗列了自杀是犯罪行为的三大理由,欧洲各国的法律均以此为依据,欧洲中世纪法律严禁自杀,英国直至1961年才废除自杀罪;而日本却有一种赞美剖腹和殉情的传统。所以虽日本政府制定各种防止自杀的措施,但都是治标而不治本,归根结底,武士道的"生死观"则是造就自杀者的"温床"。

(三) 禅亦成为日本文学艺术与艺道的主旋律

1. 禅与日本文学

(1) "物哀美"文学　禅对于日本许多体裁的文学形式均有影响,首先它直接促成了日本文学核心美理念——"物哀美"的形成。"物哀美"是日本文学的一种独特的审美意识,简言之就是一种悲情美意识,它是一种纯粹感觉式的美,不是凭理性、理智来判断,而是靠直觉、靠心去捕捉到的美,其间有股惆怅的味道。日本国学大师本居宣长认为"物哀"的最高成就则是紫式部的《源氏物语》,他在《"源氏物语"玉小栉》中指出,其所述均为世间真人真事,看了不由你不动心。据一位日本学者统计,《源氏物语》中出现的"哀"字多达1044个,其半数乃至三分之二是与同情相通的,表达作者对人生百态的哀愁和对女性命运的同情。有评论认为作者对"哀"作出了出色的表现,将哀从初级阶段推向高级阶段,从"哀"的事物升华为让人知道的"物之哀"。

这种"物哀美"的文学美理念的产生,归根结底是日本人悲世心理在文学中的反映。日本列岛复杂多变的地理环境及其资源的匮乏,酿就了日本民族的多愁善感,即具有易感、易哀的丰富情感。因此宣扬"人生无常""人生即苦",带有悲世情怀的佛教禅宗与日本人的思想感情正相契合,并为日本人所笑纳;其次,《源氏物语》的作者紫式部更有着特殊的经历,她很早丈夫去世,而与幼女孤寂为生,特别是当她亲眼目睹宫廷权利争斗及女性悲苦的命运,更是不断发出"人生悲哀"的慨叹,并以其深厚的文学功力将其"禅化",升华至"艺术化"的审美境地,形成"物哀美"的日本文学独特的审美意识。

所谓"物哀",即对人生不如意的慨叹、悲哀。特殊的文化风土使得日本人的文化心理"尚悲不尚喜",悲生而亲死,这恰恰是物哀文学得以产生并获得广泛共鸣的症结所在。可以说,"物哀美"文学美理念一方面受到佛教"悲世"观的浸染,同时也在禅的了悟之中得以升华与发展。并且这种悲剧美意识于平安时代之后,一直成为日本文学评价的重要标准,也成为日本一代代文学家竞相追逐的表现形式。

(2) 俳句　禅之于日本文学的影响明显见诸于日本独特诗体——俳句,它是日本诗歌的代表形式之一,只有十七个音节,虽短小,但却以其独特的表现形式在世界文学史上占有一席之地。俳句直接受到禅的影响,日本著名诗人与谢芜村认为,在创作俳句时要根据刹那间的"悟"进行,诗要一气呵成,而这样的技艺只有禅学思想深厚的人才能掌握。铃木大拙指出,禅不靠任何理性或概念的东西,而只靠直觉去体悟生命及佛理,这种直觉在俳句创作中起着决定性的作用,当诗人的直觉观照突然迸发出不可遏制的灵感,而进入迷狂状态时,就会创造出独具"幽玄"或"妙"的伟大作品,这种"幽玄"或"妙"就相当于中国文学理念中的"神韵"或"气韵"①。

中国文人的禅诗有的写得十分精致,而俳句不同于此,俳句要的是禅之机趣,如江户时代诗人松尾芭蕉(1644—1694)创作的三行诗:"古池塘,蛙儿轻跳入,水声响。"它用极其浅近的语言,传递不可言传的禅意:陈腐得近乎凝固了的古池塘,由于青蛙这一鲜活的生命,注入了新的生机与活力,达到化腐朽为神奇的效果,惊醒处于迷茫中的人们。又如与谢芜村(1716—1783)的"青青铜钟上,蝴蝶悠然眠",则暗示一种不与世相争的超凡脱俗的气质,达到超脱逍遥的境界。日本俳句源自于中国的禅诗,但又有所创新,它以孤寂的心静观大千世界,语言平淡自如,朴实无华,却发人深省,达到"闲寂"的艺术效果。

2. 禅与水墨画

乔治·达斯维特在《中国的神秘思想与近代绘画》中对禅与东方传统绘画的关系进行了很好的揭示。他说,中国美术家绘画的关键,就是思索集中,且随意志的去势一气呵成,在作画前,首先要将所绘之物作为一个整体去观察,思散神驰就会成为事物表象的奴隶。即将丰富的"物象"高度"禅化"、艺术化。铃木大拙(1870—1966)指出:禅启迪了日本人的艺术冲动,似乎有什么东西与魔法相通②。在此基础上,依靠简洁而有限制的墨线来表达深奥的境界,颇似象征性绘画,具有强烈震撼力,禅特别强调"悟"的体验,悟就是"迷狂"、变态,就是一种超越③。在此,大师们均揭示出禅与水墨画密不可分的天缘关系,水墨画需要极其精微的禅意与禅功才能成就出伟大的精品。

---

① (日)铃木大拙:《禅与日本文化》,陶刚译,三联书店,1989年版,第4页。
② (日)铃木大拙:《禅与日本文化》,陶刚译,三联书店,1989年版,第26~27页。
③ (日)铃木大拙:《禅与日本文化》,陶刚译,三联书店,1989年版,第159页。

日本水墨画源自于中国。在中国，水墨画的出现至少不会晚于唐代，但大兴于宋代。水墨画在东瀛产生广泛影响，则是在禅宗大举东渐之时。镰仓初期，入宋僧俊芿带回贯休的《十八罗汉图》等宋水墨画，在室町时代可以查出数以百计的宋元画作，这都是日本禅僧、画师所效仿和学习的对象。

　　值得注意的是，日本引进中国的水墨画有着鲜明的"取向性"。据学者们对《御物御画目录》的分析统计表明，在将军私人收藏的传日中国画作中，数量最多的前十位中国画家，顺次为：牧溪、梁楷、马远、夏珪、宋徽宗、李龙眠、玉涧、月山、芳汝和马麟，且这一顺次排位与他们在日本画坛的影响和地位基本一致。牧溪原为宋僧，明人评价他"随笔点墨而成，意思简当，不费妆饰"，而这恰恰符合日本文人、禅僧的审美趣味；梁楷的减笔画和马远的"马一角"的边角构图所呈现的枯淡意境，更是得到日本文人雅士的广泛垂青。其实，他们在南宋画院中并非具有举足轻重的重要地位，却声名远播于日本，这均表明日本水墨画独特的审美取向：尚简不尚繁，追求高深的玄机与禅意，以及苦涩、枯淡的意境，带有浓郁的"禅味"，这与武士社会禅文化气息是高度一致的。

　　日本水墨更多地承袭了牧溪、梁楷、马远的画风，并发挥至日本化的审美极致。这种画风采用"空相"的艺术手法，大量使用"余白"与简笔体，即在画纸或绢本上尽量用较少线条和墨块，用最简练、淡泊的墨色表现出来，画面简素、含蓄，体现了禅的精神。在禅宗看来，一既是完美，又有普遍性，因此日本艺术崇尚"一"，一枝花，一棵树，一个人，铃木大拙将其归纳为"一在万之中，万在一之中"。因此日本水墨画面极其简洁，意境甚至有些感伤，不像西方油画将物象充满整个画面。与西方绘画、雕刻、建筑那优美、宏壮的对称性相比，日本艺术显得有些朴素、简陋，甚至残缺不全，但日本艺术家却坚信这种风格最能表达自我，而十分满足地陶醉于其中①。

　　日本水墨画与中国水墨画虽然是流与源的关系，但又有其独特的创新与发展，融贯了"空寂"的艺术精神，追求一种恬淡的美；也有人认为，日本水墨画也涵盖了"闲寂"的艺术精神，表现出一种未经雕琢的质朴的美，它不精致，也不鲜艳，还有些苦涩、枯淡，但这正体现了日本禅的精神。

---

　　① （日）铃木大拙：《禅与日本文化》，陶刚译，三联书店，1989年版，第4页。

3. 禅与能乐

能乐是日本最严格的古典艺术,发展至今已有600年历史,禅是能乐表演的灵魂。能乐表演时,要求演员进入"禅定"状态,即达到"空相"的自由奔放的艺术境界;无论演什么戏,能舞台背景都是一棵青松,能乐追求虚无的世界,将舞台化为"无",即无表情(能乐师戴上能面具①)、无布景、无道具,让观赏者从无形的表情和无形的空间背后,去想象其无限大的空间和喜怒哀乐,以缓慢乃至静止的动作去体味它的充实,加上谣曲的单调伴奏,造成一种"寂"的气氛,使能剧表演达到幽玄的"无"的美学境界②,即苦涩、枯淡之境;此外,世阿弥还强调能剧表演要"心七分动",即表演动作只表现"心"的七分,不要把心全部表露出来,这样才能使人有回味的余地,犹如日本水墨画的"余白",留给观赏者一个自由想象的空间,任其思想自由地"填充"。能乐大师世阿弥指出:"观赏能艺之事,内行者用心来观赏,外行者用眼来观赏,用心来观赏就是体也。"(《至花道》)日本艺术崇尚简洁、含蓄,体现了禅的精神。

有评论者认为,能乐表达悲哀的方式多采用静寂地忍受悲哀的动作,让观众自己去感受表演者强烈抑制的悲哀,用心去体验这种悲哀与静寂,达到"空寂"的艺术效果。铃木大拙曾指出:"感情达到最高潮时,人就会默不作声,多少受禅的方法影响的日本艺术家们,产生了用最少的语言的倾向,暗示力是日本艺术的秘诀。"③

4. 禅与茶道

日本茶道是禅的一种修行方式,是禅的"延续",即所谓"禅茶一味"。茶道核心在于"悟禅",即修炼禅意,使意念清净,淡泊功利,返璞归真,实现自我心灵的"纯化"在茶道这一艺术中得以完成,这才是茶道的真谛。

禅宗对于茶道的深刻影响还表现在,茶道仪式中对禅宗精神的奉行,千

---

① "能面具"也称"假面具"。据学者研究,由中国传来,而非日本固有之物,中国古代傩舞即戴着假面具驱除疫病和鬼怪。不过日本人对传入的能面具又进行了独具匠心的制作,其独特之处在于兼有"悲哀与微笑两种截然相反的表情",有的能面具看似微笑,眼角却如泣如诉;有的能面具看似悲伤,唇边却漾出一丝平和的笑意。兼具悲喜,"无表情"的能面具,体现了日本艺术崇尚含蓄、余白的表现形式,以激发观者的无穷想象力。

② 叶渭渠、唐月梅:《物哀与幽玄》,广西师范大学出版社,2002年版,第90~91页。

③ (日)铃木大拙:《禅与日本文化》,陶刚译,三联书店,1989年版,第183~184页。

利休将茶道精神概括为:和、清、敬、寂。其中寂乃道禅融合的最高境界,依据禅理,"寂"乃涅槃、寂灭之意,引申为"本来无一物",万物皆空,即否定一切的精神。

学者们认为,至利休茶道达到了一种"空寂"的艺术境界,明确"空寂"为茶道之美理念。"空寂茶"强调去掉一切人为装饰,追求自然、简素的情趣,枯淡的意境,通过茶道,净化心灵,达到一种更高的精神境界,因此可以说,茶道是禅宗日本化的典范,是"日本禅"的创新与发展。

5. 禅与花道

建立在禅宗"无常观"基础上的插花艺术十分注意"动感因素",根据时间的发展和季节的变化而选择相应的花材。如枯枝反映过去,蓓蕾表示未来,枝条有力的曲线象征春天,凋零的枯枝则寓示冬天。传统花道反对左右对称并使用单数花材,这样插出来的花才是"生花",即有生命力的花,而双双对对平衡插入的花则被视为"死花",因为太完美。可以说花道中处处有禅。

日本传统花道不像中国、西洋插花那样满满当当,造型繁复,五彩缤纷,而是以一枝枯枝,一朵白花,一坛清水便勾勒了冬日的凄美。即所谓一条枝,一朵花,更能表现天地宇宙。日本作家川端康成也曾说过,"一朵花比百朵花更能反映花的魅力",充分体现了禅宗"一即多,多即一"的思想。所以日本传统花道简洁而宁静、淡雅而素朴,于静寂、恬淡之中透出浓浓的"禅味",它不像中国、西洋插花那样喜气洋洋的,而是显露出苦涩、枯淡的意境,这与高度禅化了的日本文化的总体气质是一脉相合的。

6. 禅与日本建筑园林

禅宗传入后,日本人对宋代禅宗五山十刹的建筑风格极为推崇,于是在日本大规模复制,室町时代数以千计的禅寺均仿宋代样式被建造出来,称为"禅宗样"。但日本园林并未止于仿制,而是根据本土文化的需要,有所创新,其中最独具创意的乃是枯山水的缩景艺术。

一般来说,"无池无水不成园",而日本的枯山水却排斥水与池,以石、白沙、苔藓为素材,故亦称假山假水。它是在禅宗冥想的精神世界里构筑出来的"净土"。14世纪室町时代,小规模的枯山水庭园广为流行,最具代表性的乃京都龙安寺石庭,其呈长方形,占地150余平方米,庭内无一树一草,零星错落地安置了15块大小不一的石块,并铺以白沙、苔藓,供人睹物静思,冥想天外:使观者仿佛置身一望无际的大海,海中分布着星星点点的岛屿,岛上生长着郁郁葱葱的茂密森林,此乃枯山水的精妙所在。使人由建筑的小空间进入自然的大空间,由有限进入无限,体现出一种淡泊、玄远、寂灭、往生的宗教情怀。这种抽象化的枯山水给人一种干枯、寂静的感觉,进而引申出"空寂"的审美情趣,体验到自然、朴素、枯淡的意境。

茶庭是源于茶道的一种园林形式,它是在禅宗理念影响下营造出来的独具日本特色的空间艺术形式。它不是供游人赏景、游戏的场所,而是严格的宗教修行的道场。茶庭一般只种常绿植物,不栽花,选用树木一般为赤松、黑松、杉、柏、石楠、樟、竹、枫等常绿树木;以拙朴的步石铺设小路,迂回曲折,给人以曲径通幽之感,以营造出和、寂、清、幽的禅宗意境。如今有着500多年历史的茶庭,已成为日本庭园的空间艺术形式之一,其庄严肃穆的氛围足以荡涤人心灵的尘埃,并抚慰现代人不安的灵魂。

乔治·先森在其所著《日本文化简史》中高度概括了禅对日本文化的意义,他说:"禅宗对日本的影响极为微妙而广泛,所以它成为日本文化精髓的极致。它如此深入于日本人的思想、情操、美术、文学和习惯之中,以至于使许多人为了写日本精神史上这一最难而又最有魅力的一章不辞辛劳。"

第六讲　日本儒学与武士道

客观地说,有着千年历史的武士道文化也是极尽丰富的,它杂糅神、儒、释、道各学,既有精华也有糟粕,可谓天使与魔鬼的共生物。

5世纪儒学传入日本,崇尚中国文化的圣德太子积极倡导儒学,604年制定的《宪法十七条》大量导入儒家圣训,以提高皇室权威,日本早期儒学基本为全面引进和效仿时期。进入武士社会以后,日本儒学则进入以神道哲学为核心,全面置换的时期,它逐渐背离了以"仁"为本位,以尊重生命为准则的儒学"原貌",转向片面强调忠勇至上,淡化生命的武士伦理。因此,在某种意义上说,武士道是将儒家思想与佛家思想加以高度扭曲变形的产物。日本儒学完全背离了中国儒学"以仁为本"的核心思想,而成为"自定一格"的独立体系。客观地说,有着千年历史的武士道文化也是极尽丰富的,它杂糅神、儒、释、道各学,既有精华也有糟粕,可谓天使与魔鬼的共生物。因此,把握日本儒学与武士道的发展脉搏,也是深入破解日本文化的重要一环。

一、儒学的传入与异化

(一)儒学的传入

明清时期,中国文人多怀疑徐福一行携逸书于东瀛,但目前似乎还没有强有力的证据证明徐福一行带去了书籍。史学界一般认为,儒学传日时间为5世纪初。据日本第一部正史《日本书纪》记载,应神十六年(405年),百济博士王仁应邀赴日,带来《论语》十卷和《千字文》一卷,当时的太子菟道稚郎子还拜王仁为师学习中国典籍。而分别于603年和604年由圣德太子所制定的"冠位十二阶"及《宪法十七条》,正是全面移植中国儒学的体现。7世纪至12世纪,日本的官方教育机构就是日本早期儒学的传播途径,早期儒学主要是带有训诂性质的汉唐经学。

《宪法十七条》融入了儒家、佛家、道家等思想,其中贯穿着父子、君臣等儒家人伦秩序和等级观念,以全面树立皇室中心主义。同时也主张"以德治国",如第十二条"勿敛百姓",第十六条"使民以时"等,均体现出日本早期儒学与"以仁为本"的中国儒学在核心价值观上并无二致,因此日本的早期儒学基本上可视为对中国儒学的全面效仿。

(二) 儒学的异化

日本的武士政权诞生于镰仓时代(1192—1333),这是日本历史与文化的重大转折点,从此日本进入武士社会。平安末期,日本社会开始形成以武士为中心的主从道德观念。日本学者岩崎昶在《日本电影史》中一针见血地指出:武士是以刀枪为谋生工具,以战争为职业,以暴力和战争为财富源泉和进身阶梯的阶级。换言之,日本武士是以杀伐为职业,以杀人和自杀来向主君表示忠心,并以此领取俸禄的社会阶层。因此,自镰仓时代起,日本儒学便逐渐背离了以"仁慈"为核心,以高度尊重生命为原则的中国儒学体系,形成以"忠勇"为核心,淡化生命的武士道伦理体系。逐渐由奈良、平安时代天皇、贵族的"贵生",而转向将军、武士所崇尚和渲染的"死亡哲学"。

"隆死"的最佳诠释莫过于武士的"切腹"。据学者研究,日本永祚元年(989年),官军逮捕盗贼藤原义。大盗藤原义被捕前,用刀剖开腹部,用尖刀挑起内脏向官军扔去。此被认为是日本人切腹的起源。但"切腹"一词最早出现于12世纪前后。据14世纪《太平记》乙书中统计,2640名自杀的武士中,以切腹自尽的就有2159人。元弘二年(1333年),倒幕运动高涨,失去京城的北条仲时及家臣、部下432余人一齐切腹,成为日本自杀史上的"奇观"。到了江户时代,切腹已成为武士共同遵守的规矩,并形成一整套切腹的仪式和方法。

新渡户稻造在《武士道》一书中曾揭示道:"切腹……乃是基于这里(腹部)为灵魂和爱情的归宿之处……日本人中间流行灵魂寓于腹部的信仰。"

打开象征着灵魂的腹部,以展示里边是污浊还是清白。由于对切腹的崇尚,以至于在切腹的体位上出现立姿切腹、坐姿切腹。方法有:一字腹、二字腹、三字腹和十字腹。在武士那里,以最痛苦的方式——承受长时间苦楚的切腹之死,来成就所谓的"壮绝"。

据《叶隐闻书》作者山本常朝透露,其同父异母兄弟山本吉左卫门从小即被父亲严格训练:五岁持刀杀狗,十五岁时开始斩杀死罪者。武士从小带刀,一般多从十四五岁开始练习斩首,逐渐变得嗜杀成性。《叶隐闻书》还载道:佐贺锅岛藩主直茂对其子胜茂说:"要使斩首习以为常,得先对处刑者斩首。"于是便在其西衙门内排列十人,让胜茂尝试斩首。胜茂连续斩首了九人,看第十人是强壮的年轻人,就说:"已经斩够了,那家伙让他活吧。"这人才免斩得救。

镰仓时代以来,日本由将军、武士统治天下,虽明治维新以后"王政复古",重新恢复皇权,武士阶级已经不存在了,但武士道文化却根深蒂固地保留下来。武士视生命如草芥,他们不仅嗜杀成性,而且也敢于自杀。武士的人生哲学即崇尚强者,认为世间一切乃生存竞争、弱肉强食、优胜劣汰。

而中国历来是文人治世,以儒家思想为指导。中国儒学"贵生","哀死",孔子云:"天地之性,人为贵。"(《孝经·圣治》)孟子同样爱护生命,《孝经》第一章明确指出:"身体发肤,受之父母,岂敢毁伤,孝之始也。"儒家历来以尊重生命、"仁慈"为最高原则。中国儒者程颐云:"君子之所以异禽兽者,亦有仁义之性也。"(《二程遗书》卷二十五)

由此可见,日本儒学从根本上早已异化了,背离了中国儒学"以仁为本"的核心价值与最高原则,虽为"儒教文化圈"之国,但本质上早与中国儒学分道扬镳、南辕北辙、大相径庭了。因此,我们需要将日本儒学作为一个独立的体系来看待。

二、日本儒学的特色

日本自古就有敬神尊皇、权威至上、现世主义、人情伦理等神道传统,这成为日本文化发展的内在根据,也决定着日本儒学的特色与基调。也就是说,日本民族固有的神道思想、民族特质决定了儒学在日本的发展历程。与此同时,日本本土的神道思想又往往与外来儒、释、道思想杂糅在一起,共同构筑了日本儒学的思想特质。

(一)"忠诚至上"

"忠"乃儒家人伦之道,中日两国均重"尽忠之道",但"忠"在两国文化中的定位则有着本质上的不同。在日本,进入武士社会以后,"忠勇"成为超越于一切之上的最高道德,日本武士道的核心即是"臣对君无条件的忠诚与献身"。

自平安时代末期,武士子弟的教育首先从培养"忠诚"开始,形成事亲之孝,待妻之义,对子之慈,统统从属于对主之忠。首先要成为忠臣,然后才是孝子。德川时代,"忠诚"依然是武士道的核心和灵魂。对主君不忠,被视为"盗父母之惠,贪主君之禄,一生之间唯终于盗贼之命"①。不忠者将永远被逐出武士社会,丧失生活来源,精神上也永无翻身之日,并且武士社会对不忠者的惩罚也是极其残酷和惨烈的。

江户时代,朱子学成为官方的意识形态,江户儒者极力倡导"忠君爱国"的国民道德。江户儒者山鹿素行(1622—1685)提出,只有对国家、天下、人民尽力,才是最大的"忠",即"公共之忠"。"公共之忠"应高于"事父之孝",对于有违天下、国家利益的无道行为,儿子必须报告或加以阻止。江户儒学权威林罗山(1583—1657)认为,忠孝"两者不可得而兼也,舍轻而取重可也",即"君国大事"为重要之事,它远比"父家之私事"更重要。对武士而言,切腹是忠义的最高实现。16世纪入日传教的葡萄牙传教士佛洛伊斯在《日欧比较文化》中写道:"在欧洲,主人死时,仆人们哭着送到墓地;在日本有的人切腹自杀,大多数人切手指尖投入焚尸火中",并认为这是很大的荣誉。

明治维新以后,井上哲次郎(1855—1944)提倡国家主义国民道德,力倡"忠君爱国",提倡对天皇国家无条件尽忠。1890 年明治天皇颁布《教育敕语》,确立"忠君爱国"的国民道德体系。美国人类学家本尼迪克特在《菊与刀》中曾揭示了天皇制下无条件愚忠的"景状":有许多校长因火灾差点殃及校内悬挂着的天皇相片而引咎自杀;有些教师也为抢救这些相片遭焚毙;也有些人因为向民众奉读敕语(教育敕语或军人敕语)时,犯了一点儿口误而

---

① 娄书贵:《武士道嬗变的历史轨迹》,贵州大学学报 2003 年第 2 期。

自杀。1882年《军人敕语》则教育日本军人义勇奉公,必要时就必须自杀。二战中,日军神风特工队肉弹,太平洋诸岛日军集体"玉碎",自杀式飞机,自杀式潜艇等等,均令世人领略到日军野蛮、疯狂、残忍、非人性的一面。日本近代"忠君爱国"的教育体制则制造了一大批只知服从的"战争炮灰"。

由此可见,日本的"忠诚至上"早已脱却了儒家尽忠的本义,而与日本本土的氏族神信仰、天皇信仰等杂糅为一体,而失却了儒家人本主义的合理内核。中国儒学重"君臣之义",讲求君臣之间双向的道德义务。孔子曰:"君使臣以礼,臣事君以忠。"(《论语·为政》)孟子云,"君之视臣如手足,则臣视君如心腹","君之视臣如草芥,则臣视君如寇仇"(《孟子·离娄下》)。中国的"忠"是以仁慈为本位的"忠",尊重人性;而日本之"忠"则重君臣之间的戒律,强调臣对君无条件的绝对忠诚,是彻头彻尾的权威至上主义,并演绎为冷血的"忠",使人伦关系中双向的道德义务,变成了下对上,卑对尊单方面的绝对服从,形成"亚洲式对人格的侮辱"①。

(二)"武勇至上"

"勇"乃儒家道德理念之一。在日本它是仅次于"忠"的道德观念;而中国儒学则将"仁"作为凌驾于一切之上的德,强调"以德治国"。孔子曰:"仁者必有勇,勇者不必有仁。"(《论语·宪问》)也就是说,个体人格修养达到"仁",便会具有超乎寻常的勇气和献身精神,无须着意去强调勇敢。说到底,中国文化尚文不尚武;而日本自进入武士社会直至二战,崇武尚武,以之为取财之道,勇武则成为高于一切之上的德。由此可见中国"文人治国"与日本"武人治国"的两种截然不同的治世思路与价值理念。

为打造武勇之士,日本孩子从小就被灌输"勇敢"的理念:不怕雷鸣,不惧黑夜,更不怕听恐怖的故事。学会忍受种种痛苦,男孩子经常赤脚在雪地上练习击剑和射击。《叶隐闻书》强调:"幼小时胆怯,是一生的瑕疵。"佛洛伊斯曾谈道,欧洲的男子20岁还不带剑,而日本的孩子十二三岁就带刀或腰刀走路;"欧洲人在木材或动物身上试剑,日本人主张在死人身体上试刀"。"在日本,无论哪一个武士都执行死刑,并引以为傲"②。可见武士价值观中

---

① 《列宁全集》第一卷,第214页。
② (葡)佛洛伊斯:《日欧比较文化》,商务印书馆,1992年版,第12、69页。

的"勇敢"带有浓烈的杀伐气。从儿时起,武士就被训练成野蛮、残忍、冷面的杀手,这与中国儒家的"勇敢"是截然不同的。

为铸就英勇的武士,进入武士社会之始,日本最高统治者在意识形态上则以禅宗为理念支持。禅宗"生死一如""寂死为乐","生一时也,死一时也,亦如春而夏也,夏而秋也,秋而冬也"等理念,都被大加借用,给予驰骋疆场的武士以理念上的支持,使其能征战沙场,视死如归。由此可见,日本儒学具有神、儒、释、道杂糅的特点。

江户儒学者将"武勇"大书特书,并推崇为武士最高的行为准则。山鹿素行的大弟子大道寺友山在《武道初心集》中进一步阐述了"全死节"的思想:"武士临战场,决不当顾家室,出阵应有战死之决心,以生命付之一掷,方得名誉……负致命伤时,若尚有力气,必向番头、组长或同伙报告,不需痛苦,处以冷静无事之色,方不失为武士第一要义",必要时,以剖腹自杀、"玉碎"来表现日本军人的英勇等等。另一武士道理论著作《三河物语》则严厉鞭挞战场上的胆小鬼,指出在战场上落后或胆怯是武士最大的耻辱。《叶隐闻书》推崇武士毫不犹豫,果断地赴死,即"先不要自己的命",才能"要他人的命"。日本儒学从根本上异化了儒学,上演了儒学史上最为惨烈的一幕,带有蔑视生命、践踏人性等非人性的一面,这是我们解析日本儒学时不可忽略的方面。

(三)肯定人的自然本性

自古以来,肯定人的自然情感、欲望即是日本原生文化的重要特征。从日本民族文化传统出发,江户儒学者对朱子学"存天理,灭人欲"的伦理观进行了强烈的批判。江户儒学者山鹿素行指出"去人欲非人也",认为感性快乐乃人生应有之义。伊藤仁斋(1627—1705)受中国明代思想家吴廷翰的影响,吴廷翰主张"饮食男女,人之大欲存焉",天理之自然之事也。伊藤仁斋则大胆地提出:"情即是道,欲即是义,何恶之有?"两者均反对朱熹的"灭人欲"之说。

受原始神道影响,日本形成以"诚"为特色的伦理观。江户大儒贝原益轩(1630—1714)在《神祇训》中指出:"神道以诚为本。"古代"まこと"(即"诚")是真情、真实、真率的表现。日本导入儒家"诚"理念,却加以"日本化"阐释。山鹿素行(1622—1685)指出:"所谓诚,乃天下古今人情不得已之谓也。"也就是说，从内心涌出的不可抑制的感情是"诚"，将自己内心真挚的情感付诸行动是"诚"，并认为男女情爱（欲）同样是人的"不得已"之情，也就是"诚"。在日本儒学那里，人们对内心真实的情感乃至性欲，不加以制限，任其自然，纵其发展，视之为"诚"。因此，日本人的伦理观极富感性色彩，与儒家"发乎于情而止乎于理"的道德理性原则迥然不同。

其实，原始儒学（孔孟之学）并非禁欲主义，其肯定人的自然性情，如孔子曰："惟仁者能好人，能恶人"（《论语·里仁》），"乐而不淫，哀而不伤"（《论语·八佾》）。后世儒学则趋于"以理统情"，或情发中节，即强调"情"要受"理"与"义"的约束，至朱子学则走向"存天理，灭人欲"的极端化境地。

在日本儒学高度肯定人的自然本性，极其开放的理念统摄下，日本僧侣娶妻生子，以及从古至今源远流长的风俗产业，均成为日本文化特殊的一部分。

（四）富于行动性特色

中国大多数追随王阳明的学者只在内心世界中追求消极的心理平衡，少于行动；而日本阳明学者则不同，其在理论上虽然对王阳明"知行合一说"无大发展，但在行动上则更富于行动性特色，这是日本民族不善抽象思辨，而追求"务实"的现世主义性格所决定的。可以说无论多么精微的哲学，一到日本人的头脑中，理论上尚未窥其门径，便立即想到如何去实行。

中国大多数儒学者努力追求的乃是与"天命""天理""良知"合而为一的精神境界，注重内心自省及内在的道德修养功夫，酿成"静"的因循守旧的性格，而"学而优则仕""万般皆下品，惟有读书高"等传统理念，更是无形地禁锢着中国历代知识分子的思想，从而形成鄙薄科技的传统。与此相反，日本自古就有着灵活应对现实的"动"的文化性格。明治维新运动的先驱，也是积极的实践家吉田松阴（1830—1859）就提出"于动处认本心"，主张顺应时势，不拘成例，支持变革："以往古之死例，欲制将来之万变，何其迂阔之至。"

对比动静有别的日中两种文化可以发现，中国大多数儒学者所关注的重点，是宏观的、创建体系的思考，而不是重点思考如何灵活应对时势的变化。而日本儒学则更为务实，不仅密切关注时势的变化，而且积极地根据形式的变化，果敢地采取行动。

日本的价值观求真、务实,反对夸夸其谈,纸上谈兵,以寡言敏行为美德。武士道不崇尚玄奥空洞的理论,而以坚定果敢的行动主义见特色。中国自古就有着重视教育的传统,尊重读书人。中国文人士大夫以文章行走天下,但传统思维方式上也有重文不重行之弊。

(五)男尊女卑

进入江户时代,随着日本儒学官学地位的确立,朱子学伦理纲常日益深入人心,同时伴随着女性经济地位的滑落,日本女性的社会地位跌入谷底。江户时代中期,武门之家的女训书《女大学》强调,女子要以父为天:"女人别无主君,以夫为主君,敬慎事之,不可轻侮,妇人之道,一切贵在从父。"《女实语教》亦曰:"父母有如天地,公婆有如日月,丈夫有如君主,妇人有如仆从;朝夕孝敬父母,恭敬侍奉翁姑,夫妇切勿争吵,宁理屈而从夫。"要女子慎守三从,她的职责就是小心翼翼侍奉丈夫、公婆,操持家务,为夫家生儿育女。

一些文人还公开维护一夫一妻多妾制。会泽正治斋即鼓吹:"男女之道亦如亿兆臣民事一君。一家一夫而有妻妾,众女共事一男,天地之道也。"丈夫休弃不能生子的妻子,为生子而纳妾,成为天经地义之事。当时名君上彬鹰彬在自己孙女结婚时告诫她:"丈夫无论纳多少妾,都不能嫉妒","如有比自己好的女子,就推荐给丈夫",乃"做妻子的道理"。丈夫可随意寻花问柳,妻子却不得过问。

江户时代还片面强调女性贞操观,作为人妻则应恪守贞节。《贞永式目》认为,寡妇再嫁是"忘记贞心"的行为。《世镜抄》则说:"丈夫死后又嫁二男,这样的女人是披着蛇皮的女人"云云。在离婚问题上,男子可独断专行。丈夫同意离婚并写休书方可回家,如果丈夫不写休书,妻子则必须在寺院当三年尼姑,才算自然解除婚姻关系。可见,江户时代女子的地位一落千丈,而陷入在父家从父,在自家从夫,丈夫死后在子家从子的"三界无家"的可悲境地。

虽然明治维新以后,日本女性的社会地位有了极大的改善,但某种意义上说,当今日本依然是以"男权"为主导的社会,还存在男女同工不同酬(男女工资比例大致为:1.3:1)、男女就业机会不平等等诸多问题,江户时代"男尊女卑"的传统观念依然侵蚀着现代日本社会。

三、武士道

在一般人的眼中，日本武士道就是战争、杀戮、残暴的代名词。近代以来，日本统治者对武士道加以"恶用"，从而演绎了东洋史上惨绝人寰的人间悲剧，日本法西斯的罪行罄竹难书。但若对具有千年历史的武士道文化进行深入解剖、考察的话，则会发现它具有丰富的内涵。可以说，是天使与魔鬼共舞，精华与糟粕共存。

（一）武士道及其思想来源

所谓武士道，简单地说就是关于武士行为与道德的规范。"武士道"这一说法在镰仓、室町时代还不曾出现，它最初被称作"武者之习""兵之道"或"弓矢之道"，直到江户时代才有"武士道"这一名词。

明治维新以后，虽然武士阶级已经消亡，但武士道精神却存活于日本人的价值理念之中，成为广为民众所认同的"不成文"的法则与规范。日本近代思想家新渡户稻造（1862—1933）曾经说：武士道"是一部不说，不写的法典，是一部铭刻在内心深处的法律"①，其蕴含了哲学、道德、荣誉、礼仪等诸多内在品格。

关于武士道的思想来源，如前所述，它借用儒家"忠""勇"，禅宗"生死一如""寂死为乐"等思想，并在神道思想（天皇信仰）主宰下再造而成。但以武士道为核心的日本儒学、日本禅却走向了极端化的境地，早已失却了中国儒学、禅宗的"原貌"。也可以说，武士道是将外来儒学、禅宗加以异化，极度扭曲变形的产物。同时，笔者认为武士道之中也杂糅了道家的思想。因此可以说，武士道是日本本土神道与外来儒、释、道思想的一个极具"日本化"的大杂糅。

（二）武士道内涵

武士道起源于平安时代的主从道德，即以"忠勇"为核心的伦理道德规范。江户武士从戎马生涯中脱缰出来，也有时间接受儒释道思想的熏陶和教化，因此武士道的内涵在和平年代则愈加丰富。江户武士以勤学、博学为尚，以讲武士礼仪为美，"文武双全"成为江户武士由战争年代走向和平年代

---

① （日）新渡户稻造：《武士道》，张俊彦译，商务印书馆，2004年版，第15页。

的新追求。

1. 武士的人生哲学

作为武士的"论语"《叶隐闻书》即曰:"所谓武士道即是看透死亡之道。"本尼迪克特亦云:"武士道就是对死的狂热,即'死狂'本身。"《叶隐闻书》还指出:"对于真正的武士说来,急于赴死或以死求媚同样是卑怯的……蔑视死是勇敢的行为,然而在生比死更可怕的情况下,敢于活下去才是真正的勇敢。"因此,武士的"死亡哲学"有两层含义:其一是战场上临危不惧、视死如归,不畏死;其二则是"向死而生",面对人生的艰难险阻毫不畏惧,勇敢坚强地活下去,并以"死狂"的精神去面对"生",俗语云:"如为死狂,则事无不成",日本人工作起来就是一种"死狂"精神。

这犹如存在主义哲学。存在主义认为,人存在的根本状态就是"烦",这里不仅指日常生活的烦恼,更是一个重要的哲学概念。存在主义认为"烦"根植于时空之中,人与自然、他人打交道,本身就是烦心之事;另外在生命的长河中,要使自己日日新,月月新,不成一潭死水,就要不断谋划自己,也是烦心之事。存在主义意在让人们对"烦"有强烈的自觉意识,知"烦"但并不被其所吓倒、压倒,而是采取积极的人生姿态,"向烦而生":避免平淡无奇,人云亦云,不断开创未来,创造崭新的人生。因此某种意义上可以说,武士道的"向死而生"与存在主义的"向烦而生"一样,都是一种"实力悲观主义"。

如果将日中两国人生哲学作一简单比较的话,可以说武士的人生哲学是"悲生亲死"与"向死而生";而中国人则比较乐世、达观,既有"发愤忘食,乐以忘忧,不知老之将至云尔"(《论语·述而》)的儒家理性,又有退而隐逸的道家哲学。有一位嫁给中国人,并且在中国长期生活的日本友人对我说,日本人的"忧世"与中国人的"乐世"如果综合一下就好了,我们日本人对未来太过于忧虑,生活得比较沉重,不快乐;中国人无论贫富,活得都很开心。笔者所接触的来中国留学的日本留学生,很多人都曾谈到这种想法。

2. "忠勇至上"

对于武士而言,忠勇献身乃是超越于一切之上的道。在日本史上,被广为传颂的"忠勇"事件,莫过于"赤穗四十七士"。元禄十四年(1701年),赤穗藩主浅野长矩和德川幕府礼仪官吉良义央发生口角,长矩拔刀伤了义央。

幕府决定惩罚长矩,命其剖腹自杀。长矩家臣大石良雄等47名武士愤于主受辱身亡,决心寻机复仇。7年后岁末,47名(实为46名,其中一人溜走)武士一起冒着大雪严寒,冲入吉良义央家中,杀死义央,为主报了雪海深仇,然后集体自首。幕府一方面称道四十七士对其主君的赤胆忠心以及英勇无畏的精神,另一方面又以严厉的态度命其剖腹自杀,四十七士"忠勇"之举震动了全日本。江户时代有"日本的莎士比亚"之称的歌舞伎剧作家近松门左卫门还将其写成剧本《忠臣藏》,至今依然是备受日本民众喜爱的保留剧目。

"殉死切腹"被视为最为忠义勇敢之举,殉死切腹少则数人,多则数十人、上百人。至江户时代,切腹已演变为一种展示武士勇敢的仪式。武士剖开腹部,面不改色,甚至再平静地写上一两首诗,那种忍受死亡痛苦的悲壮,似乎更能打动人心。而事实上,腹部并非自杀的理想部位,切腹并不能很快死亡,反而是相当痛苦的。据日本有关记载,若无"介错人"(立在一旁,帮助砍头的人)帮忙,最快毙命也需6小时以上,有的甚至长达72小时才能血尽而死。这种在世人看来,有些近乎变态自虐的行为,却被颂为悲情的"壮绝"。

3. 以勤俭为美德

前文已述,武士的人生哲学就是不惧死,死得干脆,义无反顾;同时"向死而生",也就是时刻意识到生命的短暂,抓紧生命中的分分秒秒,去实现人生价值,创造丰富灿烂的人生。就像樱花那样,活得精彩,死得灿烂,即以"死狂"的精神献身工作,不可有丝毫懈怠。17世纪日本杰出禅僧铃木正三确立了禅宗社会伦理,树立了勤勉敬业的人生价值观。

同时禅宗清贫主义的生活方式,也成为武士应严格履行的行为准则。对于武士而言,浪费乃是极大的犯罪。武士衣着饮食均以节俭为尚,即使德川家康及其后的几代将军也不过是三菜一汤而已。江户幕府还多次颁布禁奢令、节俭令,在国民生活方式、消费方式上均严禁奢侈浪费,从而树立起全民节俭的社会风尚。勤勉俭约成为武士的重要美德,也成为现代日本社会普遍的价值观与道德理念。

4. 重名知耻

武士将荣誉看得高于一切,不惜以死维护名誉。名誉远远比生命重要。武士赴战场应舍家卫国,义勇奉公,方得名誉。武士以被俘或死于他人刀下为耻辱,为保护名誉,在被俘之前应首先自杀。日本人一直把战败自杀看做是知耻的崇高行为,当作武士道的精华来颂扬。而战场上集体自杀——"玉碎",则更被誉为"武士道的精粹"。

武士道强调武士以"正直之心"立身,赞誉武士否定自我,对天皇、国家尽忠奉献的行为,鄙视私心私利,损公肥私的行为。因此一旦武士由于个人行为导致集体,乃至国家蒙受损失或失去名誉时,作为洗刷名誉的最高行为必是自杀。无力还债的人、失职的官员、债务陷入危机的商人、考试不及格的学生,与不愿做战俘的士兵一样,均以自杀洗刷污名、维护自己的名誉。也就是说,"当丧失名誉时,唯有死是其解脱,死是摆脱耻辱的可靠的避难所"①。

5. 礼仪风尚

武士语言简洁而凝练,以寡言敏行为美。日本人从小就教育男孩子慎言语,讲求"沉默是金",以保持武士之威仪。身为武士要"明心术""自省""慎视听""慎言行"。日本文化一方面极其"开放",另一方面也要求武士适度地克制情感,喜怒哀乐不形于色,武士面部流露感情,被认为是有失武士威仪之举,最自然的感情也要加以"克制"。

武士看透死亡,看透人生沉浮、荣枯,追求庄子齐物论之境,面对人生祸福,宠辱不惊,淡定平和。相扑手在比赛中的礼仪可视为武士礼仪在现代生活中的延续,即使在出奇制胜的情况下,也不会有雀跃的狂喜,是为武士之礼仪。在武士那里,合乎礼仪的表现就是从容、淡定。武士追求道家谦卑内敛的美德,"光而不耀"、大智若愚。在武士看来,自我赞美至少是一种坏趣味,合乎礼貌地贬称自己的配偶,在武士中间颇为流行。武士追求以叶隐身,将自我化"无",隐藏于茂密的树叶之下,默默奉献,低调做人做事。武士有着强烈的"人生无常"之"悲世"情怀,故极为推崇庄子的隐逸之人生,很多武士最终脱尘为"隐士"。由此可见,老庄思想在东瀛日本,在武士道中也被广泛"活用"。

综上所述,日本武士道乃是本土文化(神道)与外来文化(儒释道)的一个大集合,它既是天使也似魔鬼。正如美国人类文化学家本尼迪克特所揭

---

① (日)新渡户稻造:《武士道》,张俊彦译,商务印书馆,2004年版,第66、67页。

示的那样,日本武士既彬彬有礼,又嗜杀成性;既黩武又爱美。日本武士本身就是一个复杂多变的矛盾体,这也是常常令许多外国人感到困惑不解的地方,就连知日家周作人最后也不得不说,"日本文化可谈,而日本的国民性终于是谜似的不可懂得"(《日本管窥之四》)。1937年6月16日抗日战争全面爆发之际,周作人写完《日本管窥之四》后,他的"谈日本文化书"也告一段落,以沉默表达了一个日本文化钟爱者的愤懑之情。

第七讲　从"唐风"向"和风"的嬗变

894年,遣唐使停派,日本吸收中国文化以后,自身的羽翼渐丰,逐渐从"唐风"向"和风"转变。

日本自弥生时代就开始源源不断地接受中华文化的辐射和影响,在隋唐时期更是不畏葬身海底之险跨越东海,遣使入隋,大规模、全方位地引进中华文明,形成了日本历史上空前的"唐风文化"景观。但在894年,遣唐使停派,日本吸收中国文化以后,自身的羽翼渐丰,逐渐开始从"唐风"向"和风"转变。至江户时代,独具特色的"和风文化"日渐形成并达至极盛。

一、从"唐风"向"和风"的转变

(一)从汉文到假名文字

据考古发掘表明,早在弥生时代汉字就随着东亚民族的大迁徙,由渡来人带到日本,但使用的范围并不广泛,仅在一部分文化水平较高的移民中使用并保存下来。此后日本文字的发展一直较为迟缓,直至我国唐朝时,日本尚无自己的文字。随着遣隋使、遣唐使的大规模派遣,日本文字也在最先接受中国文化启蒙的知识分子中孕育而生。其发展大致经历了:汉字表意→汉字表音→平、片假名→外来语四个阶段。

1. 照搬汉文

大化改新(645年)以后,日本全面学习中国文化蔚然成风。日本上流社会的知识分子直接使用汉字,完全按照中国人的思维方式、语法形式进行文学创作,即完全借用汉字来表意。现存日本最早的汉诗写于天智天皇年间(661—671)。奈良时代编辑的第一部汉诗集《怀风藻》(751年),几乎是全盘的舶来品。此后平安初期编辑的《凌云集》(814年?)、《文华秀丽集》(818年)、《经国集》(827年)等,将汉诗创作推向全盛期,汉文的全盘照搬也进入了黄金时期。

2. 万叶假名

为了日语表达的需要,奈良初期也出现了借用汉字来"表音"的万叶假名。山崎美成在《文教温故》中描述道:"借唐土之字音,以表达本邦语言,不问其字义如何。如'樱'为'佐久罗','雪'为'由技'。"表明日本汉字由照搬汉字的"表意"阶段,进入以汉字表音的假名阶段,达到了由量到质的飞跃。据统计,至奈良时代,万叶假名为1081字。

日本最早的文学与历史著作《古事记》(712年),其序文和正文部分是用汉文写成的,但书中所载的歌谣则是以汉字表音,使用万叶假名创作的。同样,日本第一部正史《日本书纪》(720年),其正文部分也是用汉文写成,而歌谣是用万叶假名创作的。此后的《风土记》(720年)、《续日本纪》(797年)等,也都部分使用了万叶假名。

由此可见,日本古代文字自产生之日起,就存在汉文与和文二元并存的两大书写系统。直至江户、明治时期,官方公文、著述仍带有浓厚的古汉文色彩。

3. 平、片假名

万叶假名借用汉字原型,笔画繁复,书写麻烦,因此平安初期则走向简化,形成"平、片假名"文字体系。平假名由汉字草书简化而来,如:使用草书"安",创造平假名"あ"。平安初期称"草假名",江户中期才正式称"平假名",其实直至江户时代平假名才统一定型。片假名由汉字楷书的偏旁、部首等发展而来。比如"イ"就是直接取汉字的偏旁而来。据松崎土郎《省文引字》解释,"片假名"意指"片言",即取汉字一部分,而非完整汉字之意。

关于假名的发明者,历史文献上没有确切的记录,据广泛的民间传说,一般认为"平假名"为平安时代入唐学僧空海所创,"片假名"和"五十音图"出自奈良时代入唐留学生吉备真备之手,他们均为汉学修养、造诣颇深的人物。据说现今的"五十音图"形成于镰仓时代(1185—1333),定型于室町时代(1333—1573),后经江户时代契冲(1640—1701)、本居宣长(1730—1801)校订,通用至今。日本文字的产生,成就了《源氏物语》,推动了和歌、物语文学的繁荣。

4. 欧美外来语

据学者统计,如今在日本文字中,汉语词占44.3%,日语词占38.8%,外来语占12%,可见汉语词汇仍具有举足轻重的地位。明治维新以后,日本积极摄取西方科技与文化,新创词汇层出不穷,并且近代以来,还源源不断地传入中国。比如,"哲学"这一译名,最初就出现于日本近代哲学家西周所著《百一新论》(1874年)一书。

据日本学者实藤惠秀统计,现代汉语中,来自日语的词汇有784个,其后又增补为844个。又据统计,在汉语二音节以上的2285个基本词中,频度在500次以上的88个词汇里,来自日语的词汇为28个,占31.8%。可见近代以后,中日之间的文化交流开始发生逆向性转变。日语词汇对现代汉语语汇影响很大,是现代汉语词汇中的外来词的主要来源之一。日本文化的吸收与再造的能力,实令人感慨万千!

(二) 从唐诗到和歌、物语文学

奈良平安时代,日本进入唐风文化的全盛期,贵族文坛完全被汉诗文所占据。但毕竟异国的文学形式难以表达日本人丰富的情感。平安初期,日本文字的创立为和歌、物语文学的大发展创造了条件。

《万叶集》与《古今集》(也称《古今和歌集》)是和歌走向新里程碑的重要标志。这两部作品突显"原始神道以诚为本"的民族特色,具现"主情"风格,表达对生的憧憬、对死的无限悲哀,抒情浓烈,淋漓尽致地表达了日本人热情奔放、缠绵悱恻的情感。《万叶集》中的和歌主要为讴歌男女之情的恋歌,与体现"经世治国"情怀的汉诗大异其趣,体现出日本文化讲求人情伦理的特色。

和风文学的巅峰之作莫过于紫式部的《源氏物语》,它成就了日本古典文学美理念——物哀美的文学,并且至今仍被视为日本文学最高美的理念。它将"悲情"与"美"同格,铸就了日本文艺"悲剧美意识",并且得到广泛的社会共鸣。

作者紫式部（？—1016）亦有苦难的人生经历。她出生于中等贵族文人世家，27岁时嫁给了与自己的父亲年龄相仿的新郎，两年后丧夫，与幼女孤寂为生，后长期侍奉宫中，成为女官。她亲眼目睹了宫廷的权利争斗，以及女性的悲苦命运，因而不断发出"人生悲哀"的慨叹，并将这种悲情心理"禅化"，升华至艺术化的审美境地，形成"物哀美"的文学。《源氏物语》描述了源氏三代的情感生活和政坛纠葛，反映出平安贵族由盛而衰的可悲命运。据学者统计，《源氏物语》中"哀"字达1044个。其中引用了很多白居易的伤感诗，平安贵族对白诗中"兼济天下"的讽喻诗不感兴趣，他们欣赏的是白诗中的闲适、逍遥、隐逸、脱俗、哀情，这些则更符合日本人的审美趣味。

《源氏物语》的出世，迎来了日本文学的黄金时代，它创造了日本文学"物哀美"的传统，影响乃至支配了此后一千年间的日本文学，成为日本文学评价的重要标准——排斥"理"，主"情"，追求一种"哀情之美"，含寂寞与悲哀意味。紫式部仰佛，其作品中充满着人生无常，无告无望的凄苦，寂寞的感慨以及空虚感伤的情调，展现了日本人多愁善感的情感世界。归根结底，"物哀美"的文学形式正是日本人悲情心理的真实反映和艺术折射。

（三）从唐绘到大和绘

894年遣唐使停派前，唐绘一直雄踞日本画坛的霸主地位。但9世纪随着国风文化的迭起，在绘画领域，描绘日本风物、带有日本人审美趣味的大和绘开始取代唐绘，而成为日本绘画创作的主导。

大和绘也称倭绘，是日本绘画的最初形态，主要描绘日本风物场景，是专供贵族欣赏并盛行于上层社会的一种带有浓厚装饰性的绘画。它从唐绘中吸收了许多形式与技法，撷取其中适合表现日本人生活和审美情趣的元素，逐渐发展为日本民族的绘画。大和绘往往配以和歌，其主题与唐绘稍有差异，多以四季绘、月次绘和名所绘为母题。这源于日本民族浓郁的"自然情结"，其对自然风物的感受敏感而纤细，"和风"情趣一览无余。

现藏于京都神护寺的《山水屏风》，被视为纯粹的大和绘屏风画。画中散落于山间林中的"寝殿造"①显现出和风建筑特色。而《源氏物语绘卷》则是大和绘的杰出代表。绘卷艺术源于中国，几乎在物语文学产生的同时，日

---

① 是在唐风建筑基础上加以改进，使之适合日本风土和贵族生活的新型建筑。

本人便开始了对这些故事进行图解。物语文学的第一篇杰作《竹取物语》(909年)便有同名的绘卷问世。蔚为壮观的《源氏物语绘卷》共分十卷,绘图近百幅,但至今尚存的只有19幅,分别珍藏于名古屋的德川美术馆和东京的五岛美术馆。《源氏物语绘卷》构思奇巧,虚实相间,精确细致,层次分明,刚柔相济,明快典雅。专家们认为,其至今仍不失为大和绘画史上的霸主地位,对江户时代浮世绘深有影响。

《源氏物语绘卷》每幅画前均附有小段原文,并采用掀掉屋顶,直入室内的特殊视角。专家认为这种特殊处理方法,在中国绘画中,几无先例。画中的男女五官都遵循"引目钩鼻"的处理方式,作者或许是想以较为含蓄的处理方法来激发观者的丰富想象力。此外,绘卷敷色浓烈,色彩对比强烈,画面所有空间均涂有厚厚的颜料,未留一点空隙,尽显出平安贵族衣着的华丽。

(四)从"中国式池苑"到"宗教园林"

奈良至平安初期"中国式池苑"成为日本园林的主流。但平安后期,随着遣唐使的停派,"和风"文化悄然兴起。在唐式池苑基础上,诞生了和风特色的寝殿造园林,它对皇家园林产生很大影响。其基本布局为:中央为大池,池北有广庭,广庭北有寝殿;池中有中岛,岛与池之南北两岸分别以桥相连。

平安时代净土宗在东瀛大放异彩,并逐渐成为日本佛教的主流。寺院中,净土园林比比皆是。如:法成寺庭园、京都平等院庭园、安乐寿园、胜光明院、法金刚院、毛越寺庭院、无量光院、观自在院、白水阿弥陀堂、净琉璃寺庭院、法性寺殿庭院等。京都平等院建于平安时代永承七年(1052年),当时的权贵,时任关白(天皇的辅佐官)的藤原赖通将父亲传给他的"宇治殿"(建在宇治川边的别庄)改为佛寺,这就是平等院的起源。著名的阿弥陀堂——凤凰堂于次年建成,这是一座平安贵族梦想中的极乐净土,院内引入宇治川水,院中樱花、杜鹃花和莲花一并开放,后来因其外形类似展翅欲飞的飞鸟,梁柱两侧又各有凤凰,才有了凤凰堂的称呼。1994年平等院被收入世界遗产名录。

12世纪以后,随着禅宗东渐,中国式禅宗园林被大量引入,"禅宗样"园林开始风靡列岛。如京都的南禅寺就是典型的禅宗园林,它是临济宗的发源地,原为天皇的离宫,1291年改为禅寺,因在禅林寺之南,故被称为南禅寺。进入武士社会,带有浓郁"禅味"的枯山水(也称石庭)及茶庭开始盛行,并走入寺院园林、皇家园林和武士园林之中,从而将日本园林推向肃穆、枯淡的极致。所谓"枯山水"则是从禅宗冥想的精神世界中构筑出来的"空相"的艺术世界,以单纯、静寂、肃穆的白沙、置石、苔藓引领人进入枯高、静谧的"空寂"世界,产生往生、寂灭、玄远的宗教情怀。所谓茶庭,则是清一色的绿茵世界:一年四季的常绿植物、苔藓,静寂的石灯、露地,营造出一种清心静修的宗教氛围,带人进入超凡脱俗的"空寂"世界。

建于15世纪的京都龙安寺就是著名的禅宗园林,其中以方丈前的枯山水石庭最为著名。石庭中的白沙、砾石、苔藓在修行者眼里都成为大海、山脉、岛屿、森林的象征。日本园林"宗教化"倾向日益彰显,它与唐宋园林"文人化"意境形成鲜明对比。如果将武士社会以来的日本园林称之为修禅养性的"禅心园"的话,那么中国园林则是吟诗作赋、陶冶性情的"文心园"。中国园林与日本园林虽然是源与流的关系,但武士社会以后随着禅宗东渐,日本园林的宗教气息日加浓郁,并一以贯之至今。

二、生活方式"日本化"之完成

(一)"和服"的定型

日本和服可以说是在唐服的基础上,不断发展演变而来。自平安时代起,独具和风特色的和服样式已现端倪。笔者认为,日本和服的发展大致经历了平安和服(也称十二单衣)和江户和服两个阶段。

从至今尚存的《源氏物语绘卷》可以领略到平安时代的贵族妇女穿着十二单衣的独特韵味——优雅而华丽,雍容而高贵,宽大而舒适,从内到外层层穿入,不同于唐服范式。或许席地而坐的生活方式造就了这种宽阔、舒展的服饰。而中国从唐代开始使用高脚家具、椅子,所以服饰合身即可。服装样式往往与文化和生活环境密切相关。

进入武士社会,禅宗东渐,武士追求清贫主义的生活方式,因此服饰文化朝着简洁、素朴的方向转变。至室町时代,女子"小袖"样式趋于定型,应该说它是江户和服的前身,是一种穿着简便,又易于劳动的服装。它由平安时代的白色内衣发展而来,袖口小,领在胸前交叉。它一改唐服上衣下裳的传统式样,而为上下连属样式,穿着和活动都极为方便,因此迅速普及开来。

江户时代是朱子学走向极盛的时代,也是男尊女卑达到登峰造极的时代。江户女性穿着的和服也由平安和服的宽阔、舒适而转向制约和束缚。至元禄年间(1688—1710),现代和服趋于完成。表现为因袭以往"小袖"领前交叉式样,但躯干部分和袖子变长,并染上五颜六色的图案。和服固定全靠腰间一根腰带,并且元禄年间腰带做得越加精细,从宽五六寸,到九寸都有(现在一般三四寸),紧紧的腰带将江户妇女束缚于方寸之间,想必不会有自由、舒畅的感觉。

20世纪90年代笔者在京都留学,多次受到热情的日本友人邀请,穿着和服(冬、夏两种)参加庆祝活动,那种束缚的感受颇深。穿和服活动起来极为不便,若在榻榻米上则只能跪坐。不过宽长的腰带不仅起到定型之用,也有美化和服的效果,腰带缠绕之后,要在背部打成一个蝴蝶结状的造型,的确有点儿画龙点睛的意味。元禄盛世之后,腰带打结的方法竟有百种之多。一般男性和服多为深色,最大特点就是舒服、闲适,可让身体尽情舒展、全部放松,与女性和服形成鲜明的对照。

和服整体裁剪,前面开合,通体不用一个扣子,平展开来就是一个完整的长方形。裁剪不因人的高矮胖瘦变化,一切均由腰带固定、调节。过去的冬季和服由棉布制作,现面料全改为丝绸,也有少量使用毛料制作。夏季和服一般以纱罗为面料,而且仅穿一层,因此穿着起来比较凉爽、透气。冬季和服一般分三层:第一层为面料,第二层为里料,第三层为内衣。这三层均以白线手工缝制而成。高级和服的图案全凭手绣、手绘,十分精细考究。一般和服也要8至10万日元,高级和服上百万、千万的都有。艺妓的和服一般都是比较昂贵的。

日本人崇尚自然,其浓郁的"自然情结"也体现于和服的构图上。和服图案多以自然花卉为主,其中柳叶、燕子花、流水、落雨、行舟尤引人注目。早春的梅与樱、夏天的菖蒲、秋天的枫、冬天的松柏均体现出日本人对季节的感受。从和服的落樱图案中,能读出人们对短暂生命的感伤情怀。从樱树的枝丫中透出的月光,仿佛使人听到和歌诗人的吟唱:"黄昏的月亮,高高悬挂在天上,叫人好凄惶……"因此和服还有一个名称叫"赏花幕",其将各种自然景象浓缩、荟萃于和服的方寸之间,足可谓一个小小的自然博物馆。穿和服要配"足袋"(或称布袜子)和"木屐",发型高束,据说以产生"背影之美"。

由此可见,现代的日本和服虽源出于唐服,但平安时代以后已发生了很大的改变。它夸张的腰带和背结,以及上下连属的样式,都体现出独自的创新与改造,还有它独特的构图,亦体现出日本人的审美情趣。江户和服一直保留至今,成为日本文化的代表之一。

(二)"和风料理"的形成

研究表明,平安时代日本人的饮食是相当贫乏的。当时日本人实行一日二餐制,分别为上午10点和下午4点。村上天皇的右大臣藤原师辅于950年所著的《九条殿遗诫》规定:"朝暮膳如常,勿多食饮,又不待时克(时刻),不可食之。"平安文学中,根本看不到有关饮食的描写。清少纳言的《枕草子》中描述了各种各样表现人类情感的文字,却没一句涉及饮食。另外,《源氏物语》的五十四帖中也几乎没有关于饮食的描写。有学者谈道,平安贵族终日食糙米和干发货,体质日益衰弱,常常在备受胃弱之苦中,终其一生。佛教主张素食,禁食动物蛋白,因此他们只能以贫乏的饮食维持生活。从古老的史料中,能看到有关女人因营养失调而面色苍白浮肿的记载[①]。

据学者发现,古代日本即使上流社会的饮宴也是冷清有加,难登大雅之堂。门胁祯二等人在所著的《日本生活文化史》(玉叶)卷一中披露了平安时代公卿贵族为祝贺乔迁之喜而举办的一次中等水平的晚宴(承安三年十二月),曰:"是日晚,公卿各位落座,殿上人在屋檐下,开始献酒,紧接着第二次献酒,也为出席者准备了冷汤、温汤、点心、咸菜等。"虽为祝贺乔迁之喜,但既无山珍,亦无海味。村井康彦的《平安京年代记》中载有这样一段文字:"日学僧永忠在唐逗留30年之久,805年回国后曾参加一次法会,倍感日本人饮食的寒酸、枯槁,所以提议将膳食搞得丰富一些。"

进入武士社会以后,受禅宗清贫主义饮食观影响,武士以粗茶淡饭为

---

① (日)樋口清之:《日本人与日本传统文化》,王彦良译,南开大学出版社,1989年版,第47~48页。

尚，多为植物性食品和蔬菜海藻类素食。16世纪抵日的葡萄牙传教士佛洛伊斯在《日欧比较文化》中揭示了当时日本人的饮食状况。他说，欧洲人喜欢乳制品、奶酪、奶油和骨髓，但日本人嫌弃这些东西，对于他们来说，这些东西极为污秽，恶臭难闻。当时日本人禁绝肉食，也不吃牛奶等乳制品，但吃鱼。不过上流社会的女性由于信佛，很多人连鱼都不吃。在欧洲人中间，渔民很受尊重，而日本人认为渔夫是下贱的，因为按佛教观念看，渔夫是以杀生为业的，因而被鄙视。可见步入中世纪，日本人的饮食也没有丰富几分。也就是说，自奈良时代起，直至江户时代的一千多年间，日本人均以素食为主，至明治维新以后，实行"文明开化"，才开始吃牛肉、喝牛奶。

总的说来，江户时代日本人的饮食状况较以往丰富许多，而且"和风料理"日渐形成。据茂昌美耶《江户日本》一书所述，1700年日本人开始实行一日三餐制，饮食水平有所提高。由于不食肉，所以豆腐料理很受欢迎，并有丰富的制法，如：1782年出版的《豆腐百珍》中，收录了100种豆腐料理的制法，此后出版的《豆腐百珍余录》，光豆腐制法就有332种。此外，1674年还有《江户料理集》出版。以上均表明江户时代日本人的饮食有了极大的改善。

如今，日本的"国粹料理"均产生于江户时代。据《江户日本》所云，今日的日本料理产生于江户末期的路摊食品。因1657年"振袖大火"烧毁了江户三分之二建筑，为防火灾，江户幕府禁止商贩在家中营业，于是才有了路边食品。如今天日本人所夸耀和喜爱的寿司、烧鳗鱼串、天麸罗①、关东煮、乌龙面、荞麦面、烤乌贼、烤糯米团子等，在当时仅为庶民及下级武士享用，上流社会是不屑于此的，而如今却成为"日本料理"的主流。

此外，来自中国禅寺的怀石料理、普茶料理及明末由中国经商移民带入的桌袱料理，作为江户外来菜系，经不断日本化改造以后，也被组入江户日本料理之中。怀石料理由渡宋禅师荣西、道元带入日本禅寺中，"怀石"是指僧侣将加温后的石头抱在怀里取暖充饥，意为简单食品之意。最初怀石料理为一汤二菜或三菜，主流为烧烤食品，以结友修身为目的，不奢华。普茶料理是1654年由中国隐元和尚带入的素菜肴，"普"有普通之意，指为修行

----

① 天麸罗：日语读作"てんぷら"，来自葡萄牙语。是一种来自葡萄牙的油炸食品。

的众生点菜,日本又称"精进料理",主要为豆制品、麸("面筋")。桌袱料理于17世纪由中国移民带入长崎,"桌袱"是指使用餐桌就餐之意。有学者认为,桌袱料理差不多可以说是日本人最早使用餐桌吃饭的料理形式。原则上应是中国菜,但此后均根据日本人喜甜食、尚清淡的特点,而逐渐变为"日本化"的中国料理了。此外,还有由葡萄牙人带入的天麸罗,经"日本化"改造,也成为江户料理之一。由此看来,江户时代是日本料理去粗取精,荟萃八方料理的集大成时期。这一时期,既发展了日本自古以来的饮食文化,又根据日本自身的特点,将中国菜、西方菜加以日本化,达到了空前未有的水准和高度。

独特的地理环境及历史文化,促成了日本人居安思危、节俭型的饮食观和生活观。自古以来,上至天皇、将军、武士,下至四民百姓,均不重饮食享受,即使是饮食文化稍显丰富的江户时代,从德川家康到后来几位将军,均克勤克俭,一般三菜一汤而已。日本史籍文献中少有统治阶级谈吃论喝。与此相对照,中国的统治阶级则奢侈得多,据说清代宫廷,皇帝每日早晚两餐均有数十种乃至一百种菜肴,小吃也要二十至五十种。像燕窝、熊掌、鱼翅之类高档菜肴,多出于宫廷,后传播民间。而日本自进入武士社会以后(特别是江户时代),形成奢侈浪费乃极大的犯罪,以节俭为美德的武士道伦理。江户幕府多次颁布节俭令,将节俭视为国家最大的政治,从而形成日本社会自上而下的节俭风尚,并以此作为评价美德的重要标准之一。

(三)"和风住宅"的成型

在仿唐宫殿式建筑基础上,日本平安时代时代兴起"寝殿造"建筑。其内部构造,一如《源氏物语绘卷》所描绘的那样,室内几乎没有固定的墙壁,只有轻量可以移动的隔扇和屏风,平安贵族席地而坐,室内也少有家具。进入镰仓、室町时代,将军、武士力量勃兴,武士阶级崇尚清贫主义的生活方式,因此,颇为简洁的新建筑样式——"书院造"应运而生。所谓"书院造",即选择房间的一隅为视觉中心地,装饰古雅的挂轴、素淡的插花,并且此时榻榻米也得到了普及。安土桃山时代,茶室建筑兴起,日式住宅越来越带上了浓浓的"禅意",深邃的"禅意"使浮躁的心沉静下来。其使用自然的材质,尽显自然本色,淡雅而宁静。江户时代,"数寄屋"建筑样式开始流行,"数寄"为日语音译,是指外面糊有半透明纸的木方格拉门,也有纸夹在双层木格中间。这种拉门既可用于分割室内空间,又可作住宅外墙。数寄屋是一种平面规整,讲究实用的日本田园式住宅,古朴高雅。同时,原禅僧用于参禅的坐垫也广泛被用于和式住宅中。可以说,"书院造"与"数寄屋"相互渗透,相互辉映,共同成就了今日"和风住宅"的基本样式。一束插花,一件挂轴,一支茶几,一组坐垫、质朴的榻榻米、雅致的格子拉门,成为"和风住宅"的基本要素。"和风住宅"的定型也大体在江户时代。

和式住宅追求返璞归真的自然本色,受禅宗影响,榻榻米式和式居室内朴素淡雅,除全方位铺榻榻米外,少有他物,可谓简素至极。一般一叠榻榻米长 2 米左右,宽 1 米左右,即一叠榻为 2 平方米左右。一般 4 至 6 叠榻的房间较多,当然也有 10 叠榻以上的大房间。榻榻米是日本独有的铺地草垫,以麦秆和稻草制成,标准厚度为 55 厘米,其间有数层,底层可防潮。日本属海洋性潮湿气候,夏季潮湿,冬季寒冷,榻榻米有防潮保暖之用。六七月炎夏之际,打开方格拉门,通风极好。俗语说"一方风土养一方人",榻榻米式住宅适合日本的风土环境,因此这种席地而坐的生活方式被日本人保留下来。

周作人曾将日中、日西居住方式加以对比,颇为赞美日式住宅的自然、简洁、安闲之趣。他说:"四席半一室,面积才八十一方尺,比维摩斗室还小十分之三,四壁肃然,下宿只供给一副茶具,自己买一张小几放在窗下。再有两三个坐垫,便可安住。坐在几前读书写字,前后左右凡有空地都可安放书卷纸张,等于一大书桌。客来遍地可坐,客六七人不算拥挤,倦时随便倒卧,不必另备沙发。深夜从壁橱取被摊开,又便即正式睡觉。"在周作人看来,日式住宅实在是简单、实用、方便至极,而中西公寓均具有过于繁杂、奢侈之弊病。他还将日式住宅与中西公寓相比道:"中国公寓住宅多在方丈以上,而极桌椅籍架之外,无多余地,令人感到局促,无安闲之趣。大抵中国房屋与西洋相同,都是宜于华丽而不宜简陋。一间房子造成,还是行百里者半九十,非是有相当的器具陈设不能完成,日本则土木功毕,铺席糊窗,即可安住,别无一点不足,而且还觉得清疏有致。"而在笔者看来,日式住宅还凝聚着日本人精打细算、节俭开支、节约能源的生活智慧。

和式住宅追求自然、素朴、简洁的设计,体现出一种自然环保的生态观。享誉世界的美国建筑大师赖特当年就极为推崇和风建筑设计,他对大城市摩天大楼持批判态度,主张消除一切人为装饰,返璞归真。21世纪人类应走向何方？笔者认为和风建筑设计理念及日本人的生活智慧为我们提供了有益的启示和借鉴。

第八讲 "和风文化"的烂熟

在经历了盛唐文化的深刻陶养、滋润之后,日本文化进入综合创生阶段,愈加显示出试图挑战极限的无穷创造力。

如果将自奈良至平安中期的日本文化概括为"唐风一色"的话,那么自平安末期起,则进入"和风文化"的转型期。在经历了盛唐文化的深刻陶养、滋润之后,日本文化进入综合创生阶段,愈加显示出试图挑战极限的无穷创造力,特别是于安土桃山至江户时代,独具特色的和风文化不仅日渐成熟,且步入烂熟期。如,花道、茶道、能乐、歌舞伎、浮世绘、艺妓、相扑等均出现于这一时期,其中都不同程度地融入了诸多中国文化的元素,但与此同时,也显示出和风文化的独特气息,限于篇幅,笔者仅从四个视点,略加以透视。

一、花道

日本花道流传至今已有500余年的历史,几经演变,形成许多流派,在日本有"世俗三千流"之说。当代日本花道舞台由三个著名流派所占据:池坊流、小原流和草月流。池坊流是日本花道的原始流派,也是日本花道中最大的一个流派。花道的产生同样离不开中国文化的影响,从最初花材、花器的引进,到佛前供花的启蒙,以及中国哲学思想的导入,均为花道的产生创造了条件,但最终发展为一种具有哲学思想的艺术形式,则是日本民族的创造。日本传统花道融合神、儒、禅思想,于自然中见枯淡,带有几分苦涩、枯淡的"禅味",具有与中国、西方不同的独特韵味,它与日本文化的总体气质是一脉相通的。

(一) 中国花材、花器与佛前供花的传入

日本花道的历史源自于中国,其中梅花的引进对日本赏花文化产生很大影响。据日本学者的研究资料表明,日本原本并不产梅,原产于中国的梅花是在唐代中期(710—784)由遣唐使带回日本的。在日本,赏花之风始于赏梅。

奈良贵族纷纷效仿唐朝赏梅习俗,于梅花树下赏花、饮酒、咏诗,极尽风雅之能事。当时皇宫曾将梅花作为主要花木栽种于庭院之中。宫廷官员们经常仿照唐朝的习俗,在园中举行"梅花宴"。其中,以720年正月十三日太宰府举行的梅花宴最为著名,当时梅花宴序文道:"初春之日,风和日丽,梅花镜前之粉盛开如雪……"在日本第一部汉诗集《怀风藻》中,以葛野王的咏梅诗《春日赏莺梅》最为著名。著名和歌集《万叶集》中,咏梅歌达118首。可见唐代以梅传情的习俗已深入于贵族文人的日常生活之中了。

据日本学者工藤昌伸《日本插花文化史》可知,除梅花,这一时期先后引进的还有菊、李、桃、柳等。菊花于奈良末期由中国传入,其高贵、闲寂的气质深得日本人喜爱,平安贵族还效仿中国赏菊风俗,将9月9日定为"菊节"。垂柳也是由遣唐使带入的,它在日本传统插花"立花"中被广泛使用。工藤昌伸指出:"这些植物的引进,为日本插花的形成与发展奠定了基础。"同时,唐、宋、元、明时代的花器、绘画等的大量引进,也极大地推进了日本花道的发展。

平安后期,伴随国风文化的崛起,日本人赏花习俗由梅花转向樱花。据统计,在《古今集》卷1、2的134首春歌中,描写樱花的占100首,梅花则只有20首,这标志着日本本土审美意识的萌生。工藤昌伸认为,在日本花道史中,对其产生强烈冲击的是从中国传来的佛前供花。佛前供花由圣德太子派遣的遣隋使小野妹子带回日本。小野妹子曾三次到中国,将中国的佛教礼法、佛前供花与花器等不断引入日本。回国后的小野妹子皈依佛教,居住在太子所创建的京都六角堂内池坊,潜心修道,日夜以花献佛,并制定祭坛插花规范,成为日本古典插花派——池坊流的鼻祖。此外,日本民族浓郁的森林信仰与"自然情结",也是促使花道产生的决定性因素。

(二)传统"立花""生花"的产生

"立花"萌芽于室町时代,于江户时代达至极盛。所谓"立花",意为竖立着的花,具有超凡脱俗、严肃华贵的气质与造型,其以抽象性意念,仿自然山水,通过枝条向空间伸展,充分展现大自然的韵律之美。一般采用柳叶、松、桃花、竹子、红叶、扁柏等素材,并使用铁丝调整花材的容姿。"立花"构成复杂而严谨,各枝条的位置和伸展方向均有一定的顺序,不可前后倒置。一般由真、副、受、正真、见越、胴体、控、流、前置9个主枝,以及后围、木留、草留3种补枝组成,大型创作还有大叶、草道等,构成"立花"7至9个基本部分的花型样式,即要将一个花瓶内许多相立而又相辅相成的材料协调好。池坊流枝条数目取奇不取偶,一般以9个枝条最为常见,按上、中、下段,形成特异的格调,总体垂直伸向天空并稍成圆柱形,注重线条构造,讲究线条之美①。

"立花"起源于儒家的"五常"思想,即儒家的君臣主从制度,从而形成高度规范化和复杂的花道形式。1600年前后,千利休创立茶道,茶道思想与美学对花道也产生影响,禅的思想与美学亦走入花道。禅宗崇尚简素,主张"一即多,多即一"的禅理。受茶道影响,江户时代中期确立了追求简素的"生花"样式。

"生花"主张以少而精的花材,展现植物形体美、色彩美和组合美,重简洁、真实和优雅,反对使用非植物材料。"生花"多以三枝花材构成三角形造型,三条主枝象征宇宙中的天、地、人,其中高者为天,低者为地,中间为人,象征人与自然、人与人"三才一致"和谐统一的儒家思想。而花道所表达的正是对天地自然、万物流转的理解与彻悟。后来,象征天、地、人的三根枝条发展为真、副、体三枝组合。"生花"主张草本植物在前,木本植物在后,以七五三比例(黄金分割法),亦有阴阳和合之意。自此,花道的民族气质与韵味得到了充分的展现与发展。1673年日本插花刊物《替花秘道》中首次出现"花道"一词②。作为日本最初的插花专著《替花秘书》,序言中就揭示了具有禅理与儒家思想的花道理论。

花道之中蕴含着禅理,其往往以"一枝枯枝,一朵白花,一坛清水便勾勒

---

① 李志强、秦华:《浅谈日本花道流派——池坊流》,安徽农业科学2006年第17期。
② 张秀新、姚洪军:《日本传统插花的历史与特点》,北京林业大学学报2002年第1期。

了冬日的凄美"。在日本艺术家看来,"一朵花比百朵花更能反映花的魅力",充分体现了"大象无形"的禅理与美学。日本传统花道崇尚简洁、宁静,于静寂、枯淡之中透出浓浓的"禅意",它不像中国、西洋插花那样,缤纷艳丽、喜气洋洋,而是庄重之中透出几分苦涩、凄清的"物哀"之情,这与中世纪以来高度禅化了的日本文化总体气质是一脉相通的。

(三)现代"盛花""自由花"

明治维新以后,西洋花材、花器及西洋思想源源不断传入日本,日本兴起现代插花。最先流行的是"盛花"。所谓"盛花"是指插在横向卧式花盆、花器中的花,其主要使用广口浅盆或卧式花器。1911年,小原云心受到当时流行的中国盆景和清代写景式插花影响,同时也吸收了西洋花卉的要素,创立"小原流"。其艺术手法以体现大自然风貌为主,将"立花""生花"的"点插",改为"面插",其自行设计圆形浅盆,并积极培养女性花道教授,使花道由以往的高瓶、竖插,向浅盆、横插形式发展,可谓花道史上一大突破。

昭和初年,"自由花"异军突起,它在"盛花"的基础上,吸收西方抽象造型原理,打破传统规则,反对限制花材、花器的固定模式,提倡凭借创作者的直觉与感觉进行自由的艺术创造,以"积极而向上的生活态度"为基本原则。"自由花"没有固定形态,根据其不同的造型,可分为:垂直形态、倾斜形态、水平形态和复合形态四种构图形式。

1927年由河原苍风创立的"草月流",可谓"自由花"标新立异的代表。其甚至使用非植物,以强调自由,展现个性。在艺术手法上采用以抽象线条勾勒的方式,充分利用自然界中一切可利用的物质,创造出抽象的艺术造型。河原苍风指出:"自然界中,四季无穷尽的变化,花木美妙的姿态,配以千变万化的奇巧构思,再加以花器和环境,三者合一,便能产生优秀的作品","不要靠制造物质世界的某些东西的摹真本,而要按照自己的意志和感情去创造。花是具体的,而插花艺术则是抽象的"。

作为传统流派的"池坊流"也与时俱进,引进西洋花材。1977年池坊流派第四十五代传人池坊专永创立了"生花新风体",1999年又创立"立花新风体",为传统花道注入一股新风,其将各具特点的花材组合在一起,讲究花材之间,花材与花器之间的和谐,主张由"形"向"心"回归。《池坊秘传》云:"花之心应为我心也。"故赏花时,要注意捕捉花之心,达到人心与花心的对语。强调不可违背花草树木自然生长的态势,要以崇敬之心对待花卉,插花时,要跪着举双手插入,以虔诚的态度来进行插花,讲究心正花正,心直无邪念,不可三心二意。

二、茶道

日本茶道于今也有500年历史了。学者们一般认为,中国饮茶的习俗始于两晋南北朝时期,隋唐时期蔚然成风。7世纪以前日本没有饮茶的记录,随着遣唐使的派遣,中国茶及茶种被传入日本,此后中国的禅寺茶与茶礼也由日本禅僧带入日本,对日本茶道的形成产生了极为深刻的影响。

(一)中国茶、禅寺茶及茶礼的传入

据注释《茶经》的日本著作《茶经详说》记载,729年圣武天皇在宫中召僧侣百人读般若经,翌日赐茶以示慰劳,成为日本人"吃茶"的最早记录。据史料记载,805年日本天台宗创始人、传教大师最澄(767—822)从中国带回茶籽,种植于京都比睿山麓,创立日本最早的茶园——"日吉茶园"。此后,弘法大师空海(774—836)于806年把从中国带回的茶献给嵯峨天皇,并在奈良法隆寺一带种茶。815年归国的留学僧永忠献茶于嵯峨天皇,天皇大为赞赏,下令近畿等地修建茶园。1214年留宋归来的禅师、日本临济禅创始人荣西(1141—1215)向幕府将军献茶,并献上《吃茶养生记》,帮助人们认识茶的功能和用途。他还带回茶种种植,对日本饮茶的普及和推广起到积极作用。

据学者研究表明,中国的禅寺茶与茶礼是日本茶道的源头和母体。中国的禅寺茶起源于唐代百丈怀海禅师(720—814),他依照儒教的礼法制定《百丈清规》,遗憾的是原本早已遗失,现存的《敕修百丈清规》是1336年百丈禅师的第十八代法孙东阳德辉禅师在元帝圣旨下重修的新规,茶礼在其中占有重要的位置。这种茶礼自唐至宋,再至元明,一直在中国的禅寺中被严格地执行着。据日本学者西部文净所著的《禅与茶》可知,在将中国禅寺茶与茶礼传入日本的过程中,日本曹洞宗创始人道元禅师、南浦绍明禅师、清拙正澄禅师起了决定性作用。

其中,南浦绍明禅师(1235—1308)直接对日本茶道创始人村田珠光、千利休产生影响。南浦绍明24岁留学宋朝,31岁回国,在宋期间,一边参禅,

一边学习五台山净慈寺的茶礼。回国时得一套台子式末茶道具,并连同七部茶典带回日本。他先在九州崇福寺参禅,后移居京都传播茶礼,其茶礼为京都大德寺开山大灯禅师(1282—1337)继承,从中国传入的台子式末茶道具也传给大德寺,后大德寺茶礼又传给了在大德寺修禅,后又成为大德寺47代住持的一休宗纯(1394—1481)。茶道创始人村田珠光(1423—1502)仰慕一休的禅风,随一休参禅,并获得了印可证书——圆悟(宋代禅僧)的墨迹,并把它挂在茶室中最显要的位置,在四叠半榻榻米上形成独特的草庵茶风。村田珠光又对武野绍鸥(1502—1555)产生影响,千利休(1522—1592)则直至60岁以前还从师于武野绍鸥。由此可见,中国的禅寺茶及茶礼对日本茶道的巨大影响是不言而喻的。

至今,我们依然可以找到中国禅寺茶礼与今日日本茶道的共同点:如吃茶的人排队依次入场;吃茶之前点香;吃茶前后行礼;整个茶礼过程中无语,由钟声替代口令;以及整个茶礼严正的秩序、庄严的气氛等等。有学者认为,日本茶道精神、哲学思想也由中国而来。据西部文净先生考证,在绍明禅师带回的七部茶典中,有一部刘元甫制述的《茶堂清规》,其中的"茶道轨章"和"四谛义章"两部分被后世抄录为《茶道经》,其中揭示了"禅茶一味"及"和、清、敬、寂"的茶道哲学思想[①]。笔者认为,盛唐时代,中国文化已由唐初的三教论难,转为儒释道三教合一,因此带有儒释道共融特色的中国禅寺茶传日后,直接促成了日本茶道哲学思想的产生。所以日本的茶道正是在儒、释、道共融的深厚中国文化背景下,又融入神道哲学思想加以综合创生的结果。长期以来,学者们仅以禅一元文化来审视日本茶道,笔者认为这不足以阐释博大精深的茶道文化。

日本茶道直接源于中国的禅寺茶与茶礼,所不同的是中国的禅寺茶传日后,走上了与中国完全不同的发展道路。日本茶人将中国的禅寺茶与茶礼推向市井草莽,深植于民众的日常生活之中,体现出日本人极其实用主义的思维方式;而中国至清代不仅禅寺茶没有继续发展,而且还走向衰微。但在东瀛日本,中国的禅寺茶与茶礼不仅完好地保留下来,并且还被不断地推陈出新,发扬光大,成为融神、儒、释、道为一体的极具魅力的综合性艺术。

---

① 关于《茶道经》的考证,学术界还存在争议。

(二)茶道的文化魅力

千利休乃日本茶道的集大成者,至千利休日本茶道系统而完备的哲学思想、伦理与美学均得以确立。日本茶道的真谛在于修炼禅意,即所谓"禅茶一味"。我们可将日本茶道精神概括为"和、清、敬、寂"四个字。所谓"和"乃和谐、和睦之意,指追求人与自然和谐、人与人之间关系和睦之意。很显然,这来自儒家"以和为贵"的思想。"清"指茶道道场环境清洁、宁静,从茶室的格局到茶具、茶器,都融入了日本本土素淡的美意识,以及道家道法自然,见素抱朴(璞)的美理念,从而在尘世中营造出一方清静无垢的佛陀世界,沙漠中的绿洲。"敬"指人与人之间彼此尊重、互敬,无任何等级偏见,既无阿谀奉承之事,亦无傲慢无礼之举,此源自佛教众生平等的思想。茶道创始人村田珠光在给大弟子的一封信《心之文》中指出:"此道最忌自高自大,固执己见,嫉妒能手,蔑视新手,最最违道,须请教于上者,提携下者。"茶道因循道家"光而不耀"(老子《道德经》五十八章)、"谦卑内敛"的美德,主张为人低调,以及丰富、内倾的精神世界。

"寂"乃茶道的最高境界,也是茶道的核心与灵魂。脱胎于中国禅寺茶的日本茶道本身就以儒释道文化为底蕴,因此笔者认为,"寂"乃道禅融合的最高文化境界。所谓"寂",其一,体现出禅学精神。"寂"乃涅槃、寂灭之意,引申为"本来无一物",否定一切的精神境界。其二,体现出道家精神。"寂"乃贫困、静寂,主要指精神上摆脱俗世俗物的干扰,"不以物喜,不以己悲",达到"宠辱不惊,看庭前花开花落,去留无意,任天空云卷云舒"的道家人生境界,体现出不媚世俗荣华与权贵的茶人风骨。茶道追求之"美境",即"脱俗",鄙薄世俗功名利禄,笑傲王侯权贵,追求"淡泊、清心、明志、宁静、致远"之极其高远的人生境界,这才是茶道的根本精神之所在。因此,茶道之中亦有着深厚的道家文化的底蕴,这是不可视而不见的。

千利休还以自己的人生,实现了不媚权贵的道家风骨。在奢华之风甚嚣尘上的时代,他力倡素朴、自然的"草庵茶风"。他虽为当时日本最高统治者丰臣秀吉的茶道教头,但对丰臣秀吉极尽奢华的茶风极为反感,因此多次不顺随丰臣秀吉的嗜好,不迎合丰臣秀吉的口味,以至于多次惹怒了日本最高的"权贵"。

据说有一天,有人报告丰臣秀吉,说千利休家的院子里开满了牵牛花,漂亮极了。丰臣秀吉示意千利休在某日清晨为他举行一次茶会,以让他观赏满目的牵牛花。但到了这一天,丰臣秀吉兴致勃勃地走进千利休的庭院,满院的牵牛花却全无踪影,丰臣秀吉自然恼羞成怒,但当他进入茶室时,却看到了一朵洁白的、露水欲滴的牵牛花,显示出无限的生命力。此举体现了千利休禅意功夫之高深,但其中亦不乏道家不媚世俗权贵的气节和傲骨。

还有一次,丰臣秀吉要千利休用一枝梅花花枝和一角平铁钵花器表演插花。当时众人都为千利休捏了一把汗,却见千利休不假思索地取过梅花枝,用力揉搓,于是梅花瓣洒落在盛满清水的铁钵花器中,仿佛落花流水的感觉,然后又将揉搓过的梅枝横放于钵体之上,给人以悲壮、傲然不羁的感觉。体现了千利休宠辱不惊,独立不羁的茶人风骨,令当时日本的最高统治者对他也奈何不得。那么,丰臣秀吉想要除去这位道禅功夫高深,声望甚至高过自己,并且精神上处处占上风的异己,似乎也是在情理之中的了。最后丰臣秀吉赐千利休"剖腹自杀",而千利休则以不屈的精神实现了茶道的最高境界。

千利休去世后,由他的三个直系子孙所创立的三千家:里千家、表千家、武者小路千家(均在京都)成为日本茶道的正宗家元。千利休虽然去世了,但他留给日本社会一笔无比宝贵的精神财富:他否定了奢华美的理念,开创了"空寂"的美学新风,并对日本人的衣食住行、生活方式等各个方面产生了极其深远的影响,用日语表述为"素朴""地味",如今成为极具和风特色的美理念。茶道产生于日本社会激烈动荡的年代,因能为征战四方的将军武士以及广大民众提供一方清心静魂的道场和抚慰心灵的避难所,而受到日本社会广泛的欢迎。步入现代社会,残酷的经济竞争给人们带来了巨大的心理压力,现代社会的人们再次步入远离尘嚣的茶室,尽享"六根清净"的美境,重获得生命的活力。因此,500年后的今天,茶道在日本依然兴盛不衰。

三、歌舞伎

歌舞伎于今已有400年的历史,被称之为最具代表性的民族艺术的瑰宝,它是日本传统艺能的高度集合,综合吸收了传统舞乐、能、狂言、净琉璃的艺术表现手法,并以近乎叛逆、独具个性的形式,呈现给世人。一亮相,即刻风靡日本,并经数百年千锤百炼,不断完善,成为日本的"国粹"。

(一)歌舞伎的出现

"歌舞伎"源于"倾く",意为反主流、叛逆风俗、"异乎寻常的新倾向"之意。最初称"歌舞妓",明治维新后改称"歌舞伎"。江户时代是日本从战争走向和平的转折点,人们极力享受生活,尤其是新兴的、走向富庶的商人阶级,这是歌舞伎得以产生的深厚社会背景。

歌舞伎最早出现于1603年德川幕府建立前后,岛根县出云大社的尼姑阿国为募集修缮出云大社的善款,与丈夫带领戏班,在京都北野神社和四条河原一带搭台献艺。阿国貌艺双全,着装夺目,女扮男装,表演起"念佛舞",自由奔放,轻佻而滑稽,也极富煽情色彩,与庄重典雅的能乐全然不同。观众不禁为之陶醉,情不自禁地随之起舞,为古城京都输入了一股新风,并引起极大的"轰动"。据说为纪念阿国对日本艺术的贡献,日本人还特别制作了阿国的塑像。这就是被称之为歌舞伎原型的"阿国歌舞伎时期"。

阿国歌舞伎以来,京都、大阪一带的"游女"(风尘女子)纷纷效仿,而产生了"游女歌舞伎"。这些"游女"演出之后常常从事色情活动,德川幕府为整顿社会风气,于1629年起禁止女性登台演出。仅20载,"游女歌舞伎"就烟消云散了。此后,各地出现了由美少年扮演女角的"若众歌舞伎",此举受到武士及年轻女性的欢迎,同样因生活糜烂,1652年幕府又颁布禁止年轻男子出演令。

禁令颁布第二年,经协商出现了成年男子出演的"野郎歌舞伎"。因为演员由成年男子扮演,不仅没有风流韵事,歌舞伎表演艺术还获得了前所未有的大发展。由以前轻佻、浮华、卖弄风情,逐步转向追求精湛的演技。元禄年间(1688—1710),歌舞伎进入蓬勃发展的鼎盛时期。集做、唱、念、打于一体,将单纯的舞蹈表演丰富为有说、有唱的形式。不仅有剧本,而且也由独幕剧发展为多幕剧,戏剧艺术向纵深处发展。出现了著名的歌舞伎脚本作家,如近松门左卫门、中村传七等。此时,歌舞伎出现了表演贵族武士世界的"武戏"和表现民众生活的"文戏"两大派别,两者相互呼应,各有所长,相互补充,并传承至今。1700年左右,歌舞伎已出现市川团十郎、松本幸四郎、中村歌右门、尾上菊五郎、片冈仁右卫门、市川左团六大派系,进入全盛期,演出盛况空前。

有"日本的莎士比亚"之称的歌舞伎剧作家近松门左卫门(1653—1724)

的戏剧题材,既有反映日本风情的《曾松崎情死》、《情死天网岛》、《忠臣藏》等,也有取材于中国的历史故事,其中唐明皇与杨贵妃的爱情故事也被搬上了歌舞伎的舞台。由此可见,即使是被称之为纯日本风的歌舞伎艺术,也不能脱却中国文化的元素。

(二)歌舞伎艺术的特色

自"野郎歌舞伎"起,歌舞伎"女形"(男扮女装)模式被固定下来,直至今天。在日本有"人间国宝"美誉的著名女形演员中村雁治郎在接受记者采访时,揭示了"性的越境"表演之美。他说:"男性饰演女性,可以美化女性,往往比真的女性显得更加漂亮。因为男性在演出的时候,会更加强调'女性'的特征。"[①]如今歌舞伎演员主要展示表演之功,通过一招一式,千姿百态地再现女性魅力。

歌舞伎大幕拉开,顿时一派令人惊艳的盛景:演员浓妆艳抹,花道造型精致至极,演员服装姹紫嫣红、华丽妖艳,"女形"虚幻缥缈、美艳无比,但在美艳的表象背后,娓娓道来的,却是一段段哀婉凄清的爱情剧、忠义剧。如:近松门左卫门的代表剧《曾松崎情死》就是一部有名的爱情剧,它讲述了妓女阿初与酱油店德兵卫感人的爱情故事。阿初与德兵卫本来是一对十分相爱的恋人,但酱油店主却非要逼德兵卫与其亲戚结婚。在德兵卫不从的情况下,酱油店主又使出一计,交给德兵卫继母一笔钱,试图逼之成婚,德兵卫得知后,迅速赶往继母住处夺回这笔钱,欲交还店主。但在返回店铺途中却被一个朋友把钱骗走,还给他扣上偷店里钱的罪名。这对可怜的恋人,相爱却不能厮守终生。阿初对德兵卫的坚贞不渝、一往情深,深深地感动了德兵卫,最终这对相爱的恋人只得以"情死"来成就他们的一世爱情。近松门左卫门的另一名剧《忠臣藏》取材于元禄14年(1710)的赤穗义士事件,展现了为君复仇,"尽忠""知恩图报"的赤穗义士形象,最后赤穗义士杀死了幕府的执行官,为主君报了血海深仇之后,全部自首,剖腹自杀,感动了全日本。至今该剧仍被日本人视为常看常新的剧目。

一曲曲感人至深的歌舞伎剧目,打动了你的心扉,使你在低回、物哀之中无以自拔,甚至忘却了它华丽的外表。揭开歌舞伎浓艳的外形,它所展现

---

① (日)林静:《歌舞伎的另类精神》,中国戏剧2005年第8期。

的依然是日本文化不老的主题——"物哀之情"。晚清诗人黄遵宪在《日本杂事诗》中赞美道:"玉箫声里锦屏邻,铁板停敲上午初。多少痴情儿女泪,一齐弹与看芝居。"说到底,日本艺术是日本人"悲情"心理的折射与写照。

2005年,歌舞伎作为一种保存完好的日本艺术,被联合国教科文组织列为世界非物质文化遗产之一,与中国京剧并称为"东方传统艺术的姊妹花"。虽然日本年轻人对歌舞伎不甚热衷,但政府对其保护是成功的,歌舞伎演员受到极高的尊重。

四、艺妓

清末传播西方文化的先驱王韬游东瀛百余日,对艺妓有所论述:"呼二艺妓来,一年仅十四五许,雏发覆额,憨态可掬。顾其装束,殊可骇人,唇涂朱,赤者太赤,白者太白,骤见不觉眩。携三弦琴来,以牙板拨之,声韵悠扬。歌多咿呀之音,声呜呜然,有类于哭。两歌既阕,一则起而翩跹作舞。日本女子无不广袖长裙,腰束锦带,带馀则垂于背。衣多织花卉禽虫,绮错绣交。其舞之进退疾徐,亦饶有古法。凡客至,必有妓侍饮,名曰艺妓,但能为当筵之奏,不能为房中之曲。"

从王韬亲历所述来看,"艺妓"大抵是从事表演艺术的艺术工作者,其从产生至今,至少有三百余年的历史。"艺妓"是明治维新以后的官方称谓,此前"艺妓"在东京称"艺者",京都、大阪一带称"艺子"。但我们从王韬"声呜呜然,有类于哭"的描述中,约略能感悟到艺妓悲泣而辛酸的人生。

江户时代日本社会经济稳步发展,文化事业蒸蒸日上,江户中期,町人(商人)势力勃兴,商人在日本历史上首次成为拥有经济实力的重要力量。但商人虽富有,却没有社会地位,甚至遭武士歧视与欺侮,倍感前途无望、苦闷无助的商人,烦恼之中,不惜钱财,纵情声色,豪饮长歌。精明的妓馆老板看准了卖点,为迎合商人与权贵附庸风雅的感官享乐,精心打造了一支艺妓队伍。

艺妓产生之初,也招些男子到妓馆男扮女装,18世纪中期男子艺妓逐渐消退,完全由清一色的女性取代。通常认为艺妓产生之地为大阪、东京,而京都则是聚集区。东京的艺妓主要集中在新桥、深川附近,京都主要集中于祇园一带。艺妓集居地称"廓",后称"花柳街"。东京著名花柳街是吉原,也是日本艺妓最终形成的地方,京都花柳街在岛原和士七轩,是当时幕府特批的艺妓聚集地,现为日本著名艺妓文化博物馆。

(一)男权社会下的产物

艺妓是按照男权社会的标准,量身定做的一件"艺术品"。艺妓大多是来自于穷苦人家的女孩,迫于生计,被卖到妓馆。她们若要成为一名合格的艺妓,则要经过极其严格的、魔鬼般的训练,一般从七八岁就开始学习唱歌、跳舞、琴棋、书道、茶道、花道、吟诗作赋,甚至国际、国内政治,以陶冶出优雅的举止,机智而不凡的谈吐。就连生活中的细节处,比如,如何优雅地打开推拉门、走路、鞠躬、斟酒,一招一式都要经过刻苦训练。还有最重要的一条,就是要善于把握男性心理,无论客人多么难以侍奉,皆微笑相待。使客人获得精神上的巨大满足,是艺妓的天职。客人用餐时,艺妓必须谦卑恭顺地跪在旁边斟酒,以一流的服务,博得男人心理上的愉悦,只饮不食。此外,艺妓之道还包括坚守"封口令",严守客人的秘密是艺妓的职业道德。据名艺妓中村喜春(1913—2003)回忆,二战期间,警察要她报告客人的言论,她的反应是:"开什么玩笑,叫我为国家当间谍……别看错人。"对客人的秘密守口如瓶,妓馆才能有营生。

艺妓的人生轨迹一般为:15 至 20 岁为舞妓,20 至 30 岁为艺妓,30 岁以后则标志着艺妓生涯的结束。艺妓退隐之后,出路比较好的是自己开妓馆或嫁人,但大多则沦落为风尘女子,其悲凉、寂寞、孤独的晚年,自是不言而明的。日本历史上比较风光的艺妓,有明治时代的川上贞奴(1871—1946),她出生于一个破败的武士之家,6 岁学艺,曾为伊藤博文包养,是著名歌剧《蝴蝶夫人》的原型。27 岁时,她只身赴美,成为日本第一位女演员。她在巴黎的表演曾引起西方极大的轰动,成为日本第一位国际巨星。在谈及艺妓生涯时,她悲怆地说:日本艺妓是"社会的弃儿"!是"日本社会最低贱阶层"。言语之间饱含着不堪回首的无尽悲凉。1996 年 7 月,日本最高龄的艺妓——102 岁的加藤春在东京医院病逝。她在艺妓生涯中所接待的都是商界、政界名流,如本田汽车创始人本田宗一郎等。据说她年轻时舞姿优美,歌声动听,谈吐诙谐机智。但,她曾爱过这些大名鼎鼎的人物吗?她不曾谈起。

在艺妓"能面具"一样的脸上,读不出真正的喜怒哀乐,一切都是一种

"交易"。坂口安吾在其名篇《堕落论》中,大批日本这一文化现象:"舞妓是加工出来供人赏玩的,虽是女孩却没有女孩的羞涩,也没有自然的妙趣,这么无聊的存在真是少见。但多少文人却赏玩不已,用生花妙笔把艺妓写得国色天香的文学家也代不乏人。如谷崎润一郎、川端康成以及渡边淳一。"①在日本艺妓美艳的容姿背后,是悲戚的泪水,她们外在的"艳"与内在的"哀"形成强烈的反差。

周作人在《游日本杂感》中对日本艺妓有一段十分精辟的论述,他说:"艺妓与游女(妓女)是另一种奴隶的生活。"有学者进一步指出:"艺妓,就是艺术化的妓女。"20世纪70年代末在中国公映,并引起巨大轰动的日本电影《望乡》,其创作者山崎朋子在《山打根八号娼馆》(《望乡》的原作)的"序"中,为我们清晰地提示,她说:战前的日本妓女可分为艺妓、日本本土官妓、暗娼与被卖到海外的"南洋姐"三个阶层。山崎朋子所说的官妓,就是高级妓女,她们为迎合权贵们的风雅嗜好,也学习琴棋书画、艺道等高雅的艺术,"变身"为层次比较高的妓女;而暗娼与被卖到海外的"南洋姐",都是属于生活在社会底层的低级妓女,她们的命运最凄惨。

明治时代,即使积极主张"文明开化"、男女平等的福泽谕吉,却也不反对妓女的存在,甚至还写了一篇名为《迁移人民与妓女外出挣钱》的文章,特别强调"妓女外出挣钱的必要性"。电影《望乡》中的"南洋姐"就是当年福泽谕吉摇旗呐喊下的产物。1900年夏目漱石赴英国留学,途经新加坡时看到很多日本妓女(即"南洋姐")。他感叹道:"新加坡有不少日本旅馆,在那里,我遇见日本妇女,她们都是些专门的妓女。可怜啊,被遗弃的灵魂!"②"南洋姐"们在明治政府发展资本主义的初期,将赚取的大量外汇源源不断寄往国内,但在日本经济发展起来之后,她们被视为"日本国的耻辱",而被日本国抛弃。像《望乡》中的主人公阿崎婆那样的"南洋姐",最终不被日本政府和家人所接受,所以"南洋姐"们宁愿终生客死异乡也不回故土,她们的坟墓,都一致地背对着日本。日本艺妓与妓女虽有不同,但归根到底都是男权社会下的"玩偶"而已,其中的苦辣心酸只有艺妓们自知。

---

① 转引自李长声:《艺妓:历史的余辉》,中华遗产2007年第4期。
② 转引自(日)鹿野正直:《福泽谕吉》,卞崇道译,三联书店,1987年版,第170页。

(二) 历史的"余晖"

虽然日本艺妓背负着苦难的命运,却为日本历史与文化做出了杰出的贡献。当年倒幕时期,维新志士多栖身于妓馆,以掩人耳目。艺妓们传递消息,充当间谍,最著名的要推京都的中西尾君。尾君出生于家道中落的武士之家,她与从英国游学归来的井上馨(1836—1915)一见钟情,非常相爱。为帮助维新志士,尾君嫁给了追求她的佐幕派首要人物岛田,为的是刺探机密,并策划刺杀岛田,最终这位佐幕派中坚死在了维新志士的剑下,尾君立下大功。明治时代另一著名艺妓则是"维新三杰"之一木户孝允(1833—1877)的妻子松子,1864年幕府大肆搜捕维新派人士,她每天冒着生命危险给丈夫送饭,又多次利用艺妓馆掩护丈夫,使他逃过了幕府的追杀,并成为推翻幕府的领袖之一。所以有学者说,如果当年没有日本艺妓,日本的近代历史就要重写了。

此外,艺妓还荟萃了日本传统文化的所有精华,集传统舞蹈、三味线、茶道、花道、和服等为一体,堪称"日本文化的活化石"。不过如今,艺妓在日本已是夕阳西下的产业了,上世纪初尚有数万人,目前也就数百人,京都也不过200人。对于这一历史的"余晖",相信日本女性自会做出历史的决断。

第九讲　明治维新的"前奏"

明治维新并非一蹴而就,它是江户时代长期积累的结果。江户时代较高的文化教育普及率,以及西方科学及人文思想在日本的传播,为明治维新的成功创造了条件。

日本的明治维新并非一蹴而就,它是江户时代长期积累的结果。明治维新以前,西学已传入日本达 300 年之久,其间,江户幕府虽建立起严格的"禁教体制",但从根本上来说,并未阻止西方科学及人文思想的广泛传播,辐射全国四面八方的兰学、洋学网状传播系统即是明证。日本人对西学始终抱有强烈的好奇心与求知欲。事实上,德川幕府所坚决抵制的只是威胁其统治的天主教而已。因此有学者指出,"江户锁国体制"的提法并不符合历史事实。与此同时,江户时代已形成较为完备的普及教育的机构。江户时代,日本的文化教育普及率远远高于其他东方国家,甚至超过某些西方国家。这均为明治维新的成功创造了条件。

一、西学的传入与兴盛

(一)对待西学的态度

15 世纪以后,西方殖民主义者开始向东方扩张。据《铁炮记》载:1543 年 8 月 25 日,一艘载有 3 名葡萄牙人的中国帆船因遭风暴漂流至日本南部的种子岛。其中两名葡人"手执铁炮,试之,果然不同凡响"。种子岛领主甚感神奇,为学得其制法,甚至向船长献出了自己17岁的女儿。

战国诸侯织田信长对天主教采取了宽容的态度,他既不敬神,也不拜佛,更不信天主教,并称:"在日本只有我才是活着的神。"他所感兴趣的是南蛮铁炮技术异乎寻常的"威力"。为此,他积极奖励火器生产,并研究如何利用先进武器出奇制胜。1575年,织田信长使用火枪队列战术,在长筱会战中战胜了三倍于己的武田军,迈出了统一霸业的第一步。织田信长思想开明,喜欢与传教士交流,了解异域有关天文地理及太阳、月亮、行星等方面的知识,并多次手持葡萄牙传教士所赠之地球仪,问询来日航路,他对日本以外的世界有着浓厚的兴趣。

丰臣秀吉最初也并不反对天主教的传播,甚至对传教士打趣地说,如若天主教解除一夫一妻制,他本人也许会加入教会。据说丰臣秀吉听了"少年访欧使节团"①演奏的四乐合奏,赞不绝口,并令其重复三遍,反复玩味。他还令画师狩野永德将使节团带回的世界地理图绘在屏风上、扇子上,爱不释手。甚至有日本学者认为,丰臣秀吉的对外扩张野心很可能是受到了新地理知识的刺激和影响。

《海国图志》乃魏源(1794—1857)应林则徐之邀撰写的关于西洋文明的启蒙读本,涵盖了当时西方政治、经济、军事、天文、历史、地理、文化等多方面的内容,堪称"百科全书式"的杰作。但在中国仅印1000册,清代知识分子亦对此书不感兴趣;而日本学者则得之如获至宝,1851年携回国内,1854年日本人翻刻了《海国图志》六十卷本,一时间读者如潮,短短几年内便翻印了15版,后对明治维新产生一定作用,幕末洋学家横井小楠也受其启发,走向开国主义。而相比之,中国人却未予以重视,甚至近乎是冷漠视之。半个世纪后美国著名汉学家费正清(1907—1991)谈到此书时,总感费解:《海国图志》无论如何都是开眼看世界的一架望远镜,日本人如获至宝,中国人却视其为洪水猛兽。

或许,中日两国对于西方先进文化与科学技术的认知、理解、判断、把握

---

① 日本少年访欧使节团:1582—1590年,日本西南信仰天主教的大名向欧洲派遣了由四名少年组成的日本少年访欧使节团。由范礼安陪同,从长崎出发,赴葡萄牙、西班牙,并到罗马觐见教皇,受到优遇,历时八年,成为日西交流史上第一个使团。

与态度的不同,也决定了两国近代命运的不同。日本自古文化根底浅,所以它总像一个饥渴的婴孩那样,对于外部世界的变化有着高度自觉,同时也练就了一身极其超强的功夫——高度的鉴赏力、精准的优选力与富有远见的判断力。当年知日家周作人就曾盛赞日本人的巧妙:"日本文化古来取自中土,然……唐时不取太监,宋时不取缠足,明时不取八股,清时不取鸦片","我深钦日本之善于别择"(《苦竹杂记·日本的衣食住》)。日本人总是能够在千变万化的外部世界中找到有价值的"精品",这恰恰是日本人的精明与智慧所在,因此,当西洋文化日益兴盛之时,不甘平庸的日本人再次将目光投向西方世界。

(二) 南蛮学的兴衰

在中国,"南蛮"意指来自南方的野蛮人种。日本受中国华夷思想影响,也沿袭此说法。在日本,"南蛮学"主要指最先抵达日本列岛的以基督教为核心的中世纪西方宗教文化。

1. 天主教的传播

1549 年耶稣会传教士沙忽略抵达鹿尔岛,其以贸易、战略物资为诱饵,吸引信众,受到大名岛津贵久的接待。一些大名、岛民纷纷接受洗礼入教。沙忽略传教两年,信徒已达千人,且各阶层人士都有;而在中国达到这一数字则用了 22 年时间(1583—1605)。天主教在日本发展迅速,至 1582 年沙忽略布教 33 个年头,信徒已有 15 万人;而在中国达到这一数字,则是 1650 年,计花费了 67 年。在日本经过 50 余年传教,信徒达 75 万人;而在中国经过了近 90 年传教,信徒也仅仅是日本的三分之一强。再按当时中日两国的人口比例统计,日本信徒最多时占总人口约 4%;而中国在康熙九年(1670 年)的总人口数为 9698 万,信徒所占比例为 0.28%。

天主教之所以在日本发展迅猛,一方面是其"商教一体"的贸易利益拉动;另天主教亦以慈善之举,赈灾济民,创设医院,赢得广泛信众。据当时传教士记述:仅府内医院,"1559 年夏季以来,接受内外科各种治疗的患者在 200 人以上",充分显示出福音书的魅力。此外,日本人思维方式的多元共融性,也决定了天主教在日本的广泛传播,无论是本地神、东方佛、西方上帝,日本人都会融合进来,兼容并包,互不排斥;而中国人的思维方式某种程度上倾向于内,中国文化有着极其强劲的文化张力与平衡力,这使得中国人很少将目光投向域外,寻求"外援"。也就是日本学者常常指出的"大中华主义",古老而悠久的传统文化也使中国人对外来事物常常报以冷漠的态度,这也决定了西学在中国曲折而艰辛的历程。

2. 禁教体制的形成

1586年丰臣秀吉访问大阪教堂时,对传教士们还是一番和颜悦色,却为何于翌年突然改变态度,宣布禁教?学者们有种种分析,但从根本上来说,则是丰臣秀吉意识到了天主教的传播威胁到其自身的统治。天主教要求教徒信奉上帝,讲求人人平等,一夫一妻,反对自杀;而武士道则要求武士无条件忠于君主,确立君臣之间严格的等级秩序,实行一夫一妻多妾,武士更有败阵自杀的义理和规矩。可见,天主教与武士道这两种信仰与伦理观之间存在着冲突。现实中,丰臣秀吉愈加深切感受到,皈依天主教的信众对于他的命令居然无动于衷,在极度恐惧之中,便疯狂转向禁教。

丰臣秀吉在给葡萄牙驻印度总督信中强调:"吾日本王国乃神国……吾人坚守此道,无需其他说教,因命传教士离开日本。"1587年6月19日,丰臣秀吉发布"驱逐传教士令"。1596年发生的"圣·菲利浦号事件",最终引发了丰臣秀吉疯狂屠杀教徒的行动,其残忍震惊了欧洲。圣·菲利浦号乃西班牙商船,因遇风浪漂流至日本土佐,据说该船领航员不经意地谈到,欲得广大土地,先传教后征服的内容。这段谈话直接导致"二十六圣人殉教事件"。其将二十六名日本和西方的天主教徒削耳示众,并令他们从京都、大阪等地,赤脚徒步走至长崎接受死刑,场面十分惨烈。

德川家康统一日本以后,严格执行与丰臣秀吉同样的禁教政策,驱逐教士,关闭教堂。据估算,禁教期间殉教者在2000人至5000人之间,其中欧洲传教士约70人。德川幕府于1633年2月至1639年7月连续五次颁布"锁国令",1639年明确规定:禁止葡萄牙人来航,违者,破其船,斩其员。"禁教"大体包括三方面内容:(1)禁止日本人出入国门。(2)取缔天主教。(3)禁止葡萄牙人来日。1635年,幕府将荷兰和中国的贸易限制在长崎一港。至此,"禁教体制"则趋于完成。

3. 南蛮科学的启蒙

1561年,传教士在岛内开设第一所教会初等学校,1583年这类学校达200所,累计学生12000人,男女学生都有。课程有:阅读(包括罗马字)、修辞法、礼法、西式音乐、绘画、戏剧等科目。1580年，范礼安在有马开设神学校，并创办神学院。神学院乃更高一级的学校，目的是培养神职人员。除学习拉丁语、葡萄牙语、日语外，还主要学习哲学、神学、历史等人文科学，以及天文、地理、几何等自然科学，此外还有音乐等。

南蛮时代传入的科技涉及天文、地理、医学、药物、农学、数学、测量、兵学、航海造船等。如在天文学领域，耶稣会传教士将日本人的视野扩展到世界。1590年"日本少年访欧使节团"带回的由53页组成的奥尔特里乌斯世界地图集使日本人深受启发，从而彻底改变了对世界的认识，激起探求世界的热情。在此基础上，1603年深田正室终于完成第一幅由日本人绘制的世界地图，成为日本地理学界的开创者。又如，传教士带入的南蛮医学改变了日本人对自身的认识。此前，日本以汉方医学为至尊。1557年，耶稣会在岛内设立了日本第一所医院，引进外科手术。1558年，日本人开始学习临床使用西药，施行手术。长崎成为南蛮医学的中心。耶稣会建立了"慈悲屋"(慈善医院)、圣地亚哥医院等九所医院，由此为日本造就了一批西医人才。

南蛮文化虽以禁教告终，但它的足迹已遍布全日本。从南部种子岛到北部北海道，都播撒下了南蛮文化的种子，这是人为的力量所不能予以摧毁的，尤其是在日本这样的对外来新奇事物痴迷的国家。南蛮科学虽属于中世纪末期的文化，但对于日本人来说都是全新的，特别是天文学、医学的传播，彻底改变了日本人的世界观及对自身的认识，拉近了日本与西方世界的距离。此外，日本最早使用的外来语就源自葡语，如：埃及(エジプト)、英国(イギリス)、咖啡(コーヒー)、面包(パン)、烟草(タバコ)、平衡(バランス)等，均为日本文化中早期的西方元素。与此同时，南蛮学还为一个世纪之后兰学的传播奠定了坚实的文化基础。

(三)兰学的突起

所谓"兰学"，指继"南蛮学"之后，由荷兰人带入日本的西方近代科学与文化。如果说南蛮科学是以托勒密"地心说"为中心的中世纪宗教文化，那么兰学则接受的是哥白尼"太阳中心说"和伽利略、牛顿的科学体系及人文科学，它代表着科学革命之后，当时西方最先进的科学与文化。

在南蛮学沉寂了半个多世纪以后，1709年新井白石(1657—1725)对潜入日本的传教士西多蒂的审讯，戏剧性地成为兰学产生的契机。新井白石曾四次与西多蒂交谈,从天主教到世界地理,无所不包。他依据谈话内容及以往所学的西洋知识,于1713年和1715年相继撰写了《采览异言》和《西洋纪闻》,论述了欧、亚、非、南北美五大洲的地理、政治、风俗等情况。书中还提出,对西方科技与天主教应区别对待,成为兰学主流派的原则。兰学大家大槻玄泽(1757—1827)在《增订采览异言》序中指出:"盖此学(兰学)也,萌芽于白石先生。"一般认为,兰学始自新井白石。

有"兰癖"之称的德川第八代将军德川吉宗(1684—1751)于1720年发布"洋书缓禁令",明令与天主教无直接关系的西洋科技书籍不在禁止之列。吉宗还亲派幕臣青木昆阳和御医野吕元丈学习荷兰语,并聘来荷兰天文学家来帮助日本开辟西学事业。前野良泽(1723—1803)和杉田玄白(1733—1817)等译述的《解体新书》是兰学真正诞生的标志。大槻玄泽还开创了兰学教育事业。

1. 兰学的传播网络

(1)"江户三家":江户是兰学传播的中心地。"兰学泰斗"大槻玄泽于江户开设芝兰堂,入学者94人。与之齐名的还有桂川学系(小关三英、高野长英、伊东玄朴等)和宇田川学系(坪井信道等)。

(2)"京都兰学双璧":京都的兰学始于小石元俊(1743—1810),后其子小石元从学于杉田玄白、大槻玄泽,回京都后开设兰学塾穷理堂。有"京都兰学双璧"之称的藤林普山、小森玄良,则开创了汉兰折中医学。

(3)大阪:大阪是与京都齐名的又一兰学基地,也是天文学研究中心。桥本吉宗(1763—1836)在芝兰堂学成之后,回大阪讲授兰医及其他兰学知识,除翻译医学书籍外,还写著了《新译地理全图》、《电气译说》、《穷理学》等有关地理、物理学领域的书籍。他还创办了丝汉塾,培养出众多的兰学家。

(4)长崎:长崎乃兰学的发源地,也是传播荷兰语的圣地。长崎兰学大家志筑忠雄(1760—1806),开创了真正荷兰语言学理论。"鸣泷塾"由德国医生西保尔德(1796—1866)创办,既是诊所又是学校,当时从学者有57人,讲授医学、自然科学,培养出众多的著名兰学家,如:高野长英、小关三英以及象先堂塾主伊东玄朴等。西保尔德是近代有为的兰学家。

(5)名古屋:名古屋也是传播兰学的中心。其开创者野村立荣,曾游学长崎,将兰学带回名古屋,后又由吉雄俊藏继承发展。著译广及天文、医学、文法、植物等学科,尤以研究火药驰名。他还开办观象堂学塾,培养出许多有为的后学。

(6)"番书和解御用":1813 年,幕府创立以翻译西书为中心的"御用所",集中起众多著名兰学家,展开大规模翻译事业。

2. 兰学的历史地位

兰学带给日本人的是西方科学革命以后的近代科学,它涉及天文、地理、医学、物理、化学、植物等自然科学及一些人文学科,代表着西方最前端的科学成果。日本的兰学译述盛况空前,仅自延享年间(1744—1747)至1852年译述兰书即达480部,参加翻译的人数达115人。另据统计,1645年至1873年,日本人关于世界地理和历史的译著总计为450种,而其中至1853年开国为止就达338种,上述数字在当时欧美以外的国家中是足以令人惊异的。因此可以说,兰学惊人的大发展,深入而广泛的传播,极大地缩小了日本与西方文明之间的距离。

有日本学者指出:"近世以前,在日本文化中科学思想是极其稀薄而贫困的","日本古来几乎没有称得上科学的东西,是兰学使日本人开始接触科学"。兰学不仅使日本人吸收到西方科学革命新成果,且接触到西方近代人文思想,从而把握住未来世界发展的大趋势,并培养出一大批设计日本社会未来发展方向的兰学大家。幕末洋学也正是在兰学的深刻滋养下发展起来的,兰学在日本的大发展是日本近代史上重要的一页,是明治维新走向成功的关键性步骤。兰学的发达,使日本没有像西方世界以外的其他国家那样在技术上大大落后于西方,同时还培养了兰学者一种深刻的对封建意识形态的批判精神,促发了反封建意识的萌生,并为明治维新打下了良好的文化与政治基础。

(四)幕末洋学的盛景

1853 年美国伯理叩关,揭开了日本"洋学"的历史。幕末洋学(1853—1868)不同于兰学之处在于,他明显带有偏重西方军事科学的倾向。如 1854 年至 1868 年有关军事科学的译著即达 262 种,很显然,军事科学成为幕末洋学的主流。同时,从荷兰语扩大到英语、法语、德语、俄语等多种语言,从学科看,由自然科学向社会科学领域延伸。如果说,"兰学"仅限于荷兰语视野范围的话,那么"洋学"的语源则是无数倍地放大,它带给日本人一个全方位的西方世界。

1. 洋学传播网络

(1)江户象先堂:象先堂当时被称为东西两大学塾之一。以伊东玄朴(1800—1871)为塾主,据其门人记载,学于象先堂者达406名。象先堂明显不同于以往的兰学塾,其培养的学生除医生外,还有众多兵学家、启蒙思想家以及社会实践家,可见其实行的是全面的洋学教育。1853年至1855年从学人数达到高峰。日本法学创始人津田真道、明治政府外务卿寺岛宗则、幕府海军创始人肥田滨五郎等人均出自象先堂。

(2)大阪适适斋:适适斋是当时东西两大学塾之西学塾。以绪方洪庵(1810—1863)为塾主,他曾从学于兰学家坪井信道等,又游学于长崎。据适适斋塾生名簿,其学生有637人,其实行全面的洋学教育。日本近代启蒙思想家福泽谕吉、创建日本陆军的大村益次郎等,均出自适适斋。

(3)幕末海军讲习班:1855年,幕府邀请荷兰佩尔斯莱金为首的官兵来日,帮助创办海军讲习所,学员由幕府和各藩指派,总计129人。讲习内容包括:荷兰语、航海术、造船术、炮术、测量术、筑城法、数学、机械、地理、历史及应用演习。讲习一直延续到1859年,为日本近代造就了一批军事人才。如:幕末—明治海军重臣胜海舟、明治海军大将下本五扬均是该讲习所的毕业生。

(4)幕末医学讲习班:1857年幕府邀请荷兰军医讲授医学,至1862年止,共培养来自岛内各地学生130余人。由鲍姆培开办的医学讲习班所讲授的医学,与此前日本实行的医学全然不同,其开设了解剖学、人体组织学、生理学、病理学、内科学、外科学、眼科学、药剂学、物理、化学等课程,均为当时西方最先进的医学技术。1861年,幕府还在长崎建立了日本第一所西式医院,不久又于该地建起西洋医学所(校),不仅教授理论,还进行临床指导,使日本西医真正进入临床应用阶段。日本近代医学界的大批著名人物均出自该讲习所。

(5)藩书调所:幕府在开办海军与医学讲习班的同时,就在着手建立日本第一个综合研究与讲授洋学的机构——藩书调所,1863年又改称"开成所",正式招收幕臣及子弟,学员350名。藩书调所汇聚了全国的洋学才俊,教授31人,有:加藤弘之、西周、津田真道等。

藩书调所同时又是全国最大的洋书收藏中心,所内藏洋书达600部,成为当时日本洋学教育与研究的中心。1864年开成所所设科目有:荷兰学、英吉利学、法兰西学、德意志学、鲁西亚(俄)学、天文学、地理学、物理、化学、数学、物产学、器械学、测量学、活字术等。1860年藩书调所正式开设英语课程,有英语教师13人。1861年正式教授法语。西周与津田真道等人留学荷兰归国后,又开设了社会科学科目,成为日本培养近代人才的摇篮。

(6) 萨藩开成所:萨摩藩是幕末雄藩之一。"兰癖"藩主岛津重豪(1745—1833)就十分注重兰学,其后继者岛津齐彬(1809—1858)更热心于洋学,并召集一流洋学家翻译西书,以资炮术、兵学、造船之用,并先后聘用伊东玄朴等人。1864年创办了讲授陆海军技术的"藩立开成所",召自美归日的中兵万次郎(1827—1898)教授英语,同时派一批藩士赴长崎海军讲习所学习,造就了一大批洋学家。1855年该藩造出日本第一艘蒸汽船,并兴建农具、刀剑等近代工厂,并进一步研制瓦斯灯、电机、电信等近代工业制品。1864年又派人员赴英国考察纺织工业,终于1867年建成日本第一家洋式纺织工场——鹿尔岛纺绩所。

自1855年至1868年,岛内各藩延聘外国专家达212人,类型包括军事、工业科技、外交、语言等,国别除荷兰人外,还有英、美、法、德和中国人。1868年,全国240所藩校中有77所开设了天文、地理、物理、化学、数学等洋学课程。从萨摩藩我们可以真切地看到日本人对洋学的极度热情,以及洋学在日本的深入和普及。明治维新前,日本人已具备了相当的洋学知识和素养,这为成功地推进日本的近代化打下了坚实而牢固的基础。

2. 日本的西学之路

从西学入日三百年的历程可以看出,日本人对南蛮学、兰学、洋学始终抱有极大的热情。他们对"中体西用""西体中用"那样的激烈争论不感兴趣,他们所奉行的原则即是"有用即真理""权威即真理"。他们对西方文化与技术的先进性以及日本文化的滞后性有着相当清醒的认识,正因为如此,自江户中期起,他们就不遗余力地布下"天罗地网"——"兰学网络""洋学网络",传播西学,以最大地缩小与西方文明的落差,反映出日本人好学不倦以及强烈的务实精神。据不完全统计,明治维新前,日本有34所兰学塾,培养了9000余名塾生,如果再加上诸藩校所设的洋学科,以及幕府洋学机构培养出来的学生,那么接受洋学教育的人数决不会少于10000人。从而为明治维新培养了一大批学养高、训练有素的领导者。

"兰学"与"洋学"的高度发达,使日本的近代化已站在了相当高的起点上,从而使近代日本几乎能与西方文明共进退。在追随西方先进文明的道路上,日本遥遥领先于其他亚洲国家,走在了前列,这也正是它主动、积极地学习、吸收西方文明的结果。幕末洋学家对日本的未来也有着精心的设计。佐久间象山(1811—1864)认为,中国在鸦片战争中失败的重要原因主要在于中国瞧不起"夷狄"和"不知通达时变",而俄国的彼得大帝之所以将俄国打造成强国,正是由于引进西方文明的结果,进而提出"东洋道德,西洋艺术(指技术)"的未来方案。福泽谕吉则提出了"以西洋文明为目标"的总战略,体现出一定的"超前"意识。

二、江户文化教育的普及与发达

德川家康统一天下后,日本社会开始从民不聊生的战争年代转向和平稳定时期。德川中期商品经济勃兴,町人(商人)势力崛起,社会财富总量不断增加,均为江户文化教育的普及和发达奠定了坚实的物质基础。步入和平年代,武士的勤学、博学亦带动了全民向学之风,促进了德川时代文化教育的大发展。

(一)江户官方教育网络

1. **昌平坂学问所**

昌平坂学问所是德川时代官方的最高教育机构,主要招收高级武士子弟,教学内容以儒学为主,一般下级武士子弟很难进入。

昌平坂学问所的前身是江户儒学权威林罗山(1583—1657)创立的"先圣堂",后德川幕府第五代将军德川纲吉将孔子圣堂移至东京都文京区汤岛,后发展为"昌平坂学问所",成为幕府官立最高教育学府。昌平坂学问所在各地设有分校,如长崎的明伦堂、日光的学问所、骏府的明新馆等。

2. **藩学校**

藩学校是江户时代最大的教育系统,无论在经济上还是政治上都受到幕府与各藩藩主的支持,藩学校具有公立学校的性质,其主要是招收各藩武士子弟。江户时代中后期,几乎每藩均设有藩学,水户藩的弘道馆、山口藩的明伦馆等,均为当时著名的藩学。这些藩学原则上不接受庶民子弟。德川后期,藩学在经济上多依赖富有庶民——商人捐款,部分藩学开始招收部分庶民子弟入学。

3. 乡学

江户时代岛内各乡村设有乡学。乡学是介于藩学与寺子屋之间,由各藩村自发组建的教育机关,其招收对象主要以庶民为主,且多为生活富裕的富农。

4. 寺子屋

下层民众的教育机关,就是随处可见的寺子屋,幕末明初,其总数约在一万所左右。德川时代,真正面向庶民的教育也就是寺子屋教育。寺子屋是当时唯一以庶民子弟为对象的教育机关。寺子屋由武士、僧侣、神官等经营,实施的是以读、写、算盘为中心的初等教育。庶民子弟一般五六岁入寺子屋接受四至五年的初等教育后结束学习。寺子屋遍及日本各地,直至明治《学制》颁布以前,一直是庶民教育的支柱。虽然寺子屋教育只是一种初等教育,但其对江户时代文化教育的普及,发挥了无可估量的巨大作用。

此外,当时还有一定数量的私塾。江户末期,日本的识字率估计在50%左右,其在当时亚洲国家中文盲率最低,教育普及率最高,与当时西方的文化教育水平差不多是在一个水准上,而其中寺子屋在文化教育的普及方面则发挥了巨大的作用。江户民风向学,在那些连寺子屋也上不了的孩子中,凭借着惊人的学习精神与毅力,自学成才的大有人在,最为典型的例子就是日本近世杰出思想家、心学塾的创建者石田梅岩,他就是靠自学起步的;还有在日本家喻户晓的农政思想家二宫尊德,也是自学成才,后来被明治政府树立为国民精神与道德的榜样。

(二)石门心学塾教育体系

石门心学塾是由石田梅岩(1685—1744)所开创,经其弟子手岛堵庵(1716—1786)、中泽道二(1725—1803)等继承,而发展起来的一个独立的社会文化教育系统。石门心学的弟子几乎都是町人(商人)出身,慕名而来的学生也多是市井町人(商人)、农民子弟,后来还有武士、大名等加入进来,使其规模不断扩大。到江户末年,全国各地的心学塾已近200所,德川时代日本最大的官方教育机构——藩学也不过 240 所左右。可以说心学塾作为江户时代民间颇具影响力的社会文化教育系统,对江户文化教育的推进和国民素质的提高有着不可或缺的重要意义。它所传播的是一种勤勉向上、克勤克俭、灭私奉公的人生之学,它指导商人成功地为商、指导民众完美地做人,带有某种宗教伦理的特征。笔者认为它对于社会转型时期"日本伦理精神"的营造,以及日本资本主义精神的确立,都有着特殊重要的意义,对日本的近代化更是做出了杰出的贡献。日本著名的评论家山本七平曾高度评价石田梅岩为"日本资本主义的精神导师"。

在石田梅岩的弟子中,最有贡献的是手岛堵庵,他被梅岩称为孟子式的人物。他将梅岩思想发展为一种更富实践性,并带有通俗道德意味的宗教伦理理论,是石门心学发展史上一个十分重要的人物。自手岛堵庵开始,将松散的弟子全部统一组织起来,并在岛内各个地区建立起固定的讲座场所。最初心学校舍为手岛堵庵所建,名为五乐舍,此后又在京都设立修正舍、时习舍、明伦舍等三舍,此三舍为心学名舍,其中以明伦舍最负盛名,成为后期心学界的中心。心学于手岛堵庵时期,讲座内容变得更加务实,围绕着如何做人、治家、为商进行。

在心学发展史上另一位相当重要的人物则是中泽道二,他是手岛堵庵的弟子,其将心学发展为日常生活伦理之学,为心学的普及做出巨大的贡献。他开拓了包括江户在内的关东地区的心学教育系统,从而使石门心学遍及岛内各地。他在江户建立的参前舍,成为江户地区最大的心学校舍。他不仅吸收大量武士为生,还使许多大名对石门心学产生兴趣,并帮助心学机构建立校舍。他还以心学的方式来阐释幕府的布告,而得到幕府的高度重视与肯定。自 1845 年至 1867 年,幕府每年新年伊始都公布说(手岛)心学非常有价值,商人阶级应积极支持。日本民众有着强烈的权威至上的性格,幕府的支持则更使心学走向极盛。

据统计,到 1789 年,心学校舍为 32 所,到 1795 年则增至 56 所,而到 1803 年又增至 80 所,遍及日本 25 个藩国。特别是在得到幕府的支持以后,心学普及达至顶峰,甚至在文化落后的东北地区,连藩学都没有的地方,也建有心学校舍。到 1830 年为止,在日本 34 个藩国中,建立心学校舍 134 所,后又有增加,达到近 200 所。学业、人品皆优者可获得"断书",以作为悟得心性的一种证明。据日本学者石川谦统计,1780年至1880年的100年间有超过36000人获得此"断书",而接受和聆听心学讲座者则远远超过获得"断书"的人数。由此可见,石门心学在江户中后期影响之巨大。

笔者认为,石门心学所传播的是一种颇具近代意义的"日本伦理精神",即勤俭勉学、克己奉公、敬业献身精神,它为日本近代社会价值理念体系的确立以及日本国民精神的打造,发挥了积极的作用。近代以来,日本经济两次奇迹般的崛起,与"日本伦理精神"的确立不无关系,没有强大精神底蕴的近代化也是难以想象的。因此,日本学者对石门心学的社会意义都给予了很高的赞誉和评价。

三、余论

近代在西洋"外压"下,日本之所以能迅速完成社会转型,乃是由于江户时代长期孕育的结果。江户文化教育以及西学的发达,为明治时代造就了一大批富有远见的政治家、精明强干的企业家与商人,以及博学多才、颇有造诣的学者、文人、科学家、教授,从而使日本的近代化以"异乎寻常"的惊人速度,疾速行进。

与此同时,日本对外侵略扩张理论也滋生于江户时代。16世纪丰臣秀吉就构筑了中、日、朝"三国为一","奉天皇定都北京"的日本帝国之梦,后为中朝联军挫败,丰臣秀吉也在郁闷中死去,但丰臣秀吉的失败一直令日本人耿耿于怀。幕末学者佐藤信渊(1767—1850)步丰臣秀吉之后尘,积极著书《宇内混同秘策》,提出"宣皇道于世界,集八宏于一宇",使"世界系为郡县,万国之君皆为臣仆",先取满洲、北京、南京,然后进军东南亚、南亚的先"吞并中国",然后"开发异邦"的侵略扩张路线。幕末维新人士吉田松阴(1830—1859)则主张帝国欲自存自立,必先"修武备",造炮舰,然后对外扩张,并提出"垦虾夷,收琉球,取朝鲜,拉满洲,压支那,临印度"的具体实施方案。均对明治以后日本对外扩张产生直接影响,后果极为恶劣。可以说,日本近代化的"隐患"也混入江户文化之中,这是我们探究江户历史与文化时,不可忽略的正反两个方面。

第十讲　转型时期日本伦理精神的确立

以勤俭、克己奉公、敬业献身为特征的日本伦理精神,成为日本迅速现代化的重要精神之源。

在从农业社会向工业社会转型时期,西方社会发生了一场深刻的宗教伦理革命。在这场革命中产生的新教伦理将现世职业视为上帝赋予的"天职",并倡导"节俭"为新教徒最佳的生活方式。这种"勤俭""敬业"精神被西方社会学大师马克斯·韦伯高度肯定,他指出新教伦理乃资本主义精神,是促进西方资本主义大发展的巨大精神动力。

无论是西方还是东方,资本主义经济发展的原理是普遍一致的。与西方世界遥相呼应,近世在东方日本,同样也发生了一场深刻的宗教伦理革命[1],这场革命确立了以勤俭、克己奉公、敬业献身为特征的日本伦理精神,成为日本迅速现代化的重要精神之源。这场革命奠定了日本现代化的文化基础,并且至今仍具有强大的生命力。笔者认为在这场精神变革中起关键作用的,是日本近世思想家铃木正三和石田梅岩。

---

[1]　马克斯·韦伯在世时,日本的现代化已引起西方注目,至于为什么韦伯没有用日本的实例去验证他的宗教社会学理论,不得而知,不过他的理论追随者美国社会学家罗伯特·N.贝拉以他的博士论文《德川宗教:现代日本的文化渊源》完成了这项工作。

一、铃木正三的"工作禅"

日本人以其勤勉精神闻名于世,并且日本人的勤劳具有将劳动视为神圣宗教行为的特性,那么日本人这种极为狂热的勤劳观由何而来?日本著名评论家山本七平认为,日本人勤劳的价值理念来自江户初期伟大的思想家铃木正三。

1. 生平

铃木正三(1579—1655)出生于三河(今爱知县)的武士家庭,是直属于德川家康的一名武士。他本姓穗积氏,俗名铃木九太夫重三,出家后号正三,铃木正三之名则由此而来。他在德川家康讨灭丰臣秀吉势力的"关原之战"和"大阪之战"中立下战功,因此战争结束后曾一度出任大阪的行政官员(一种文官性质的武士)。可以说他的人生阅历丰富,既经历了战争风云的历练,也曾在朝为官,但战争的混乱终究使人厌倦,最终于42岁选择出家为僧,完成了终生的夙愿。正三的弟弟重成全力支持哥哥出家为僧,并将其长男重辰收为养子。

关于铃木兄弟及其长男,在日本还流传一段佳话。当时正三的弟弟重成担任天草地区的税收官员,当他看到黎民终日为苛捐杂税所苦时,非常同情,多次向政府为民请命,希望减半赋税,并于1653年亲赴江户向德川幕府陈述民情,竭力争取,但还是没有得到任何结果。他觉得有负于民,便在自宅剖腹自杀。此后他的养子重辰继续他未竟的事业,终于1659年取得成功。百姓们非常感激铃木家族,他们为百姓的幸福而献身的高尚行为至今在民间还广为传颂。在今渡市内,民众们建造了天草地区规模最大的神社——铃木神社,将重成、正三、重辰三位勇士作为神灵来供奉,每年去铃木神社参加纪念活动的人也总是络绎不绝。

战争过后,民心疲惫,百业荒废。从战争走向和平年代需要重建一个新的社会秩序,构建新的"理想社会"。曾身经百战,历经世间沧桑的铃木正三经过痛彻的人生思索之后,并非真的"离世"与"出家",退而隐逸,独善其身,而是秉承大乘佛教的宗旨与教义,肩负起时代所赋予的重任,走向"自觉""觉他"(使他人觉悟),觉行圆满的"大人之觉"(兼济天下,救助世人)的道路。拨乱反正,重建社会伦理秩序,重塑民族之魂。

铃木正三主修曹洞禅,不过他没有所崇拜的宗师,并且也不属于任何宗派与教团,他完全站在自由的立场,对当时的旧佛教予以批判。他倡导对民众的实际生活有意义的新佛教教义,将禅宗思想加以世俗化改造,以为现世生活服务,而这也正是铃木正三思想的重要特征。正三强调坐禅、念佛,并对坐禅、念佛的方法进行了独特的阐发,形成独树一帜的思想体系。直至77岁去世,他一直是禅宗的信徒。他的代表性著作有《四民日用》、《三宝德用》,后两书合而为一,称为《万民德用》,他的弟子们将《万民德用》称为"尊师第一宝典"。

2. 工作即修禅

铃木正三认为佛法最为殊胜,他猛烈抨击当时在日本传播甚广的天主教,并专门写著《破切支丹》一书,主张"以佛法治世"。正三认为,向善、正直、执著和利他即为佛法。他说:"夫佛法,除灭人类恶心之法也","佛法也好世法也好,都是正理行义,实践正直之道",从而确立了禅宗社会伦理思想。

正三的"世法即佛法"思想来自中国唐代百丈怀海禅师(720—814)"农禅并举"思想的启发。本来佛教在印度时,僧人是不劳作的,全靠信徒的供养为生。早期佛教认为,劳动杀生,生产求利,都不利于修行,这种规定实际上让佛教丧失了独立生存的能力,不利于佛教的发展。其后禅宗对印度佛教的劳动观进行了根本的改造,确立了自食其力的原则。其实,印度佛教经典《增一阿含经》即曰:"诸佛世尊,皆出人间,不在天上成佛。"中国禅宗第六代祖师慧能(638—713)亦云:"佛法在世间,不离世间觉,离世觅菩提,恰如求兔角。"[①]唐代怀海禅师在前人"现世"思想的基础上,提出"农禅并举","一日不作,一日不食"的禅宗丛林制度,革除了以往乞食的寄生制度,带领弟子白天耕作,晚上讲法,并于94岁高龄依然坚持田间劳作,他说一日不劳动,就没有饮食的权利。

铃木正三则将怀海禅师"农禅并举"的思想更进一步推广至士、农、工、商各业。他以"众生为佛"为理论的出发点,指出人人皆有"心知佛",而天下

[①] 转引自白全德、黄云明:《试论铃木正三的宗教经济伦理思想》,日本问题研究2001年第1期。

民众各事其业，就是在修行佛行，如武士保家卫国，农民悉心耕作，工匠专心制作，商人热心买卖，都是禅的修行，即所谓"工作职场即道场"，工作就是修行的宗教社会伦理思想。在正三看来，每日的世俗劳动，洒扫园林，开办作坊，经营店铺，到处都闪耀着佛性的熠熠光辉。

铃木在问答体小册子《四民日用》中提出了"士农工商"（即"四民"）怎样成佛的问题。首先从"农人日用"开始。铃木认为，农业是造福于世的佛行，"农业即佛行"，否认历来的只有得闲暇才能求来世的观念，认为农民"于严寒酷暑之时，事其艰苦之业，灭烦恼之心，以其锄镰播种收割"，便是最高佛行。他进一步解释道，"身得闲暇之时，烦恼徒增，而事艰苦之业，劳其筋骨，则烦恼皆无。如此，则四时皆可为佛行，农人又何必别求其佛行哉！"① 所以耕作修行远比"念佛读经"更为可贵，因为事农业而产五谷，不但救万民之生，亦助虫类之命，为最大佛行。并主张以佛心事农，即所谓播种收割之时均称念佛名，弃绝他想，如此事农则田地亦为"净土"，五谷亦为"洁品"。他告诫人们如果一心向佛而事农，就会得到彻底的解脱和完全的自由，不仅没有压力之苦，亦能自得其乐。他说："祭祀神明，操持世间之事，唯是农夫之德行。"

其次，他提出"匠人日用"。铃木主张要以佛心事工，生产丰富的物品，为社会各阶层人士提供优质的服务。同样，"武人日用"也应以献身于佛之心，保家卫国，使天下诸百姓安居乐业。在谈及"商人日用"时，铃木依然强调要以向佛之心事商，他说商人"携本邦之货销往他国，将他国之物购来我邦，万里之国不辞其远，穷乡僻壤不辞其苦。奔波于各国而事商，立志满足众人之需要，决心克服万般之困难，越万山而劳其身，渡千河而清其心……忘我而念佛……苟如此事商，则诸佛佑其成功，神明赐其大利，经营日善，德行益美，耻于徒为大富，终成真挚之向佛之心，于行走坐卧之间达乎禅定"②。

---

① 转引自（日）山本七平：《日本资本主义精神》，莽景石译，三联书店，1995年版，第116页。
② 转引自（日）山本七平：《日本资本主义精神》，莽景石译，三联书店，1995年版，第121页。

劳动带来陶醉,工作就是快乐,因此日本人称工作为"喜劳"①,是一种很唯美的经济活动。总之,他认为世俗的工作就是宗教的修行,若专心致志于此就会成佛。铃木正三的"四民日用""世法即佛法"的主张与新教的"天职"思想是相通的,两者均认为全身心投入于世俗职业是无比高尚的行为,工作乃神之召唤与使命,是每一位教徒义不容辞的义务与责任。铃木正三著书立说,同时巡游各地,传播他的《四民日用》思想,他使日本佛教走出寺院围墙,朝着更加民众化、世俗化的方向迈进。

3. 与新教伦理相通

铃木正三以"佛经为药",将禅宗加以世俗化改造与创新,并上升至人生价值的高度,创立了全新的"宗教社会伦理",它对于重振战争过后疲糜之国民精神,一扫游惰之民间陋习,树立现代职业意识,重塑全新人生价值观都具有着深刻的思想启蒙意义。"世法即佛法",即"工作禅"的思想是铃木思想的精华与核心,这一思想的出现确立了促进日本资本主义发展的价值理念体系,客观上推进了日本近世经济的发展与繁荣。

正三的"工作禅"与马丁·路德的"天职"思想可谓有着异曲同工之妙。从时间上看,正三的"工作禅"比路德的"天职"思想要晚一个多世纪,但研究资料显示,新教于1859年才传入日本。所以可以认为,正三思想并未受路德思想的影响,它是在中国禅宗先师,特别是在怀海禅师影响下加以独特发挥的结果。

那么,现代日本文化的渊源可以追溯到铃木正三,它比现代西方文化的开路先锋——马丁·路德要晚一个多世纪,但饶有趣味的是日本伦理精神与新教伦理精神有着惊人的一致性,其中勤俭精神成为两者共同的道德理性原则,而成为日本和西方资本主义发展的强大精神内驱力。日本的实例也再次验证了韦伯的"命题"(宗教社会学原理)的适用性。

按照铃木正三的理论,日本人并非经济动物。在日本人那里,工作不是一种纯经济行为,而是在做"禅"的修行,即追求一种生命价值。现实中的日

---

① 日本伦理研究所《万人幸福的指南》中第十条则曰:劳动是最大的喜悦与幸福。日本伦理研究所是文部省所辖下的从事公益活动的民间社会教育团体,创建于1945年,创始人丸山敏雄,宗旨是重振战后日本的道德与伦理。

本人的确如铃木正三所塑造的那样,视工作为"天职"。工作狂般的生活方式已成为日本人所普遍认同的道德理性原则与生命追求,对于日本人而言,生命的意义就是工作,如果不工作就失去了生命存在的价值,即所谓"死后方休"。铃木正三指出:"一个人不应用膳,除非他为自己所属的群体有所奉献。"①可以说这种理念在日本社会极为强烈。

由此可见,铃木正三的禅宗社会伦理思想早已超出了六祖慧能与百丈怀海禅师的"寺院禅房"的天地,而成为世俗化的价值理念与道德理性原则,此可谓禅宗史上史无前例的大胆创举。同时,从正三禅宗世俗化的阐释中,也可窥见日本人思维方式现世性、实用性的特征。无论多么高深的理论或玄思,日本人都会加以实用主义改造,让它回到现实的功用上来,这也是日本文化的一大特色。日本著名学者中村元高度评价铃木正三是日本"中世教界的革新者",他"把非僧非俗的立场贯彻到底……他认为,每个人从事自己的职业,离开私欲执著而生活,就是真正的佛道修行",这一点"可与西方法国的宗教改革家加尔文的思想相比"②。

二、石田梅岩的"商人道""俭约哲学"

与铃木正三相距一百年,日本社会转型时期还出现了一位伟大的思想家,他就是石田梅岩。梅岩思想与正三思想前后相续,互为补充,共同打造了日本近代精神的内核。

1. 生平

石田梅岩(1685—1744)名兴长,号梅岩。出生于丹波国桑田郡东县村(即今京都府龟冈市),其父原为武士,后解甲归田,以农业和林业为生。梅岩兄妹三人,他是次子。由于家境贫寒,父亲没能给梅岩提供读书机会,他从小就在自家田里帮父母做农事。虽然没有受过正规教育,但父亲对他的人格教育却影响着他一生的为人之道。在《石田先生语录》中记载着梅岩10岁时的一段往事:那时正值栗子成熟时节,梅岩在地里玩耍,捡了几个落在

---

① 转引自(美)罗伯特·N. 贝拉:《德川宗教:现代日本的文化渊源》,王晓山、戴茸译,三联书店,2003年版,第132页。

② 转引自朱坤容:《铃木正三"职分"思想在日本资本主义萌芽期的历史作用》,东疆学刊2008年第1期。

自家地里的栗子。返家时正值午饭时间,他拿出来给父母看,当父亲弄清原委后,批评他未经别人允许,拿别人丰收的果实来食用是失礼的行为,并责令他马上返还。这件事情虽小,但却教育了梅岩诚实做人的道理。

11岁时梅岩被父亲送到一个商家做学徒,临行前父亲教导他:"主人为养身者也,亦为立身者也","应小心侍奉为是。"这种严格的家庭教育使梅岩领悟到:每个人生逢于世,都有每个人应尽的职分,他作为学徒就应全力以赴辅佐商家,即使在这期间承受了很多辛苦,他都没有向父母吐露半点,这磨炼了他非凡的忍耐力。15岁时商家家业败落,梅岩回归乡里,在农村度过了八年的时光,这期间他思想上有一个巨大的变化就是对神道产生了强烈的情感:"志于神道,弘扬神道,若无人听道,宁振铃走街串巷亦劝人步入此道。"①

23岁时梅岩再次来到京都商家做伙计,这时的他产生了强烈的读书欲望,他想在无边的书海中寻找智慧与力量,寻找人生幸福之道。他开始一边工作,一边大量阅读各种书籍,白天工作时总会随身携带一本书,一有空闲就拿出来阅读,常常是读书至深夜,早上别人还在酣睡时他已在窗边悉心研读了,几乎达到如醉如痴的地步。35岁以后梅岩开始求师问道,接受了各方学说的影响,最终与小栗了云相遇,拜其为师。小栗了云是当时日本的名士,当过高官,后教授生徒,他对中国儒学、道家思想以及佛教都甚为精通。拜了云为师后,梅岩开始广读圣人之书。

40岁时梅岩突然觉得豁然开朗、茅塞顿开,成为"明心见性"之人。此时的梅岩感到心中不再有困惑,浑身充满了洞彻人生的自信。于是他放弃了已升为管家的工作,开设讲堂,教授生徒,他要将自己对天地的顿悟以及人生哲理传达给众人,共同分享充满理性的人生幸福之道。但是最初,听众寥寥无几,不过只要有一位听众,梅岩都认真讲授。不久,他的演讲所引起的社会反响越来越强烈,听众也越来越多,他开始在东京、大阪等地巡回讲演,他的听众大多是商人阶级,也有武士和农民。

1740年他出版了首部著作《都鄙问答》,四年后出版《齐家论》,这两部

---

① 转引自韩立红:《石田梅岩与陆象山思想比较研究》,天津人民出版社,1999年版,第33页。

著作涵盖了他一生所有的思想。就在《齐家论》出版的这一年梅岩不幸因食物中毒去世，享年60岁。他一生教人为人之道，自己也堪为"道德的楷模"。一生过着十分简朴的生活，终身未娶，平日不观赏戏剧，不游山玩水，睡眠时间也压缩到最低限度，并且在很长时间内他一天只吃两顿饭，把节约下来的食粮赈灾济民。他是一位伟大的慈善家，一生实现了"圣人之道"。为纪念他，梅岩的弟子还编辑了《石田先生语录》、《石田先生事迹》，他与铃木正三一样成为日本近代思想史上举足轻重的人物。

石田梅岩的思想体系比较庞杂，他博采众家之长，凡是对现实生活有益的，他都兼收并蓄，他的治学方法某种程度上可以说完全是实用主义的。他与铃木正三一样，赋予世俗工作以神圣的宗教意义，强调勤俭生活、献身工作是人生最佳的修炼方式。其学说的宗旨是促进日本社会的幸福与民族的繁荣，而对于创建恢弘的思想体系等等，梅岩则并不太在意，他所关注的是诸学说的现实功用，凡是有用的都组合到梅岩学说中来。"商人哲学"以及"俭约哲学"则是他的独特创新与伟大贡献，也是他思想理论的精华与核心。

2. "商人道"思想

享保时期的思想家，许多依旧因袭"武士本位""农本主义"的经济观，强调"町人无用论""商人无用论"，主张抑制商人的利润追求。古学派荻生徂徕（1666—1728）正是这种思想的代表，他在《政谈》中强调"贵谷贱金""尊士抑商"。但代表町人利益的书籍也逐渐增多，如西川如见的《町人囊》（1720年）、三井高房的《町人考见录》（1729年）等，但在深刻性及系统性上则非梅岩莫属。梅岩不仅积极维护商人阶级的利益，为商人阶级"正名"，而且对商人阶级进行教化，形成商人哲学及商人伦理学。

梅岩还以京都、大阪的富商家业破败的实例，教育商人们要勤俭从商。梅岩要求商人以"节俭"为第一要义，"往日开支为一贯，今当以七百维持之；往日盈利为一贯，今当以九百钱代替之"，即商人应节约30%的开支，减少10%的利润，本着为消费者服务之心，不能有丝毫的贪欲。他在《都鄙问答》卷一中指出，"一钱不可谓之轻，以此为重而致富，乃商人之道也"，商人事商要兢兢业业，不可有丝毫疏忽，如若商人不知其职，则会将先祖之家业毁于一旦，他提醒商人的职责是创造财富，而非挥霍、享乐。

梅岩主张商人应坚守"以直取利"的为商之道。梅岩与正三一样，不仅将经商视为人生的一种修行,且同样主张"以直取利"的为商之道,以义取利,就是他的所谓"商人之正直"。石田梅岩将神道教的主德——"正直"作为商人伦理学规范,在石田梅岩那里,"'正直'即否定私心私欲的高尚德行"①,他强调为商者要以"正直"(无私无欲)之心事商,不能有丝毫的贪欲,商人之道即所谓"圣人之道"。他说:"所谓商人,若不知圣人之道,虽储金银,乃为不义之金银,以致断子绝孙。若实爱子孙,则应学圣人之道,使之昌盛繁荣。"②他在《都鄙问答》卷一中指出,"不知商人之道者,专意于贪欲而至家亡;若知商人之道,则欲心勉以仁心",买卖才会兴隆。

针对"商人每每做欺诈行利之事"的质疑,梅岩指出应当教导商人求学,提高商人的文化素养和精神境界,做一个有文化、有道德的商人才是合格的商人。他说:"毫无私欲,此乃正直也。若行此正直,则世间和谐一统,四海之内,皆如兄弟也。"③梅岩还教导商人应将天下人视为"上帝",他说:"商人之田地为天下之人,天下之人为商人俸禄之主人",因此"不轻视养我身者,真诚待客,则十有八九能合顾客之心。如能为顾客而勤俭操持,则不愁何以度世"④。梅岩所倡导的一心为消费者服务的商业理念,成为日本职场伦理的最高原则,他为日本近代工商业的发展提供了哲学理念上的指导,促进了日本工商业的兴隆与发达。至今日本的商人还会说,当你走投无路的时候,去读一读梅岩的书,他会教你许多为人、为商的智慧之道。

最后,梅岩还教导商人要回报社会。他说:"金银乃天下之宝也,人人有相互体贴、相互救助之义务,故,救助困苦至极之人。"⑤梅岩认为,商人的财富来自于社会,也应回报于社会。梅岩的门人大多是商人,梅岩不仅指导他们如何积累财富,经营家业,也教导他们应心怀天下,赈济社会,促进大同社

---

① 王青:《日本近世思想概论》,世界知识出版社,2006年版,第77页。
② 转引自(美)罗伯特·N.贝拉:《德川宗教:现代日本的文化渊源》,王晓山、戴茸译,三联书店,2003年版,第197页。
③ 转引自(美)罗伯特·N.贝拉:《德川宗教:现代日本的文化渊源》,王晓山、戴茸译,三联书店,2003年版,第199页。
④ 转引自韩立红:《石田梅岩与陆象山思想比较研究》,天津人民出版社,1999年版,第108页。
⑤ 转引自韩立红:《石田梅岩与陆象山思想比较研究》,天津人民出版社,1999年版,第110页。

会的实现。

3."俭约哲学"

元禄时代(1688—1703)是町人势力上升的时代,也是商人奢靡放纵的时代,不少商人因此遭到突然破产的厄运。石田梅岩活跃的享保时期(1716—1735)是德川幕府第八代将军德川吉宗统治时期,这时期商品经济发展,町人势力上升,社会奢靡之风尤烈,《石田先生语录》卷一五:"自元禄迄宝永年中,金银山积,因繁昌而生奢侈,其余风残存至今。"石田先生以史为鉴,告诫世人奢靡的弊害。他写道:"纵观当今之世,易衰败者无过于商家。寻其根源,乃谓愚痴之病。其愚痴瞬变而为奢侈。愚痴与奢侈虽为二,须悟知难分之处"①,"察看当时之户籍名簿,时人称之谓京都、大阪之富贾巨商者,于今不知去向者有之",这些都是不懂得"为商之道"的结果。石田还进一步指出,浪费和奢侈会破坏社会秩序,丧失俭约之风,国至危亡,为此他提出"俭约"乃政治之大本的主张。

众所周知,温、良、恭、俭、让乃儒家所提倡的"圣人五德",孔子曰:"奢则不逊,俭则固。与其不逊也,宁固。"(《论语·述而》)因此,"俭约"的道德信条并非梅岩原创,但他的功绩在于将"节俭"升华至哲学意义上的"道"的高度,要求为天下公利公益而俭约,在梅岩那里,俭约不仅是人格修养的重要方面,而且是士农工商的共通之理,具有着普遍的人生哲学的意义。

梅岩说:"应顺从自然,随自然之法实行俭约。然,如不能守自然之法,则万事难得俭约。"在梅岩看来,浪费就是违背自然,破坏自然的表现,因此厉行俭约是实现人类与自然和谐之道,其中具有爱自然之理。同时,俭约也是实现人与人和谐之道,其中具有爱人之理。梅岩指出:"所谓俭约,与世间所言俭约异也,非为私我之吝啬也。为公之世界,本应使用三而使用二,谓之俭约。"②在梅岩看来,财富是天下人共同创造的,也应让天下人共同拥有之,珍惜天下每一点每一滴财富,用来帮助需要帮助的人。

梅岩还提倡一日两餐制,在他看来只要满足人体最低需要就可以了,超

---

① 转引自(美)罗伯特·N.贝拉:《德川宗教:现代日本的文化渊源》,王晓山、戴茸译,三联书店,2003年版,第200页。
② 转引自韩立红:《石田梅岩与陆象山思想比较研究》,天津人民出版社,1999年版,第112页。

出这个界限以外就是浪费,他与他的弟子们经常将节约下来的食粮用来救济灾民,乐善好施。梅岩终身节俭,"衣服,夏,日常着布,正装着奈良晒布。冬,日常着棉,正装着绸。饭为上等白米,然食粥类时多。每日食一次酱汤,食一素菜"。"食菜汤涮锅时,汤食尽后,再以茶水涮而饮之","废窗纸虽已破旧无用,先生依旧将其工整置于厕内,作为用纸。不丢一片废纸,皆将纸屑积于筐内,施与最贫穷者"①。

由此可见,梅岩在日常生活中达到了物尽其用,俭约至道的人格修养境地,这样的人在日本人看来是有教养的、具有美德的人。他的俭约并不是为了个人生活从长计议的狭义的俭约,而是人生境界更为高远、博大的"为公"之俭约。同时梅岩认为,俭约也是人格修养以及实现人生"正直"之道也。他说:"倡俭约,无他义,为恢复天生正直是也","俭约非仅衣服材器之事","非私曲也","乃回归人生来具有之正直之途也","所谓节俭,其终旨在于修身齐家",最终"由正直至俭约,则至助人"②也。

以石田梅岩为始祖的石门心学在日本传播甚为广泛,据统计,德川中后期石田梅岩及其弟子在日本 34 个藩国中建立心学校舍已近 200 所,"心学塾"在江户幕府的肯定与支持下,听者更是云集,对民众起到了近代思想启蒙与道德教化的作用。梅岩所处的元禄年间正是町人纵情享乐,追求奢靡生活的时代,因此某种意义上可以说梅岩的"俭约哲学"对扭转这种不良世风起到积极的作用。梅岩说:"然人为欲心所蔽,此正直难得行之,无聊度日,则可悲可叹。故,吾十五年来,唯说道劝人弃此私欲耳。"其社会影响及社会作用颇为广泛而深远。

如今"俭约哲学"已成为上至天皇,下至百姓的共同的道德理性原则与美德修养。在日本,无论贫富贵贱皆以节俭为美,换言之,浪费则是极大的犯罪和缺乏教养的表现,物尽其用成为每一个日本人共同的生活理念,日本人厉行俭约的生活原则与梅岩当年的不懈努力以及德川幕府的积极支持与倡导不无关系。德川幕府曾多次下达"节约令",反对民众奢侈、浪费的生活

---

① 转引自韩立红:《石田梅岩与陆象山思想比较研究》,天津人民出版社,1999 年版,第 116 页。
② 转引自叶坦:《石田梅岩的经济思想与儒学》,哲学研究 1998 年第 4 期。

方式,从着装到丧葬都有详细的规定,从而全面树立起全民节俭的风尚。

梅岩的"俭约哲学"与正三强调的"工作乃天职"一样,成为日本社会所普遍认同的道德原则与社会伦理规范,形成日本社会"以勤俭为美"的广泛社会共识,这种勤俭观适应了日本资本主义的发展以及财富积累的需要,为日本资本主义大发展确立了理念前提。日本著名学者森岛通夫指出:"假如日本人没有接受资本主义的另一个前提条件——节俭,那么近代资本主义也不可能在日本取得成功。"①

由铃木正三与石田梅岩所精心打造的日本伦理精神与西方新教伦理精神,如勤勉、廉俭、克制的清教徒式的生活方式有着同样的社会功用。因此日本评论家山本七平高度评价铃木正三与石田梅岩为"日本资本主义的缔造者"、"日本资本主义的精神导师",并指出:"当我们读到这些以正三和梅岩为代表的思想家的著作时,就会感到日本站在所有资本主义国家的前列并不出人意料。无论任何国家,只要把所有的职业都视为佛行……并在节俭中获得极大的安慰……作为结果的利润达到世界第一,就没有什么奇怪的了。"

---

① (日)森岛通夫:《透视日本——兴与衰的怪圈》,天津编译中心译,中国财政经济出版社,2000年版,第89页。

第十一讲 "以西洋文明为目标"的近代

1872年,以岩仓巨视为首的大型国家使节团出访欧美十二国,进行了为期两年的全方位考察。西方先进的技术与文化令日本人"始惊,次醉,终狂"……

在日本人眼中,鸦片战争以后的中国、东方已变为愚昧、落后的代名词,1868年深受西学思想影响的日本中下级武士联合长州、萨摩两藩一举"倒幕"成功,自此在明治天皇带领下,开始了"以西洋文明为目标"的急行军。1872年派出以岩仓巨视为首的大型国家使节团出访欧美十二国,进行了两年的全方位考察。西方先进的技术与文化令日本人"始惊,次醉,终狂"(有"东洋的卢梭"之称的中江兆民的感言),并决意回国以后迅速复制一个西方式的社会。

一、近代化总设计师福泽谕吉

(一)"以西洋文明为目标"

福泽谕吉作为日本近代化的启蒙大师,最伟大的贡献就在于国处危难关头,提出了"以西洋文明为目标"(出自福泽谕吉《文明论概略》)的总战略。他的《西洋事情》对日本国民来说是最好的西洋文明启蒙读本和文明开化的良好教材,旨在启迪民众,开眼看世界,求知识于世界,以西洋文明为指向。他将文明社会的发展概括为三个阶段:野蛮阶段、半开化阶段、文明阶段,并指出:"现代世界的文明情况,要以欧洲各国和美国为最文明的国家,土耳其、中国、日本等亚洲国家为半开化的国家,而非洲和澳洲的国家算是野蛮的国家。"①他理性地将日本定位于"半开化阶段",那么今后日本该何去何从呢?

他认为应打开国门,全面学习西方,不仅要学习西方先进的科学技术,还要学习西方进取、务实之独立精神,"从半开化进入文明社会"。他反复强调:"我希望不管怎样也要把日本闭关自守的局面打开,并把日本导向西方那样的文明世界,使日本能够富国强兵,在世界上不致落后。"近代以前日本一直"以中国文明为目标",朱子学为江户时代官方意识形态,从小就受汉文化熏陶的福泽谕吉对传统儒学的价值观展开了彻底的反思与检讨,提出了四民平等、男女平等的主张。

(二)"教育立国"

当时福泽谕吉就明确指出,远远落后于欧美各国的日本,追赶欧美强国的当务之急不是购买先进的技术设备,而在于发展日本的教育事业,培养精英人才,提高全体国民的素质,认为人力资本投资是经济腾飞的关键。强调教育乃立国之本,强国之路,他说:"我赞成平日用强迫的方法,让全国的男女适龄儿童一律入学,这对于当今日本社会是当务之急。"他主张颁布强制教育令,用政府的权威保证全民接受教育,并大力主张女子也要接受教育,因为女性肩负着教育下一代的重任,其对幼儿智慧的启蒙,责任重大,因此女子教育决不可忽视,全面实现"邑无不学之户,家无不学之人"之社会。

在明治初国家财力及人民生活困难的情况下,福泽谕吉号召国家和个人在教育投资上不要吝惜金钱,克服困难增加教育投资。甲午战争以后他积极主张全面实施义务教育,在《教育费》一文中他指出:"实际上除了必要的生活必需品的消耗外,把钱花在教育上才是真正为子孙未来着想的聪明人。"福泽谕吉的"教育立国"的主张对政府决策产生影响,明治政府在财政困难的情况下,仍不断追加教育投资。1900年实施四年义务教育,1907年又实施六年免费义务教育,几乎达到全民就学,从而为日本经济的腾飞积蓄了充足的人力资源。

---

① (日)福泽谕吉:《文明论概略》,北京编译社译,商务印书馆,2007年版,第9页。

(三)"科技立国"

福泽谕吉批判封建时代"重德轻智"的传统,强调日本教育应注重开启民智。他说:"人不学无智,无智者愚民","人们生来并无富贵贫贱之别,唯有勤于学问,知识丰富的人才能富贵,没有学问的人就成为贫贱"①。他从西方社会的富强的经验中深刻洞悉到"科技才是立国之本",以极大的热情赞誉科技进步给人类生活带来的翻天覆地的巨变,他说:智慧的作用是广大的,智慧"如果发明了物理,一旦公之于世,立刻就会轰动全国的人心。如果是更大的发明,则是一个人的力量往往可以改变全世界的面貌。

"例如,詹姆斯·瓦特发明蒸汽机,使全世界的工业面貌为之一新,亚当·斯密发现了经济规律,全世界的商业因之改变了面貌"②,"蒸汽机、电报、造纸、印刷等技术,全是后人的智慧发明的,这些事情古代圣人做梦也未想到的。因此,如果单就智慧来说,古代圣贤不过等于今天的三岁儿童而已"③。他说从经济上说,一国的贫富,同天然物产多寡的关系极微,实际上完全取决于投入的人力多寡和技术的高低。他指出日本与西方科技的巨大差距,认为"科技立国"才是日本追赶西方的根本途径。

(四)"工商立国"

在经济领域,福泽谕吉响亮地提出了"工商立国"的主张。他说:"只有工商业",才是"开辟幸福的源泉","教育之目的,以百年为期,应大力讲求商工殖产之道,开拓富国之基,使我国人民争取处于文明世界生活舞台上前列的地位"。明治二十年前后他再次强调:"在文明世界立国的诸要素中,国民的富裕是至关重要的。对今天正在开国的日本来说,使国家富强起来的办法就是商业、工业、拓殖产业的道路。"为明治政府"殖产兴业"计划提供了理论上的指导。

可以说,"教育立国""科技立国""工商立国",不仅是一百多年前福泽谕吉富有远见的设计,也是日本现代化从始至终的明智选择,至今依然被日本政府视为治国的法宝。战后日本主流思想家远山茂树高度评价福泽谕

---

① (日)福泽谕吉:《劝学篇》,群力译,商务印书馆,1996年版,第2、3页。
② (日)福泽谕吉:《文明论概略》,北京编译社译,商务印书馆,2007年版,第79页。
③ (日)福泽谕吉:《文明论概略》,北京编译社译,商务印书馆,2007年版,第82页。

吉:他"把思想的基点置于历史的高度……率先挺立而起,将启蒙的火炬勇敢地掷向愚昧、颟顸的传统社会"①。

二、政治、经济、教育、科学的全面引进

在福泽谕吉的总战略下,1868 年明治政府发布的《五条誓约》明确指出"求知识于世界",开始了政治经济教育科学的全面引进与改革。

(一)政治体制改革

1. 西方内阁制与天皇制的杂糅

明治新政后,日本开始全面效法西方政治体制。1871 年岩仓巨视使节团访欧美归来后认为,英国的法律制度过于烦琐,而认为法国《拿破仑法典》较适用于日本社会,于是便组织留法人员翻译法典。不久,国内"自由民权运动"爆发。为此,以岩仓巨视为首的当权派决意改弦更张,1881 年他提出了以普鲁士宪法为榜样的意见书。1882 年 3 月,政府派遣负责起草法案的伊藤博文等再赴欧洲考察,结合日本国情,确立了"以普鲁士为第一"的近代天皇制国家方针,表面看似"近代",实则不脱离日本自古以来"万世一系"的天皇政体,带有明显的封建君主立宪制色彩。

1884 年效法西方采用内阁制,即由总理大臣(首相)和国家大臣组成直属于天皇的内阁,第一届内阁由伊藤博文任总理大臣。在大量抄袭和照搬 1850 年《普鲁士宪法》和 1871 年的《德意志帝国宪法》基础上,1889 年《大日本帝国宪法》出台,充分体现出天皇制专制主义色彩。宪法第一章第一条规定,"大日本帝国由万世一系之天皇统治之","天皇神圣不可侵犯","天皇为国家元首,总揽统治权",天皇拥有"统帅陆海军","宣战、讲和及缔结条约","任免文武官吏","召集帝国议会"等至高无上的特权。这意味着议会内阁只不过是表面的"装饰"而已,实则天皇大权在握,只要天皇一声令下发动战争,全民就该赴汤蹈火、万死不辞。因此,日本近代天皇制对近代对外战争负有不可推卸的责任。

2. 移植西方司法制度

借鉴西方法律,日本自十九世纪七八十年代就着手建立近代法律体系。

---

① (日)远山茂树:《福泽谕志》,瞿新译,中国社会科学出版社,1990 年版,第 2、3 页。

首先,在中央机构内增设司法省,之后在司法省下设东京法院及六个区级法院。1875年日本设置了大审院作为当时的最高审判机关,并制定了相应的《司法省检事职制章程》和《大审院诸法院职制章程》。1876年又制定了作为日本律师法前身的《代言人规则》。1880年由法国人起草,制定出最早的刑事诉讼法《治罪法》。由此,国家承认了刑事被告的辩护制度。1890年,日本《法院组织法》《民事诉讼法》《刑事诉讼法》相继诞生。1898年,《民法典》和修改后的《刑法》出台。至此,日本近代法律已成规模。

3. "废藩置县""四民平等"

明治维新前的江户时代"百藩林立",诸侯割据,使各藩之间货币、财政体制不统一,妨碍国内市场规模进一步扩大。天皇遂令旧藩主为藩知事,结束封建割据,建立资产阶级中央集权,全国划分3府(东京、京都、大阪)72县,政权集于天皇一人手中。

陆续废除大名、公卿、武士等称号及等级身份制,宣布"四民平等",少数持有巨额公债的武士成为资本家和地主,多数为小商人、贫民、无产者,封建武士时代宣告终结。

4. 国家主义近代化

大久保利通随岩仓使团访欧美,充分认识到西方国家富甲天下的秘密就在于发展工商业,因此回国后迅速制定《关于殖产兴业建议书》,政府拿出财政的五分之一兴办企业。政府直接移植法国缫丝厂、德国矿山冶炼厂、英国军工厂,以政府力量,动用国库资金和各种政策,大力扶植资本主义发展。三井、三菱、住友、安田乃政府扶植的四大财阀,充分显示出日本国家主义近代化的特征,国家成为近代化的有力推动者。

5. "富国强兵"路线

日本近代国家突出特征还表现为,以国家为主导推进近代军事工业,实现"富国强兵"。在东京、大阪兴建两大炮兵工厂,又建横须贺、筑地两大海军兵工厂等。19世纪80年代初,制造出适合日本人使用的村田式步枪,大阪炮兵工厂制造出法国山炮、钢铜炮,横须贺海军兵工厂自行设计和建造了"磐城"号军舰。

1873年1月,明治政府颁布《征兵令》,效仿西方组建和训练新式军队。1878年底成立参谋本部,使其成为独立于政府的机关。同年发布《军人训诫》,强调军人发扬"武士道精神",效忠天皇。1882年又颁布《军人敕语》,强调日本军人精忠效命、义勇奉公、战死光荣。另外完善警察制度,设东京警视厅,建全国各府县警察网,成立政治警察,对内镇压,对外扩张。

(二)经济制度的移植

1. 铁路与邮电

明治政府认为铁路与邮电是经济发展的重要命脉,因此优先发展之。政府兴建的第一条铁路是东京—横滨线(1872年),接着,神户—大阪线(1874年)、大阪—京都线(1879年)、东京—神户线(1885年)相继通车。

政府也移植了近代西方邮政制度。1871年,东京和大阪间实行了新式邮递,两年后全国实行统一邮资制。1869年,东京和横滨间电报开通。此后十五年间建成四通八达的全国电报网。1877年,东京和横滨间电话开通,此后向全国普及。

2. 经济制度的全面导入

①股份有限公司——西方国家盛行股份有限公司制度,日本效法德、法等国,加以移植,称"株式会社"。1871年政府发行株式会社的说明书《立会略则》,普及会社知识。1872年颁布《固定银行条例》,正式引进股份有限公司制度。此后相继颁布《股票交易条例》(1874年)、《股票交易所条例》(1878年),从法律上对株式会社予以保护。

②银行制度——对西方银行制度的引进,始于明治初年。1872年颁布《国立银行条例》,1873年"第一国立银行"建立,至1879年已建成国立银行153家。横滨正金银行等专门从事外汇管理,日本银行等则负责发行纸币。

③货币制度——1871年,明治政府所建的造币寮开业,同年制定《新币条例》,使用金本位制。1872年新纸币发行,并回收旧纸币。1886年实行银兑换制,近代货币制度最终确立。

④近代公债、保险业——公债具有资本积累的职能,是一种信用手段。1870年,日本公债及借款占22.9%。公债由于增长了投资,对资本主义产业发展起促进作用。1879年,日本首家保险公司——"日本保生会社"成立。同年,涩泽荣一创办了"东京海上保险公司"。19世纪90年代保险业有了飞速的发展。

3. "殖产兴业"计划

明治政府制定的殖产兴业计划分三个阶段:(1)1868—1880年,主要大力创办官营企业,由国家资本带动资本主义工业化。(2)1880—1886年,以大力扶植和保护私人资本主义为主。(3)1886—1990年,出现早期产业革命热潮。甲午战争前后,日本初步实现了资本主义工业化。

(三)"教育立国"

江户时代日本的文化教育已相当发达,明治以后效法西方,更是将教育作为立国之本。

1. 近代教育的草创期

1872年政府颁布《学制》,采用法国学区制,将全国划分为八大学区,每学区设一所大学,每一大学区内设32个中学区,每一中学区内设210个小学区。全国共设53760所小学。教学内容和法则主要参照美国,如小学设识字、算术、地学大意、理学大意等科目,均为日本近代教育输入了一股新风。但盲目照搬之处也有很多,如小学校里将亚当·斯密经济学著作译成日文,作为教材,不仅儿童难以接受,且能讲授的教师也是寥寥无几。此外,办学经费主要取自于民,对于生活困苦的民众来说,都是难以承受的,因此入学率并不理想。1873年入学率仅为28.13%(女子仅为15.1%),1878年入学率41.26%(女子仅为23.51%)。民众怨声载道,甚至出现了回复到江户时代寺子屋教育的呼声。

1879年,带有美国自由主义教育色彩的《教育令》推出,借鉴美国自由分权的教育体制,将教育权交由地方管理。但也只是昙花一现,由于民众不堪经济重负,入学率虽有提高,但并不理想。据京都府资料表明,1885年男子入学率为65.8%,女子入学率为32.1%。

2. 近代教育体制的确立

森有礼(1847—1889)是日本近代教育改革的功臣,他积极主张"教育立国"。1885年森有礼担任文部大臣前,日本教育基本处于盲目照搬西方教育体制的草创阶段。森有礼接受了当时总理大臣伊藤博文(1841—1909)的委任后,开始进行大刀阔斧的教育改革,日本近代教育体系才得以确立,并一直沿用至二战前,为日本近代化培养了充足的人材。

森有礼的教育方针与"立其身,昌其业"的《学制》有很大不同,认为教育的目的是为国家培养人才,为国家服务。1886年颁布《小学校令》、《中学校令》、《帝国大学令》、《师范学校令》,是自《学制》以来第一次按不同学校类别、级别制定教育法规体系,《学校令》的实施表明日本的教育方针已走向国家主义轨道,在一定程度上促进了各级各类教育的发展。

森有礼的《学校令》将"英才教育"与"普通教育"划分开来,他以其独特的构想,创建帝国大学体制,将帝国大学作为学术研究的最高场所。帝国大学是处于金字塔顶端的最高学府,是培养政治、经济、科技、文化领域精英人材的摇篮,是造就国家栋梁的坚强堡垒。精英人材选拔系统的确立,加速了日本步入世界一流国家的步伐。

首先,《小学校令》的颁布标志着日本义务教育的起步。其明确规定:6至14岁为儿童受教育时段,父母及监护人有责任让学龄儿童完成四年制初等小学义务教育,对不让孩子就学的父母或监护人实施罚款制度。同时,体弱多病或家境困难者,设三年"小学简易科",经费由市区町村负担。这样做大大提高了小学教育普及率。1889年,森有礼遇刺身亡,继任者井上毅(1839—1895)继续推进义务教育。1900年,文部省实行四年免费义务教育,成为日本义务教育史上划时代的决策。同年,儿童义务教育普及率达80%,1905年达96%,1907年达97.8%。1907年又将义务教育年限延至6年。1910年义务教育普及率几乎达100%。

高等教育和师范教育更是森有礼教育改革的重点,他高度推崇德国大学的模式。日本史学家寺奇昌男高度评价森有礼是"日本大学从欧洲移植和确定时期的重要人物,一个富有远见的学者,一个日本高等教育史上杰出的教育家和思想家"。他强调教学与科研是大学的双翼,科研是大学的生命力与灵魂,从而为日后日本摘取诺贝尔奖桂冠打下了坚实的科研基础。森有礼将帝国大学作为学术研究的最高机构,经他改革后的东京帝国大学在东京大学文、理、法、医基础上,又增设工学部及大学院,突出了实用学科和科研的重要地位。明治维新后,1897年政府在庆应大学和东京商业学校(一桥大学前身)基础上,依照东京帝国大学模式,又创办京都帝国大学,1907年、1910年和1918年又分别创建东北帝国大学(仙台)、九州帝国大学(福冈)和北海道帝国大学,将英才培养作为建设一流国家的关键。可以说,近代以来日本基本上延续着森有礼所确立的教育体制。

森有礼高度重视师范教育,与此后历届文部大臣相比,只有森有礼最重视师范教育,他说:"国家教育振兴的第一要件,在得良好之教师。"采取对师范生实行免交学费,并发放奖学金等优惠政策。明治初教师多出自士族,此后则不断平民化。以熊本县为例,1930年平民教师已达90%①。师范生按国家规定,毕业后需返乡从教,从而大大加速了偏远地区义务教育的普及,提高了全体国民的素质。

森有礼还十分重视实业教育。1889年颁布《实业学校令》。1894年《实业教育补助法》颁布,由国库每年支出15万日元用来兴办实业学校。采用先培养人才,再办工厂的路线。兴办实业教育是明治领导人为工业立国而采取的果断行动。据统计,各类实业学校和补习学校计298所,学生27000多人,1912年发展为7905所,学生达42万多人②。因此森有礼被誉为"明治时期官办教育的最高设计者"。但他的国家主义教育思想亦为日后日本军国主义分子所大加利用,成为对外战争的思想工具。1890年,明治天皇颁布《教育敕语》,强调"忠君爱国",日本近代教育成为培养侵略工具的摇篮。

(四)西方科学的引进

为引进西方先进科技,明治政府高薪聘请外国专家。据估计,明治年间聘用外国专家总数在3000人左右,当时太政大臣月薪800日元,而一位英国专家月薪为2000日元,乃前者的2.5倍,至于和日本一般公务员相比则更是天壤之别了③。这充分显示出日本人学习西方先进科技的决心。

同时,日本向国外大量派遣留学生,如向法派遣10名学生学习陆军;向英派出东乡平八郎等12名学习军事,有马干太郎等4名学习海军;为开发北海道,向美、俄、德等国派出20多名留学生,学习农、工、矿山学;向美、英派出目贺田种太郎、菊池大麓等,学习西方学术和教育。还首次派出5名女子留学生,以发展日本女子教育和幼儿教育④。他们回国后均成为日本近代化的

---

① 陈晖:《教育社会人》,东方出版社,1989年版,第62页。
② 王业华、战军:《森有礼与日本教育现代化》,外国教育研究1993年第1期。
③ 武安隆:《文化的抉择与发展——日本吸收外来文化史说》,天津人民出版社,1993年版,第292页。
④ 武安隆:《文化的抉择与发展——日本吸收外来文化史说》,天津人民出版社,1993年版,第297页。

中坚力量。

明治时代自然科学,除数学外均是在外国专家指导下起步的。

数学:江户时代关孝和的"和算"日渐衰微,但却奠定了接受近代数学的基础。留学于英国的菊池大麓,1877 年回国后在东京大学主讲数学,写出《初等几何学教科书》,奠定了日本近代数学的基础。他还创立了数学学会,致力于数学知识的普及。另一著名数学家藤泽利喜太郎 1883 年留德,回国后从事高等解析几何、一般函数论、特别函数论等的教学与研究,其学生对椭圆函数乘法的研究也有成就。

物理:1877 年东京大学创建物理学系,特聘美国专家门登霍尔指导物理学研究,他在重力测定与地球密度测定方面多有建树。另一英国人尤因以研究磁带现象闻名,此二人成为明治时期物理学界的权威。之后长冈牛太郎、本多光太郎都对磁作了持续研究,业绩受到世界重视。

化学:1874 年聘请美国专家阿特金森讲授分析化学、有机化学、理论化学、工艺化学、冶金学等。另一英国专家戴佛斯则致力于无机化学研究。阿特金森的《日本酿造编》颇负盛名,他培养出一批日本化学先驱。

地质学:最早在日本从事地质活动的美国专家莱曼,在北海道进行地质调查。而使日本地质学走上轨道的则是德国专家纳乌曼。此后,布拉温斯受聘于东京大学地质学部,著《东京近旁地质编》与《概测常北地质编》,对日本地质学发展产生深远影响。此后日本地质学者成长起来,成立东京地质学会。

医学:明治初向日本人传播医学的是英国的威尔斯,继其之后是德国军医缪勒、霍夫曼等人。日本医学受益于德国专家倍尔茨者尤多,他被聘为东京医学校教员,后执教于东京帝国大学,精于内科、产科,对于寄生虫病多有研究,他在日 29 年,培养出大批日本医学人才。北里柴三郎 1885 年留德,1892 年回国后创办传染病研究所,高峰让吉分离出荷尔蒙,铃木梅太郎发现维他命 Z 等,均对医学有不朽贡献。

博物学:伊藤圭介乃幕末来日的德国博物学家西保尔德的弟子,著有《泰西本草名疏》、《日本博物图说》,成为日本博物学的奠基人。美国学者摩尔斯对日本近代动物学科的创立贡献很大,他 1877 年来日,在东京大学教授动物学,并帮助建立了东京生物学会。由于他发掘了大森贝冢,对日本近代考古学有开创性贡献。

三、生活方式的"文明开化"

明治以后,在学习西方的热潮中,日本人的生活方式、习俗等也发生了很大的变化,其中有些是自上而下模仿起来,有些则是明令改易的。

1. 衣

某种程度上可以说,日本引进西式服装如奈良时代引进唐服一样,也是自上而下的。首先陆海军、警察率先采用西式服装。1871年,明治天皇模仿西方君主,着军装式洋服。此后皇后也采用西方贵妇人的服装,戴法兰西式宝冠。1872年,太政官令规定了官吏的大礼服和通常礼服,废除"直垂""狩衣""上下"等江户时代的旧服。

此外,不少江户时代旧俗,如女子结婚须染齿剃眉等,1870年也被政府勒令禁止。当时福泽谕吉还专门写作了一生中唯一的一本小说《怪状女人》,批评日本已婚妇女剃眉毛、染黑牙的坏习俗。1871年政府发布《散发废刀令》,允许剪洋式发型。次年3月,天皇率先剪发,并拍照留念,还命官员劝导民众改变发式。大约于1888年前后,日本全部革除旧发型。明治初年,日本人的服饰、发型表现出东西杂陈、日洋纷呈的景观。

从大正到昭和初年,日本人的发型、衣饰进一步洋化。妇女中流行一种叫做"耳隐"的西式发型,颇受女性欢迎。摩登男子的发式,最初流行于画家、文人和演员中。"背头"也是当时的时髦发型。由于化纤国产化的成功,日本人的服装进入化纤时代。一般领薪阶层(教员、官员、公司职员)均须穿西服,并向一般民众普及。女校开始采用西装校服。昭和初年开始流行连衣裙,并逐步穿着短裙。总之,西服开始日常化。

2. 食

日本人受佛教戒杀生思想影响较深,从奈良时代到江户时代,基本不吃肉食。明治早期,文明之风一开,日本人被告知身材矮小、体质差的原因是由于不吃肉,于是乎吃肉便成为文明人的象征。1871年,天皇开始喝牛奶;次年,天皇正式食用牛肉。于是日本自上而下出现争食牛肉的盛况。葡萄酒、啤酒、威士忌等洋酒及咖啡、冰激凌等,也逐渐为日本人所用。历来只吃大米的日本人也开始吃起面包、饼干和洋点心来。进入大正时代,面包的食用量大增。明治时期的面包是欧式,味咸;大正时期则增加了美式,味甜。一时间,西式咖啡馆、酒吧广为设立,店面装潢也日趋洋化。据1872年政府令,和尚也可以吃肉、娶妻和蓄发。

某种程度上,日本人沿袭了西方大食牛肉之风,至今在日本牛肉依然被视为珍贵的佳肴。半生半熟的牛肉烧烤、"すき焼き"(日式牛肉火锅)、牛肉咖喱饭等,都是文明开化以后的美食,但在食用方法上则都被加以日本化的改造了。

3. 住

江户时代洋式建筑就已出现,但多是供外国人居住的公使馆、饭店。日本人自用的洋式建筑多出现于明治年间。如,1869年建成的大藏省分析场,1872年建成的第一国立银行,1874年建成的工部大学校等,都是当时有名的西洋建筑。作为欧化时代最具代表性的建筑莫过于东京的鹿鸣馆,这是一所类似于沙龙的会馆,是专供西化后的达官贵人举办舞会、晚会的高级场所。它是1883年由英国建筑师乔赛亚·康德设计建造的一座砖式二层洋楼,整体建筑为意大利文艺复兴式风格,兼有英国韵味。该馆建造历时三年,耗资18万日元,在当时可谓奢侈。

大正时期最具有代表性的西洋建筑要属东京帝国饭店。这是1915年由美国建筑师赖特(1869—1959)设计的层数不高的豪华饭店。饭店建筑风格为西方与日本的混合,内部有许多庭院,在装饰图案中同时又兼有墨西哥传统艺术的某些特征。帝国饭店最成功之处在于其结构,它采用新式抗震措施,庭院中的水池兼有消防用水之功用。1923年东京大地震,周围变成一片废墟,唯帝国饭店经受住严峻的考验,在四周一片火海中成为一个安全岛。建筑帝国饭店,耗资巨大,建造的意图在表明日本人与欧美人有着同样的生活方式。

有趣的是,战后日本人将明治时代颇具代表性的建筑,均集中荟萃于名古屋郊外一处风景优美的地方,取名"明治村",作为明治时期的历史遗迹和历史见证,自1965年开始对外开放,供游人观赏。笔者有幸于20世纪90年代初留学期间,由日本友人陪同参观过此处。从风景如画的犬山城走出,不远处就来到了明治村,乘着明治时代古色古香的火车进入,别有一番感受。明治村共有七个自然区,荟萃了57座建筑物,县厅郡舍、学校、医院、监狱、银行、教堂、工厂等应有尽有,还有"九井牛肉店",一派西洋情调。50多座建筑物中,学校就有7处,表明明治领导人高度重视教育的理念。

1872年,日本人开始采用西方的阳历。也就是说,明治以后,日本人一改过中国阴历年的习惯,效仿西方,过起了"洋年"。如今在日本,每年12月31日晚,观看完一年一度的红白歌会(类似于中国的春节联欢晚会)之后,新年钟声敲响之际,不论风雪严寒,日本人都会举家出动,前往附近的神社进行新年参拜,参拜活动一直持续到1月1日。明治以后还实行七天一周制。报纸也逐渐发达起来。

四、余论

福泽谕吉的近代化设计仅成功了一半,他吹响了日本近代化成功的号角,也敲响了日本近代化毁灭的丧钟,可以说他是集精明智慧与丑陋邪恶于一身。明治末年,随着日本国势的逐渐强大,福泽谕吉对中国、朝鲜等亚洲国家的蔑视日益加深,自19世纪80年代以后成为日本对外侵略扩张战争的积极煽动者。1855年他在有名的《脱亚论》中指出,日本应脱离亚洲固陋之行伍,与西洋文明共进退,鼓吹"支那、朝鲜虽为余邻国,但与其交往时,不必为此而有所偏颇,完全可按照西洋人对待他们的方法(侵略)来处理"。他认为世界文明发展的规则就是弱肉强食,优胜劣汰,"世界各国互相对峙不异于禽兽相食之势","文明之国吃人,不文明之国被吃,我日本国欲加入食人者之列共求良饵"。

1894年中日甲午战争之际,他竟然叫嚣甲午战争是"文野明暗之战",主张日本"一定要长驱直入至北京首府,扼其咽喉",使中国"降伏于文明的军门之下";8月11日的社论中,福泽又积极地为侵略战争献计献策,称"可直入支那国境,先占领盛京、吉林、黑龙江三省,可归于我版图","不单是满洲三省,可以认为支那帝国三百余州均非满清政府所有"。当日本在甲午海战中占上风时,他在《时事新报》上立即撰文叫嚣"强令割让台湾的理由",为政府出谋划策,要中国割地、赔款。甲午战争的胜利使福泽谕吉激动得潸然泪下,认为这是使日本国扬威于西方的一次壮举。

我国学者尖锐地指出,福泽谕吉利用了他启蒙思想家的光环和世人对他的"迷信"来兜售他的强权扩张理论,起到了在朝政治家无法替代的"战争启蒙"①作用,福泽谕吉的思想逐渐背离了人类的文明事业,对日本走向军国主义道路发挥了十分重要的影响。近十年来,中日两国学者开始对福泽谕吉的文明观重新评价,日本名古屋大学名誉教授安川寿之辅认为"福泽谕吉是近代日本的亚洲侵略思想和亚洲蔑视观的最大贡献者"②,然而战后日本社会却一直把他奉为神明,而使他的头像登上了日本最大面额一万日元币钞上,安川先生认为,其主要原因一是日本社会没有对过去的侵略战争进行认真的反省,二是战后一批主流思想家、学者将其美化,把他捧上了天。安川先生说他今后斗争的目标就是要把福泽谕吉的头像从一万日元纸币上撤掉。

日本近代天皇制是制造近代战争的罪魁,近代"忠君爱国"的教育体制又培养出了数以万计的战争炮灰。历史发展的经验表明,依靠武力掠夺而崛起者,因背离了人类文明的发展轨迹,反会自取败辱。而以儒家"仁"为最高理念的和平崛起,才是符合人道主义精神的科学发展观,它追求人与人之间、国与国之间和谐共荣。21世纪中国"和平崛起"的理念正在显示出其深刻的文化魅力。

---

① 向卿:《福泽谕吉再评价》,文学·史学·哲学 2008 年第 6 期。
② 谭建川:《福泽谕吉文明观批判》,郑州大学学报 2005 年第 7 期。

第十二讲 "以美国文明为目标"的现代

二战之后,随着美军占领日本,美国文化以滔天之势席卷日本列岛。有着强烈的"权威至上"文化心理的日本人开始了"以美国文明为目标"的文化转型。

太平洋战争中,日本人对"美式武器"的先进性深有领略。美国 F6F 式战斗机的优势,美军雷达的预警性能,美国高超的制空、制海能力,美国 B29 轰炸机地毯式轰炸的威力,以及广岛、长崎两颗原子弹的致命性打击,均使日本人深深折服。具有着强烈的"权威至上"文化心理的日本人战后马上瞄准了美国的技术,开始了战后"以美国文明为目标"的文化转型。即使日本经济"奇迹"般崛起之后,崇美心理依然浓重,因为在日本人看来,美国至今依然不失为世界的霸主。二战后随着美军占领日本,使美国文化以滔天之势席卷列岛。

一、美式民主政治的推进

(一)天皇"凡人宣言"(1946年1月1日)

日本天皇与近代天皇制是制造战争的罪魁,战后天皇本该接受国际法庭的审判,并彻底根除天皇制。但碍于日本社会根深蒂固的天皇信仰与天皇崇拜,使美国占领军总司令麦克阿瑟最终发表了下列一席言论,"事实上,一切日本人都把天皇作为国家的元首来崇拜","如果联合国审判天皇",就会招致日本人"长期对联合国抱有愤怒和憎恶,其结果会引起几个世纪的相互复仇的连锁反应","一切日本人都会进行消极或半消极的抵抗"。鉴于此,麦克阿瑟占领军采取了姑息政策,决定在形式上保留天皇制,但要求天皇自己对"神格"进行否定。1945年12月中旬,总部向皇室内省传递了这样的旨意,昭和天皇迅速心领神会,于1946年元旦发表了天皇"凡人宣言"。

1946年元旦,昭和天皇在发表的《关于建设新日本的诏书》中称:"朕与尔等国民之间的纽带,系于始终相互之信赖与敬爱,而非仅系于由神话与传统构成之观念,更非基于下述虚构的观念,即以天皇为现人神,以日本国民优越于其他民族,甚而有着理应统治世界的使命。"麦克阿瑟阅后道:"天皇的新年声明使我非常欣慰,天皇发表的这份诏书对日本国民的民主化将发挥指导作用。"此后天皇和皇后的肖像也被从各级学校的墙壁上摘了下来。总的说来,天皇的"神人之变",一定程度上加速了日本国民思想意识的现代化。总部冻结了皇室的财产,《神道指令》宣布废止国家神道;皇族除天皇的三个弟弟外,一律去除皇族籍,靠个人自食其力,禁止过寄生生活。世袭华族也被废除,总计926家华族成为平民。

(二) 新《日本国宪法》(1946年11月3日)

战后总部先训令日本政府动手起草宪法草案,但由于币原内阁消极抵抗,依然坚持天皇总揽统治权,美国舆论哗然,苏、中、澳、菲非难之声四起,麦克阿瑟便指令总部民政局长"越俎代庖",起草了宪法草案。新《日本国宪法》强调三原则:(1)"主权在民"。天皇只是"日本国的象征"和"国民统一的象征",天皇不具有任何实质性的政治权利。(2)和平主义。新宪法规定日本将永远放弃战争,不保持陆、海、空及其他战斗力,放弃以国家权力发动战争。(3)废除日本的封建制度。保障选举、思想、信仰、言论、集会、结社、学术等自由。新宪法对加速日本社会民主化进程,发挥了积极的意义。

(三) 非军事化与教育改革

美国占领军实行铲除日本军国主义毒素的非军事化改革。包括解除日军武装,禁止生产军事武器和军事物资。1945年10月4日总部发出《废除政治、信教及人权自由的限制》,明令废止特高警察、治安维持法,释放政治犯及允许自由议论天皇。包括入狱18年的日共领导人德田球一在内的1300名政治犯、思想犯被释放出狱,这些人将美军当成救星来欢迎。同时,总部逮捕东条英机等108名战犯,着手审理其罪行,并剥夺军国主义分子的公职。截止 1948 年 3 月,有 19.3 万人被整肃。

1945 年总部发布《关于日本教育制度政策的备忘录》,规定:(1)禁止军国主义和极端国家主义,废除军事教育学校和军事训练。(2)罢免具有军国主义思想和过激思想的教职工,不允许复员军人在校任职,曾受军国主义迫害的教员回校任职。(3)有关神道、军国主义的修身课等被废止,有关皇国的教科书被焚毁。在总部建议下,废除《教育敕语》,起草了《教育基本法》,并于 1947 年 3 月 31 日公布实施,主要内容为:取消对天皇肖像的敬礼和参拜神社,以"建设民主的文化国家";改战前的六、五、三、三制为美式的六、三、三、四制(即小学 6 年,初中 3 年,高中 3 年,大学 4 年);实行男女合校等。

(四)农地改革

1945 年 11 月 16 日,日本当局颁布《农地调整法改革草案》,但该草案颇为保守。根据盟总要求,第一届吉田茂内阁于 1946 年 10 月颁布了《修改农地调整法》、《创设自耕农特别措置法》,开始"第二次农地改革"。其要点为:(1)不在村的地主无权持有土地,愿出租者,全部由政府征购。(2)国家有偿征购,然后低价卖给无地少地的佃农。土地征购与出售需在两年内完成。通过这次改革,地主制被解体,大多数农民成为自耕农。农村的生产力获得解放。1947 年还成立了延续至今的农业协同组合,简称"农协"。

(五)解散财阀

日本的财阀是一种半封建形态的垄断资本,多为封闭性家族大企业集团,他们与官僚、军阀相勾结,控制日本的经济命脉,它还是日本对外侵略扩张的积极支持者。解散财阀以 1945 年 11 月总部发布的《株式会社解体指令》为开端。自 1946 年至 1947 年,被责令解散的财阀范围不断扩大。最初被指令解体的是三井、三菱、住友、安田四大财阀本社,之后扩大至浅野、古河、大仓、中岛、野村、鲇川等六个著名财团。据统计,前后实际解散了 42 家。1947 年 4 月和 12 月,又相继颁布了《禁止私人垄断法》、《经济力量过度集中排除法》,其意义均在于限制私人垄断企业的重新兴起。此举抑制了财阀家族垄断经济的半封建经济局面,为日本资本主义的发展创造了一个宽松、自由、平等竞争的良好环境。

(六)《劳动基本法》(1947 年)

美国占领军总部认为,防止劳动群众过分贫困化和建立健全而有力的工会组织十分必要。在总部指令下,1947年日本政府颁布《劳动基准法》,其意义在于实现了组织工会的权利;八小时工作制;禁止童工(未满15岁者不得就业);取缔中间剥削;禁止强迫劳动等。它消灭了近代工业中的封建残余,使民众的劳动安全有了可靠的保障。

美国推进的战后日本民主改革,清除了战前军国主义、专制主义的毒素,推进了战后日本政治民主化进程。同时,农地改革、解散财阀,亦解放了生产力,为战后日本经济高速发展创造了良好的条件。但也有学者认为,战后改革并不彻底,如日本的官僚制度、金融制度以及军国主义毒素并未从根本上剔除,改革之路依然艰巨。

二、美国技术与管理科学的引进

(一)技术吸收性战略

战前日本的科技就落后于欧美,长期的战争更加大了与欧美国家的落差。据1949年12月日本工业技术厅的《技术白皮书》估计,日本工业技术比起世界先进水平落后20年至30年,有日本学者甚至认为要落后30年至40年。鉴于此,战后日本毅然采取了科技吸收性战略。

战后日本政府鼓励引进外国技术。据日本政府科学技术厅公布的《外国技术引进年次报告》,自1949—1978年共引进技术甲种21499件,乙种10242件,总计31741件。以引进甲种技术为例,其中引进美国9086件,德国2016件,英国1347件,法国1087件。由以上统计数据表明,日本主要引进的是美国的技术,其次是西德、英国、法国和瑞士。

日本企业常采用"引进吸收→技术杂交→综合创新"模式。如日本一家电器公司从美国引进一条生产电冰箱自动生产线,原设计只生产一种规格、一个容积的电冰箱,但经厂家多方吸收世界各国电冰箱生产技术,全力以赴投入人力、物力、财力,综合创新技术以后,使这条生产线能同时生产出多种不同容积的电冰箱,并且在耗电低、外形美观、经久耐用、价格低廉等方面,不断精益求精,从而更能适应广泛的国内与国际市场的需求。有人做过统计,日本人往往拿出1美元来引进技术,却要花7美元来不断地改进技术,处处从消费者的利益考虑,将产品制作到完美无缺的最佳境地。这便是日本产品赢得世界市场的秘密之一。

日本人的吸收与再创造之能力,实在令人叹为观止。纵观风靡全球的日制产品,电视、计算机、复印机、照相机、录像机等均不是日本人的发明,而是出自于美国人之手,但日本人善于引进吸收,进行技术杂交,综合创新,通过移花接木的"再造"之功,将发明技术的原创者美国人越了过去。这种创新恰恰是日本人的精明之所在。

日、美制造业研究开发活动的目标是有差别的调查表明:日本研究开发的47%是为了降低生产费用的,34%用于对既有产品的改良,17%才用于对新产品的开发;而美国则是47%用于对新产品的开发。可见日本企业的科研开发,主要是对引进技术的改良和革新,即进行应用开发方面的研究;而美国则富于独创性的基础研究。也就是说,美国人在科技创新发明上,总是跑在最前面,赢在起点上;而日本人则是"借大树乘凉",走在后面,但赢在终点上。可以说,日本科技发展最成功之处就在于,对引进技术进行消化吸收和革新上。

据1979年统计数据显示,日本各产业部门从国外购买技术专利的费用总额,和开发它的研究费总额之比,呈高低不等态势,但平均为1:7。换言之,日本平均用于产品开发研究的费用为购买专利费的7倍。美国人估计,日本引进技术后,在原基础上加以改造和创新,至少可以使原技术效率提高30%,有的则可达几倍甚至几十倍。正如日本人所说,美国制造了设备,就一个劲地使用它,当它还能使用时,便不搞合理化;但日本从引进设备的那天起,就在不断地改造它。日本就是这样,把引进技术与革新技术结合起来,以此来确立自己的技术体系。可以说,1945年至1972年,技术引进及其改良、革新,是日本科技发展的主要模式。经日本改造后的技术所生产出来的产品,往往物美、价廉、经久、耐用,令消费者爱不释手,日本人的功夫正是用在这里。

自1955年至1970年的15年间,日本几乎掌握了过去半个世纪世界发明的全部技术,只用了不到60亿美元的代价(据估计发明这些技术则要花费1800至2000亿美元),争取了20年左右的时间,这样的经济效益在世界上也是罕见的。日本人的智慧由此可见一斑。如果说,20世纪50年代初日本在科技上落后了20年至30年,那么到了20世纪60年代,这一差距已缩短为10年至15年,而到了20世纪70年代初,差距就基本消除了,而且在钢铁、汽车、家电等工业部门的生产技术上,日本还处于世界领先水平。据 1981 年的调查,与欧美相比,在 43 个产品领域中选出的 159 项产品中,大部分产品的生产技术水平都超出欧美或与之持平,而落后于欧美的只有 26 项。20 世纪 80 年代,在产品的生产技术方面,日本已充分显示出后来者居上之势。

(二) 美国管理科学的引进与超越

从二战后至 20 世纪 50 年代,日本的管理还是非常落后的。因缺乏科学性,管理不善,日本企业既无生产效率,也不能制造出优良的产品。据说,因为日本生产的通讯设备质量低劣,妨碍了通讯的正常运行,招致美国占领当局不满,有关厂家被勒令进行质量改进。

美国是现代管理科学的发源地,由 E. W. 泰勒奠定的美国的科学管理和实践,曾使美国企业大放异彩。战后日本开始大规模导入美国的现代管理技术与现代经营理念。1949 年邀请美国专家开办了"经营者讲座",对日本电器通讯工业联合会所属的 40 家公司的领导人和高级管理人员进行培训。1950 年又引进美国的"管理者训练计划",对日本企业部长、课长等中层管理人员进行培训。1951 年又引进美国的"监督者训练讲座",对工长、班组长等基层管理人员进行培训。美国著名经营管理专家戴明先后受聘来日讲学,还发行了《质量管理》、《标准化与质量管理》等杂志。

与此同时,日本企业界还广泛组织赴美考察团。仅日本生产本部,1955 年派出 17 个,1956 年派出 31 个,1957 年派出 57 个,1958 年派出 79 个。至 1970 年为止,日本生产本部向美派遣的考察团达 965 个,参加人员达 10000 名(《日本与美国》)。野田一夫在《日本现代经营史》一书中指出:"产业界的这股出国风,甚至被讥讽为'日本历史上遣唐使以后'的出国热,但是由于出国者大多数都是各企业的最高经营者和中坚干部……可以说对我国产业界具有不可估量的影响。"

然而以美国的 E. W. 泰勒为代表的古典管理理论,毕竟将人视为被动与消极的因素,视为"经济人",认为多数人好逸恶劳。因而为提高生产率,必须实行工作定额管理和标准化管理,像对待工具、机械、材料一样,对待工人。经科学实验确定较高的工作定额,使劳动者掌握标准化的操作方法,并运用有差别而带刺激性的计件工资制度,奖勤罚懒。这种管理理论忽略了人的情感、心理因素,将人视为机器的附属物,如同卓别林在《摩登时代》中所扮演的工人,完全成为工作的"机器"。说到底,这种理论是将管理者与被管理者截然地对立起来,采取的是"胡萝卜加大棒"的策略,因而是极为缺乏人性的管理方式。美国行为科学家、麻省理工学院教授 D. 麦格雷戈将上述管理理论称为"X 理论"。

在否定了 E. W. 泰勒管理理论之后,欧美又兴起了 D. 麦格雷戈的"Y 理论"。该理论主要由行为科学家提出的。他们认为,人不仅是"经济人",还是"社会人"、"自我实现的人",人人都有发挥自己潜能、实现自己的理想、表现自己才能的欲望。因而,经营管理不能只重视物质因素和工作任务,而忽视了人的情感、欲望等丰富的个性。所以,经营管理的重点应在于创造一种适宜人们充分展示其能力与才能的工作环境与条件。管理者的主要职能不是执行计划、监督、控制,而是吸引工人参与企业的决策与管理。20 世纪 70 年代,随着日本经济的崛起,"日本管理模式"愈加引起全球瞩目。1981 年美国加利福尼亚大学日裔教授威廉·大内的《Z 理论——美国企业怎样迎接日本的挑战》一书的问世,标志着美国管理模式面临危机,"日本管理模式"声名鹊起。

"日本管理模式"既吸收了"Y 理论"的成果,又继承了日本传统,是两者的化合物。归根结底,美国管理思想是建立在美国充分发达的个人主义、功利主义价值观基础之上的。因此,日本在吸收其管理经验时,又注入了日本所特有的"生命一体感意识",使之成为日本管理方式的思想核心。索尼公司会长盛田昭夫曾指出:"在日本,经营者的最大作用,是培养与社员的健全关系,是在公司中造成家族式的一体感。换言之,即使社员抱有与经营者共命运的心情。在日本,最成功的企业,是公司全体成员具有命运共同体意识。这一点与美国把组成企业的人们分为股东、经营者、工人三部分的认识是很不同的。"日本经营管理模式大有后来者居上之势。

如质量管理的引进。质量管理最早在美国洛克希德公司等美国企业中实施,20 世纪 50 年代传入日本。质量管理使用比较复杂的统计方法,也主要由专家来实施,与生产线上的职工本无关系,这种管理方法只要求工人完成自己在生产线上的分解动作,不必关心此外的全局性问题。但日本企业引进后,吸收了它注重质量管理的精神,但在具体操作上,却融入了日本所特有的集团主义文化要素,使在生产现场的职工都能参加到质量管理活动中来。即集中全体职工的向心力与聪明才智,生产出低成本、高质量的产品来,并谋求产量的增加,而不计报酬得失。日本企业强大的凝聚力被日本企业家视为战无不胜的"法宝"。

因此,在日本人看来,具有民主主义传统的美国,其经营体系反倒缺乏民主精神,而表现出很强的封建性。由此,日本经营管理模式向美国提出了严峻的挑战。但20世纪90年代随着日本经济的衰退与低迷,颂扬"日本模式"之声又转为低调。而此时西方经济重又复苏,于是乎,新世纪之交,日本盲目照搬美国"新自由主义",而否定日本企业曾经辉煌"日本经营模式",日本的终身雇佣制与年功序列制日趋变调,企业大量裁员,造成日本社会迅速两极分化,贫困人口急剧增加,社会治安恶化,日本街头无家可归的流浪汉激增,这些均是二战以来日本社会从未有过的"先例"。日本佳能董事会主席御手洗认为,如今日本正在将自身"宝贵"的东西丢进历史的垃圾堆。如今日本国内,提出回归"小泉改革以前的日本",回归"日本模式"的呼声日高。

三、美国文化冲击波

(一)从学风到文化娱乐

从学风上讲,战后"美风"压倒"德风"。二战后德国学一落千丈,其地位由美国学取而代之。战后初期,日本不仅为美国先进的技术和实力所折服,而且对其人文社科领域的成果亦感到新奇,从而由战前康德、黑格尔、兰克的所谓观念论,转向美国的实学。美国的社会心理学、文化人类学、舆论调查等,相继传入日本。受美国学风的影响,战后日本学术界盛行社会调查,如农村调查就很火热。这表明战后日本学术界研究的重点,逐步由哲学向社会学和心理学转变,即由"虚学"向"实学"转变。曾赴美国哈佛大学留学的都留重人是美国经济学的介绍者,其学风贯穿着典型的美国实用主义精神。另一位同样毕业于哈佛大学的鹤见俊辅(1922—)则致力于对美国实用主义的介绍。战后日本,美国的实用主义风行一时。

战后美国文化的影响还表现在教科书中。美国和美国人物经常出现在日本中小学教科书上。据东京教育大学教授唐泽富太郎的调查,1956年在7

种有代表性的小学教科书中,先后登载过富兰克林、林肯、华盛顿、罗斯福等41名美国人的言论,艾奇逊等也是经常出场的人物。此外,还有不少如《美国通讯》、《赴美空中旅行》等文化传媒大肆渲染美国文化,似乎"美国模式"方是人间的理想模式。而"美风"导向下的青少年的价值观、行为方式,无疑都朝着美国一方偏移,似乎那是日本人追求的目标。直到20世纪60年代以后,教科书中的美国影响才渐渐趋于淡薄。

美国的文化娱乐在战后日本也有很大影响,其中电影占有突出地位。战争期间美国电影早已在日本禁演。美军进驻后,总部民间情报局有意识地通过电影传播美国民主,特选定好莱坞的《春的序曲》、《卡萨布兰卡》等电影,在松竹、日活、东宝三家影院中放映(1946年)。据说当年日本全国两千家电影院中,有三分之一是放映美国电影的,且场场客满。美国思想、文化以及生活方式,通过电影广泛深入于民众之中。电台广播节目也竞相模仿美国样式,并大受欢迎。

二战后,日本效法美国,流行音乐显示出强劲的势头。爵士乐、摇滚乐、迪斯科随着美国"文化倾销"政策,相继风行日本。美国歌星被请到日本演唱,台上台下竞相摇摆,如狂似癫。美国的明星歌手成为日本众多少男少女心目中的偶像。摇滚乐等西方流行音乐追求感官上的刺激,充满着疯狂的节奏和旋律,人们完全沉湎于其中,完全听凭自身感官的支配,变得不能自已。现代社会中的人们以此宣泄苦闷,排解心灵深处的孤寂与压力,并表现出对资本主义社会强烈的反叛。美国流行歌曲的旋律,还常常被谱入日本的民谣里演唱,对日本民谣音乐产生了不小的影响。

与此同时,西方古典音乐及正统音乐在战后日本也很兴盛。日本姑娘一般在结婚前学习茶道、花道等"花嫁修行",战后这种修行扩大到学习钢琴、小提琴、油画等西方艺术,很多女性争相报考艺术院校。日本人视西方音乐为高雅艺术,竞相追逐。可以说,战后输入的美国文化亦是色彩纷呈,形态各异。

(二)美国生活方式的吸引力

战后初期,美国生活方式对日本民众具有极大的诱惑力。早在战前和战中,日本人对美国生活方式已有所知,但感受不深。战败后,美国人以占领者身份君临列岛,而日本人正处于生活的低谷,两相对比,不能不使日人羡慕至极。

1946年以后,关于美国人家庭生活的介绍常常见诸于报端。美国家庭中使用的电动吸尘器、洗衣机、电冰箱、热水器、浴盆、小汽车,以及食用的香肠、火腿、黄油、牛奶等,被报刊大肆渲染,美国人的生活方式成为日本人追求的目标。随着战后"军需景气"及日本人艰苦的努力,到20世纪50年代末,日本迎来了家电热潮。电冰箱、吸尘器、电饭锅、照相机等均在20世纪50年代、60年代迅速普及,日本人很快就将"美国梦"变为现实。

战后日本人的饮食进一步洋化。特别是早餐,改变了传统的米饭、生鸡蛋、黄酱汤的传统,一般是以面包、煎鸡蛋、香肠、黄油、果酱、牛奶、果汁等为多,表现出西洋化、美国化倾向。副食方面,食肉之风日益深化。不过日本人经常食用的肉类与中国相比,种类较少,以牛肉、猪肉、鸡肉为多,羊肉几乎在超市中见不到。而且日本人几乎不吃动物的内脏,市场上仅有少量的鸡内脏出售。不喜欢将食物进行烹饪食用的日本人,不仅吃生鱼片,还有生食牛肉、马肉的习惯。相比较而言,日本人比较喜欢吃鱼,一般以生鱼片或烤鱼的形式食用,烤鱼时只加少许盐,讲究吃鱼的原汁原味。在日本人的餐桌上比较常见的副食还有海带、豆腐、纳豆等。

此外,糖果、饮料、调味料也有明显的西化倾向。巧克力、蛋糕、黄油、洋酒、啤酒、可乐陡然增加。1970年,日本第一家"汉堡包"快餐店开业,随之,方便食品及快餐业迅速发展。据统计,1948年日本餐饮业中,日餐馆占70%,西餐馆占20%,中餐馆占7%;但1957年上列排序依次为:39%、40%、14%。由此可见,战后日本西化程度进一步深化。此外,战后日本人饮食生活还表现出一定的中国化倾向。虽然中日两国文化交流源远流长,但中华料理真正为日本人所接受,不过是大正、昭和以后的事,战后中华料理对日本人的饮食生活的影响不断扩大。据笔者20世纪90年代以及21世纪初在日本京都、东京的生活实感,如今在日本人的饮食中,日餐、西餐、中餐可以说达到了平分天下的格局,中餐在日本很受欢迎,不过日本的中华料理早非中国的"原味"了,它根据日本人的口味特点,加以"日本化"改造,其特点是不油腻,比较偏甜和清淡。总之,如果是中国人到日本去吃中华料理,一定会觉得很不尽兴。

日本人对美国甜食越来越青睐。在东京到处可见美国各大糖果公司开设的支店,如哈根—戴齐、菲马斯·阿莫斯、菲尔德夫人、戴维等分店。就连知名度比较小的美国糖果店,如史蒂夫与霍布森冰激凌店,也在东京开设了分店。美国的肯德基、麦当劳分店广布于全国各地。据统计,肯德基在日本有800多个分销店,无论是人口集中的大城市、中小城市,甚至是农村都可见到肯德基、麦当劳的分店。日本的城乡生活也没有太大的差别,农村的街道一样地干净整洁,只不过年轻人少一些,西餐厅也时有所见。1986年日本进口加利福尼亚酒的种类只有150种,而现在已达400种。

战前,中年以上妇女穿和服者居多,而目前无论男女老少皆改穿西服或便服。1947年西方时装开始流行,1948年日本首次举办时装表演。20世纪50年代初期,时装杂志《美国式样》、《十七英寸》等创刊发行,时装开始向大众化方向发展。1955年东京出现文化服装学院,并发行《装苑》杂志。总的说来,西方时尚新装一经出台,反应最快的则是东京、大阪等商业大城市,东京、大阪的年轻人是引领日本时尚潮流的先锋。目前日本服装已完全西化,男性上班必西服革履,女性必西式套裙,和服不过是节日、庆典时的"点缀"而已。

战后日本人的住宅亦日趋洋化。20世纪50年代开始建筑混凝土结构的中高层住宅楼,其结构与美国住宅楼相差无几。自1968年东京霞关出现第一座摩天大楼——三井大楼以后,东京的建筑高度不断攀升,以至于如今漫步东京繁华区,俨然有泰山压顶的难以透气之感,城建方面东京大有步西方后尘之势。京都则不然,还是依然保持着千年古都的传统文化气息和韵味。在新式住宅内,一般为客厅、卧室、厨房与餐厅合二为一样式。客厅布置多为洋式,沙发、地毯、简单家具置于其中。使用西餐桌,而不是榻榻米用餐的家庭越来越多。不过,日本人卧室设置一般为和洋杂陈,上年纪的老人,或四五十岁的人,多喜用和式榻榻米,年轻人则大多喜欢洋式房间,沙发、桌椅、地毯一应俱全。由于生活水平的提高,而彻底改变了日本传统的吃、住、用于一室的生活方式。总之,战后仅用不到二十年的时间,日本人就全面实现了心中所憧憬和向往的美国人的生活方式,1968年日本一跃而成为世界第二大经济强国。日本人的生活质量显著提高,国内游、国际游的人数、频率,不断攀升。

此外,美国在海外开设的第一家纯美国风的迪斯尼乐园也在日本落户。

它位于日本东京千叶县,是1983年建成开放的亚洲最大的游乐园,完全仿照美国迪斯尼样式与风格而建,其中有探险乐园、西部乐园、梦幻乐园、卡通城、未来乐园等七大游览区,正中央为"灰姑娘城"主建筑。2001年暑假的一个周六,笔者曾随家人到"东京迪斯尼乐园"一游。与日本的街道、居住空间有些局促相比,乐园显得颇为气派和宽阔,游人如织,多为随母亲而来的儿童,有的妇女则带上三四个孩子来游玩,身上还背着尚不能独立走路的婴孩,估计她们的"主人"(丈夫)仍在公司里加班吧?园中的游乐设施多得令人眼花缭乱、目不暇接,而在游玩处则时时会遇到"险情",但最后总会让你有绝处逢生、化险为夷、有惊无险之感。迪斯尼的设计来自于美国,美国人喜欢探险、刺激和冒险,游此园便能领略一二。当夜幕降临,东京迪斯尼主建筑华灯一片,又变成为一个梦幻般的童话世界和一片"焰火"的海洋。

与"东京迪斯尼乐园"相毗邻,美国迪斯尼公司在日本又创建了第二个主题公园——"东京海上迪斯尼",两园相邻,成为姊妹园。它是世界上仅有的以"海"为主题的迪斯尼乐园,是花费了13年时间,填海而建起的"海上世界",2001年9月起才对外开放。它是仿造意大利的威尼斯和菲诺港风格建成的,以其丰富的自然景观和烟海茫茫、波澜壮阔的海上世界给游人别一番的美妙感受,前来这边游玩的还是中老年人居多。园中构筑了地中海古港、阿拉伯海岸、神秘岛探险等七大游览区。既有如梦如幻的童话世界,也有新奇刺激的冒险旅行,那种神秘的海上风情与韵致,简直令人流连忘返。

第十三讲　战后日本文化思潮的流变

二战后日本文化的突出特征是,结束了战前一元文化的格局,朝着多元化、多格局的方向发展。

二战前,特别是进入昭和时代,日本文化出现全面大倒退,唯"天皇专制主义"一元文化所独尊,西方各种文化思潮、反战文化,均被彻底"封杀"。二战以后,马克思主义、实用主义、实存主义①等才走向活跃;日本共产党、社会党等才从"地下"转为"地上"。同时,随着战后日本经济的腾飞与崛起,日本人的自信心倍增,日本国内强调日本文化特殊性与优越性之"日本主义"日兴,然而20世纪90年代随着日本经济的低迷,以及金融危机的冲击和影响,亦使"日本主义"转为低调。20世纪之初,西方非理性主义传入日本,特别是20世纪80年代以来大有蔓延之势,人类的文明在逆境中经受着考验。20世纪90年代以来,凝聚着对现代化深刻思考的"共生理念""共生哲学"在日岛悄然兴起,如今作为一种后现代社会理念,已成为日本国民众人皆知的流行语。总之,战后日本文化的突出特征是,结束了战前一元文化的格局,朝着多元化、多元格局的方向发展。

---

①　实存主义:我国哲学界将"existentialism"译为存在主义,而日本现代哲学家九鬼周造最先译为"实存主义"。对此,中国哲学界许多学者认为,"实存主义"比"存在主义"更准确地表达了它的本意。

一、马克思主义的兴衰

明治20年代(19世纪90年代左右)起,马克思的生平、学说便传播到日本,早期的社会主义者片山潜、幸德秋水、堺利彦、河上肇等大量翻译、介绍马恩的著作与思想。但直到二战后,日本的马克思主义才取得了合法地位,一批左翼知识分子对日本战争的惨败和历史痛定思痛,开始憧憬和向往东方的社会主义。那里激荡的气氛、热烈的情感对他们有极大的感染力,他们力图通过自己的努力,将社会主义体系导入日本社会之中,以此来填补因战后日本社会中心价值的失落而带来的价值观念真空地带。日本著名学者、鲁迅文学研究专家竹内好(1910—1977)就是一位积极批判日本的近代主义[①]、否定日本的现代化,积极嫁接社会主义体系的进步学者,他在著作中对社会主义中国这一新生事物给予了高度的赞扬与肯定。

二战后,日本的马克思主义者指出,根据宪法,日本国民应成为日本重建的主体,主张破除天皇专制主义,恢复个人权威,回复完整的人性。丸山真男、川岛武宜等自由主义者也从不同视角提出人的主体性问题,他们认为要建设新生的日本,必须否定精神中的非近代因素,变革以往的意识形态,以培养现代新人,从而表达了建设新社会、造就新人的理想。梅本克已则认为,马克思主义是现代唯一的人的解放的思想,并将马克思主义作为不可动摇的精神支柱,但梅本终究没能站在马克思主义立场上解决自己提出的问题。二战后初期,波及整个日本思想界的关于主体性的论争,引导人们重新思考自我的价值,确立了以人类解放为目标的主体性,深化了人的伦理价值、人的自由等意识,具有哲学启蒙的意义。二战以后,马克思主义占主流地位的热潮一直持续到20世纪70年代初。

20世纪的60年代和70年代,随着日本社会的机械化、自动化的程度的提高,阶级之间差距逐步缩小,家用电器、私人汽车进一步普及。随之,日本出现所谓"中流意识"这一流行用语。1972年调查显示,73.2%的人认为自

---

① 竹内好认为,日本的近代化完全是紧紧跟随西方的、无主题的近代化,而中国则是独立自主地向西方学习,因而实现了真正的现代化,而日本战争的失败正是假现代化的必然结果。

己的生活水平居中等,1984年这一比例达到81.8%,1985年又上升到88.5%,几乎近九成的日本国民对自己目前的生活状况感到满意。与此同时,还出现了所谓的"现在幸福主义"之说。随着人们生活水平的普遍提高以及西方马克思主义的不断流入,日本思想界也不断发出"马克思主义已过时"的论调,此时的日本思想界亦与西方马克思主义合拍,广松涉与竹内芳郎可谓较有代表性的"新"马克思主义者。竹内在《思想》杂志上撰文认为:"今天作为革命理论的马克思主义正陷入空前的危机之中。"而认为实存主义(即存在主义)则关注社会中每一个具体的存在、每一个具体的人,因此,为挽救马克思主义在新时代所面临的危机,必须寻求与实存主义的结合,才是马克思主义未来的出路。竹内芳郎通过研究当代法国实存主义哲学家萨特,寻求马克思主义与实存主义的结合。竹内认为,今后要将实存主义作为方法吸收到马克思主义之中,从而使马克思主义在现代世界的现实中复生。他基本上遵循萨特的思想路线,即以实存主义补充马克思主义。竹内立足于日本社会这一基础之上,因此是一种带有日本特色的实存主义的马克思主义。广松涉则通过接近实存主义哲学家海德格尔,力图将马克思主义与海德格尔结合起来。由此可见,20世纪70年代以后,日本正统的马克思主义研究逐步走入低谷,代之而起的西方马克思主义却越加富有声势。

二、实用主义的风行

美国是实用主义的故乡。实用主义曾是二战前美国最时髦、最有影响力的哲学。美国前国务卿基辛格认为,实用主义是美国精神,它培育了美国人的求实精神和进取心,美国的领导是"官僚—实用型领导集团",它重行动、重实效,反对绝对化,追求价值观的多样化。

一向对外来文化颇具热情的日本,早在20世纪初就将实用主义介绍到日本,实用主义曾于20世纪20年代在岛内风靡一时。战后随着学术思想的自由化及美国的占领,日本社会从思维方法到生活方式,美国化倾向愈加浓重,而体现美国民族精神的实用主义,作为一种与马克思主义哲学相抗衡的思想也愈加活跃起来。

早稻田大学一直是日本传播实用主义的中心,1957年日本成立了杜威学会,实用主义愈益深入日本社会。被称为20世纪日本空前绝后、难以超越的西田哲学,在形成过程中就首先受到美国实用主义代表者詹姆士等人的纯粹经验学说的启示。现代日本有代表性的实用主义哲学家鹤见俊辅(1922—)曾赴美学习实用主义,归国后创立了所谓日本式实用主义。此外,还有永野芳夫、鹤见和子等一大批受实用主义思想影响的学者。

实用主义强调价值观的多元性,反对绝对主义,它对于冲破近代以来禁锢日本人思想的天皇绝对主义理念有着重大的意义。在这种启蒙思想引导下,日本学术界更加朝着自由化、多元化方向发展,不断冲破禁区,迎来了学术自由化、观念自由化的春天,日本学界成果倍出。

实用主义不仅对日本学术界产生了深远的影响,且对大众的生活方式、人生理念的重塑也具有极大的启蒙意义。战后日本国民处于一种"虚脱"的精神状态,在价值观失去重心的混乱之中,有的人坚信东方的社会主义,确立了坚定的马克思主义信仰;而有的人则在精神危机的痛苦之中走向实存主义,以此寻找人生的精神支柱;有的则崇尚美国的实用主义,以进取、求实、奋斗、冒险等为人生理念。在日本人价值理念的深层,根深蒂固的武士道文化也在发挥着作用。战后初期,传统的与现代的、本土的与外来的各种思想,多元地交织在一起,共同支撑着战后日本的文化。客观上看,实用主义为战后重振日本国民精神、振兴日本经济起到一定的积极意义。某种程度上可以说,美国的实用主义精神作为一种"支援理念",对于战后日本社会秩序的重建发挥了一定的作用。

实用主义还将世界理解为分散的、多元化的价值体系,以多元主义为特征,其强调价值观的多元化的理念,对于战后日本学界解放思想,冲出战前"天皇专制绝对中心主义"一元文化的禁区,启迪思想,打破禁锢,都起到了一定的积极作用。实用主义在日本经历了半个世纪的发展,至20世纪60年代末期便趋于沉寂。

三、走入非理性主义

19世纪末20世纪初,正是西方哲学处于转型的历史时期,即从近代理性主义走向现代非理性主义。非理性主义哲学家标榜要根本改变哲学的方向,认为使人服从理性、服从外部世界就会使人忘记自己的真正本质,失去真正的自由。为改变这种局面,他们将注意的中心由外部世界移向人的内心,移向人的生命,移向人的情感与意志。由此唯意志主义、实存主义、弗洛伊德主义、生命哲学等所谓"回归哲学"思潮,相继风靡现代西方思想界。现代西方这股非理性主义的旋风也很快传入东方世界,受其影响,从战后开始,特别是二十世纪六七十年代以后,日本思想界越来越显现出非理性倾向。实存主义、共同感觉主义、人文科学及科学领域中的非理性主义,成为现代日本思想界一股颇具影响力的思潮。

实存主义可以说是一种"危机哲学",是人们精神处于一种不安状态下的"以人为出发点"的哲学。它产生于一战后的西方,并很快传播到日本。二战后日本国民精神失落、迷茫,而此时关注人的命运与存在,给人以自由与尊严,鼓励人们与命运抗争,反对个人崇拜、个人神化,主张超越自我、自我设计、自我创造的实存哲学,犹如饥饿中的食粮,烈日下的甘泉,使精神疲惫的人们获得了一丝希望,使天皇专制主义桎梏下的自我如释重负,因此,从某种意义上说,实存主义也是一种人道主义。同时,实存主义所揭示的人的存在的荒谬性也引起人们极大的共鸣。由于迎合了当时日本国民的普遍心理状态和社会需要,战后实存主义在日本迅速蔓延开来,于20世纪60年代达到高潮并发展成为一种生活方式运动。西方思想家认为,二战后产生了实存主义的一代人。20世纪60年代以后,人们对实存主义的激情虽已过去,但其实质上并未消亡,而是进入了人的理念世界,成了一些人的思想方式和生活原则,并在文学、艺术、伦理、教育、宗教和生活方式等方面,仍产生一定的影响。

荣获1994年诺贝尔文学奖的大江健三郎就是一位具有实存主义理念的当代日本文学家。大江的文学具有着强烈的人道主义精神与高度的社会责任感,他的文学所塑造的均是一些备受社会压抑、需要社会关怀与同情的弱者和小人物;同时,他笔下的身心残疾者又都是不甘于平庸,努力与命运抗争,不断超越自我、创造自我的形象。关注现实社会中的人,特别是弱势群体,拯救人类的命运,使之再生,是大江文学的主题。我国日本文学研究学者叶渭渠在《大江健三郎作品集》前文中指出:"大江接收萨特、加缪实存主义理念的影响,技法上受实存主义'荒诞现实主义'形象系统的影响。"诺贝尔评委会主席歇尔·耶思普玛基在授予大江诺贝尔奖颁奖词中指出:"人生的悖谬,无可跳脱的责任,人的尊严等这些大江从萨特中获得的哲学要素贯穿作品的始终,形成大江文学的一个特征。"在今日日本,实存主义的高涨虽已过去,但实存主义的人生理念至今仍产生一定的影响。

与此同时,实存主义对现代日本哲学也产生了极大的影响,发展为战后日本哲学中颇具影响力的一派。战前日本著名哲学家和辻哲郎(1889—1961)、三木清、田边元、九鬼周造等早年均接受过实存主义学说。日本哲学界泰斗西田几多郎(1870—1945)也曾涉猎实存主义哲学,并在《实践哲学序论》(1940年)中摄取了克尔凯郭尔的思想。战后实存哲学已融入现代日本思想之中,成为现代日本哲学的重要组成部分。日本著名伦理学家金子武藏接受实存哲学,创立了独自的"实存主义伦理学";竹内芳郎因循萨特的思想路线,创立了"日本型实存主义的马克思主义";有"战后哲学史金字塔"之称的铃木亨,更是现代日本实存主义的典型代表,他兼容实存主义与马克思主义,创立了"劳存哲学",进而又创立了"响存哲学"。进入20世纪70年代以来,日本的实存主义哲学研究逐渐与现象学、语言哲学相结合,至20世纪80年代则明显衰落了。

从20世纪70年代开始,后现代主义文化思潮在日本已呈不可抵挡之势。人文科学领域里非理性主义兴起,共通感觉主义、反理性的人类文化论、返朴自然的经济论以及非科学主义倾向越加明显,并形成一股热潮。在思想领域里独领风骚的可谓中村雄二郎的"共通感觉论",他主张取代或超越近代理性主义。中村认为,自柏拉图以来,西方哲学中一贯重视理性而轻视或忽视感性,尤其到了近代,欧洲的理性主义完全占据主导地位,对此,他呼吁人们要重视感性的作用,主张恢复感性的权威。中村将今日哲学不景气的原因归咎于理性主义,将未来哲学的希望寄托于"反哲学"的复兴,并以此重新审视西田哲学,以探索现代日本哲学的发展方向。作为当代日本思想界的先锋,中村的理论在日本颇有市场,拥有众多的追随者,具有广泛的社会影响。

20世纪80年代初,青年学者浅田彰的《结构与力》一书风靡一时,再版17次,销量达10多万册。继之他又出版了论文集《逃走论》。在《结构与力》一书中,他大量援引现代法国结构主义和文化符号学者的论述,并加以发挥。他认为生命是动的开放系统,是依靠信息来控制自身的结构及内外诸过程的。人类即是这个生态系统中不得安生的有缺陷的生物,不具有确定的生活意识,现实中的人类总是不断地与"生活的自然所编织的有机秩序"发生"龃龉"和冲撞,进而他断言人类是缺乏理性的"发疯的生物"。在《逃走轮》中,他表现出对现代文明的极度反感,提出"从文明逃走"的主张。他认为在经济重压(家庭生活开支、教育开支及其他开支)日益加大、人的个性备受压抑的今天,现代社会积累的不是幸福,而是辛苦,因而主张从现代文明的樊篱中逃出去。浅田彰的思想表露了对现存制度的不满,表明了反理性、反现代文明的主张。

栗本慎一郎曾在经济界红极一时。他援引大量法国结构主义和符号学的理论,鼓吹经济学的非理性化和神秘化,强调人的原始性即"动物性",进而主张复兴原始的"未开化社会"的人类生活,回归到原始社会的非商品、非市场经济社会。在他看来,人只不过是文明外衣下"穿短裤的猴",他所憧憬的城市是被消费、放荡、反制度、反文明的人们所充斥着的"雾都",以至于穿短裤的猴在这座"污浊"的城市里,不仅甘于脱去上衣,还要脱去内裤,裸露全身。这表现了他强烈地反现代文明,欲返归到原始社会生活之中的心态。这与二十世纪六七十年代在北美和西欧盛极一时的反现代文明的嬉皮士运动、群居公社等遥相呼应。而文化人类学者山口昌男也提出了"复兴非理性主义"的文化观,其他还有很多,在此就不一一赘述。

此外,在科学领域,以东京大学教授村上阳一郎为代表的"新科学论"派亦掀起了科学界的反理性运动。村上认为,现代科学的发展一方面给人类社会带来了文明与进步,另一方面又给人类生存带来威胁(如:生活环境的破坏、人性异化),因此不得不重新思考科学主义及理性主义。他进而甚至完全放弃了科学与非科学的界限,不承认新旧范式之间的连续性,将科学引向非理性主义。

总之,现代西方非理性思潮正强烈地冲击着现代日本思想界,这股非理性主义、非科学主义、反现代文明思潮的风行,深刻反映了现代日本人精神世界的混乱与不安。这股思潮的大流行,某种程度上反映出当代日本精神世界所面临的危机,而1995年奥姆真理教事件的爆发,更验证了这一既存的隐患。精神无所归依的当代日本人,茫然之中投入奥姆真理教的怀抱,被邪教所利用,这是应引起日本社会深思的问题。

四、"日本主义"的沉浮

20世纪70年代以来,伴随着日本经济的成功,日本人对自身文化的信心倍增,相应地日本学术界、思想界出现了"脱离欧洲中心主义"的倾向,同时展开了对日本传统文化的探寻与研究,出现了强调日本文化特殊性、优越性的所谓"日本主义"倾向。在这种的风潮中,由日本学界知名人士梅原猛、上山春平提议,受中曾根政府全力支持,"京都国际日本文化研究中心"于20世纪80年代中期组建成立。该中心宗旨即向世界弘扬日本文化,树立日本旗帜。中心原任所长梅原猛认为:"明治以来百余年间,日本知识人的努力,主要在于欧洲文化的输入方面","可是到了今天,输入的时代正在结束,创造的时代正在到来"。[①] 他认为东方文明向西方文明反击的时代已经来临。

早在20世纪50年代,加藤周一(1919—2008)的"杂种文化论"及梅棹忠夫(1920—)的"生态文明史观"即表现出脱离欧洲中心主义的倾向。加藤认为,欧洲纯种文化并不是优异文化的标准,而日本的杂种文化也有它的有趣之处。梅棹忠夫认为,日本文明与西欧文明平行进化,日本文明并不逊色,至少能与欧洲文明相抗衡。20世纪70年代,"日本特殊性"之说在日本甚为流行。中根千枝的日本"纵式社会"结构论,土居健郎的"矫情"心理分析,浜口惠俊的"间人主义"等,均强调日本文化的特殊性,并认为正是日本文化这种"独自性",才使日本经济走向了成功。

20世纪70年代末,梅原猛(1925—)则彻底摒弃了欧洲文化中心论。他认为,以个人主义、自由主义为中心的西方文明已走向衰落,而基于佛教或儒教文化的东方文明,则是创造未来新文明的希望。在"梅原古代学"中他进一步指出,在今天以自我为中心的西方文化濒临崩溃的危机之时,挽救文明的原理存在于日本的深层文化——绳纹时代的采集狩猎文化之中。他强调,未来是日本文化走向世界、贡献于世界的新时代。梅原的日本文化论将"日本主义"推向了高潮。

此期间,日本国内弘扬日本文化之声迭起。京都国立博物馆馆长上山

[①] 参见(日)梅原猛:《美与宗教的发现——创造性的日本文化论》,筑摩书房,1967年版。

春平（1921— ）在对日本深层文化进行解析之后指出，日本文明的母体是同西欧文明所根植的旧文明群在性质上极为相异的中国文明，因而说不定有利于创造出对新文明的解毒剂，说不定有一天，日本文明与西欧文明的地位会发生逆转。也就是说，日本文明将是后来者居上。日本比较文明研究学会会长伊东俊太郎站在世界文明的立场上指出："我并没有夜郎自大，自画自赞之意，不如说正相反。日本至今已享受了各种文明的恩惠，但却没有恩惠于其他文明的机会，但现在这个时机已经到来，我想说，相应地日本必须肩负起向世界做出贡献的责任。"虽未有自我赞美之意，但也表达了欲将日本文化泽惠于世界文化的宏愿。

一时间，在日本国内"亚洲雁型论"甚为流行。该论认为，在日本经济模式引导下，亚洲四小龙、东盟及中国将顺序起飞，日本乃牵动亚洲经济成长的火车头。随之，从日本经营模式、管理体制到日本文化制品，乃至日本饮食等日本文化冲击波波及世界各个角落。20世纪80年代末，日本街头出现了热门畅销书《莎扬那拉，亚洲！》（《再见，亚洲！》），作者乃日本著名经济、军事评论家长谷川庆太郎。他认为经济上名列世界第一的日本该早日向贫穷、落后的亚洲挥手告别。作者将日本捧为高耸入云的霞关大厦，将亚洲国家贬为又臭又脏、且充满病菌的垃圾堆——梦岛（东京湾一个用垃圾堆出来的人工岛）。而20世纪90年代，优越感十足的日本人又喊出了要对美国说"不"的声音。

与此同时，日本国内的民族主义与国家主义情绪膨胀，军国主义幽灵仍在日本上空徘徊。在二战结束五十周年纪念日，许多日本老兵和战役者亲属却加紧持续已久的为日本行为辩护的宣传，他们顽固坚持所谓大东亚战争乃"圣战"。他们扛着枪，身着战时军服在靖国神社门前示威，大有复兴已逝去的日本传统武士道精神之势。日本文化中存在着复活军国主义的潜流，日本若不彻底反思，则永远不会带给世界一个光明的日本。

但是20世纪90年代以来，随着泡沫经济的崩溃以及经济持续的不景气，日本正面临着二战以来最严重的经济衰退。政坛的动荡不稳，奥姆真理教事件的发生，使得日本学者不断发出"对战后五十年进行总清理"之语。日本国际政治学者桀添要一认为，奥姆真理教事件的爆发，暴露了日本政治的弊端、教育的失败以及各种社会问题，因此该是日本猛醒的时候了。他认为,日本若不引以为鉴,进行彻底的反省,将来还会有奥姆真理教第二代、第三代出现,殃及社会。香港商界评论家在谈到目前的日本经济状况时指出,日本经济只有20%是富有竞争力的,而80%是过保护的,缺乏效率的。日本三和综合研究所理事长原田和明则郑重指出:"以往的日本式体制已经无法适应全球性信息革命的潮流",而挽救衰退局面,"惟有朝着国际标准化方向改革日本的体制,除此之外,别无他途";并呼吁"赶快拆除围在日本列岛国境线上的'围墙',打破国界的限制",此乃日本当务之急。更有甚者,做出"日本模式已终结"的结论。曾经高涨一时的"日本主义"大大转入低潮。

对目前的"日本模式终结"之说,笔者认为结论过于简单。虽然目前日本社会存在某种片面崇尚"物质至上主义"及意识形态领域里呈现混乱状况,但日本传统的"自然本位""生命一体感意识",以及颇具日本特色的"日本经营模式"等,仍具有长久的意义,对于20世纪90年代以来日本盲目照搬西方新自由主义的改革,很多学者已提出深刻的质疑。

五、"共生理念"悄然兴起

最近十几年来,"共生"一词备受日本学界关注,引发人们广泛而热烈的讨论。围绕地球环境的恶化,而讨论"人与自然的共生";冷战后深刻的民族纠纷则使"异民族文化的共生"成为切实的课题;还有社会内部"人与人的共生"等,都成为日本学者潜心思考与研究的问题。20世纪和21世纪之交,"共生理念"作为后现代社会理念,在日本日益深入人心。

首先,不同民族与文化之间的共生成为主题。1960年日本著名现代建筑大师、杰出思想家黑川纪章(1934—2007)在东京国际会议上提出"新陈代谢"思想,这完全是一位勇士对欧美强势文化的抗议之声。所谓"新陈代谢",强调不可采用"国际统一"规范及"西方模式"来建立一元文化的世界,强调应尊重地域文化和世界多元文化格局。1987年他出版了《共生的思想》(德间书店)一书,论述了"共生"理念的重要性,主张"共生"思想就是相互承认对方圣域的思想。也就是说对待每一个民族的文化,无论其国力的强弱,都应视为神圣不可侵犯和不可漠视的,应给予高度的尊重。这对于未来世界文化的发展与格局都有着普遍的价值与意义。对于任何一个民族国家来说,都存在民族文化如何"定位",以及正确处理全球化与民族文化的关系问题。

　　黑川纪章强调日本文化与西方文化之间共生关系。他赞美利休茶道自然、素朴的日本传统美意识，同时集合全球化的技术与功能。他解释说，日本新国立美术馆的设计中贯穿了"共生"理念，它使用木头、混凝土、钢铁、玻璃来打造这一建筑，但保留了自然的状态，这是非常日本化的理念，没有改变自然的本色。也就是说，建筑物的色彩美学是日本的，而美术馆的功能与高科技含量又是全球化的、世界一流的。黑川纪章开创、坚持共生理论，强调城市·建筑与人、城市·建筑与自然、城市·建筑与发展、传统与现代、文化与经济、人与自然共生共存。共生思想正是黑川纪章对世界现代建筑的卓越贡献，他的设计作品遍及20多个国家，是日本现代建筑三杰之一。

　　黑川纪章曾到西安讲学，开场白就表达了无尽的感慨，他说："对中国西安来说，京都只是个小孩子，可是从机场到城里的路上，我感到十分失望。"在大师看来，中国正面临着西方强势文化的冲击，西方式的摩天大楼、西方巴洛克风格的建筑群，在有些国人那里被视为豪华、荣耀的代名词，中国传统文化面临严峻的考验。可以说，日本是最懂得传统与现代共生之道的国家，徜徉于高度国际化的大都市东京，你既能感受到全方位的西方文化的高度集合与荟萃，也可享受到清一色日本神社、寺院静谧而迷人的魅力；漫步在文化古都京都，更可感受到古色古香的传统文化的韵味和气息。京都建筑的高度与东京不可同日而语，在京都可尽享难得的休闲与惬意；更令人难忘的则是奈良与镰仓古老的街道、浓郁的古代风情的寺院与神社，全无现代人工的痕迹，让你有回归到中国古昔文化都城之感。传统与现代的共生带给日本一个多元化、丰富多彩的世界。

　　其次，关于人与人的共生，也是日本学者极为关注的课题。法学家井上达夫积极主张以"共生"概念构筑新型人际关系，提出"竞争性共生论"。他提出充分尊重每一个个体，与异质多样的自律性人格的共生，这一论述中包含高度尊重人的自由、个性的合理性，对于排除、修正日本文化教育中整齐划一倾向，有着积极的意义。但他的生存竞争性共生论，也带有生存斗争、优胜劣汰的冷酷色彩。日本自古就有着"生命一体感"的人伦共生传统，近世伟大思想家二宫尊德（1787—1856）则提出"君臣"共生哲学，他认为君对臣剥削太苦，藩国必遭失败，领土必然荒芜。在他的农政思想中，贯彻着"以民为本"，君臣共生、共荣的思想。二战以后，日本政府成功地发扬了日本传统的人伦共生思想，实现了全民共同富裕的和谐社会；其最典型的做法就是富有地区帮助边远、贫困地区，彻底消除了城乡差别，得到全民的称道。但20世纪90年代以来经济的持续低迷，竞争性共生改革，使日本社会迅速两极分化，贫困人口达到了二战以来从未有过的高度，社会犯罪增加、自杀率一直居高不下，民众怨声载道，恢复改革以前的日本的呼声日高。法学家井上达夫"竞争性共生论"也受到关注社会弱势群体的竹内敏晴、花崎公平等的质疑。

　　第三，人与自然共生理念已成为日本民众的广泛共识。日本文化自古即有着"自然本位"，不唯人独尊，崇尚自然的传统。日本学者关于人与自然、人与环境的著述可谓丰富、精细至极，如尾关周二的《环境哲学的现在》（大月书店2001年）、《环境与信息的人学》（青木书店2000年）等，自然与环境问题成为日本学者们尤为关心的议题。特别经历了现代化的阵痛之后，20世纪90年代开始，日本已全面向"以自然为本位"的循环型社会转型。建设节能、环保、高效的日本，成为日本举国上下一致的行动。2003年日本批准了《循环型社会形成推进基本计划》，主要着眼于节制天然资源的消费和减少环境负荷。日本提出2010年资源生产率提高40%，资源循环利用率提高40%，废弃物最终填埋处理量降低50%。可以说日本是最懂得物尽其用、节约之道的国家，如今日本已形成"减量化""再使用""再循环"产业协作群。各地方根据地区的特点，制定相应的经济和社会发展绿色化方案，国民已从二十世纪六七十年代工业化时期被动地维权、反对公害，发展到积极维护"人与自然"的共生与和谐的自觉大行动，全民共同推动经济与社会生活的绿色化进程，上下齐心协力，掀起了全民"绿色环保"运动，这很值得中国效法与借鉴。

第十四讲　现代日本文化忧思

后现代、后工业社会的日本,某种程度上已呈现出"病态社会"的征兆,陷入深刻的"道德困境"之中。

伴随着日本经济的腾飞,在歌舞升平、走向富裕社会之中,日本成长起一代新人,即所谓"新人类"和"新新人类"。与老一辈的人生观、价值观、人伦观、生活观不同,新生人类以"全新"的面目展现于世。虽然这种新奇怪异、离经叛道的新新人类只是年轻人中的一部分,但对于其发展的态势,很多人则不无担心与忧虑。

与此同时,随着日本经济的起飞,20 世纪 80 年代以来日本"国际化"的呼声日高,日本试图在政治、经济、文化等各个领域,发挥其巨大的影响力。20 世纪 90 年代随着日本经济的低迷,日本国际化则呈现出许多新的发展态势,但对外国人的歧视问题依然存在,这成为日本国际化难以逾越的鸿沟,日本的国际化依然任重而道远。

一、新奇怪异、离经叛道的日本新新人类

一般而言,日本学者将 1960 年以后出生的人称之为"新人类"。这一代人可以说是随着日本经济高速增长而成长起来的一代新人。他们亲眼目睹过日本经济的腾飞与荣光,目睹过他们的父辈们如何为日本经济的成功奋斗与拼搏,为日本企业集团鞠躬尽瘁,奉献与牺牲。同时也目睹了 1973 年石

油危机给日本带来的冲击,日本企业大量裁员,竭尽毕生精力为集团奉献的父辈们被一脚踢开。或许是童年时代亲历的"创痛",以及西方个人主义与享乐主义文化的冲击,新人类不再尊奉企业集团利益至上的理念,转而提出"珍惜自己""忠实于自己"的口号。可以说,他们开始背离明治维新以来被奉之为"日本精神"的勤俭观、克己奉公精神,成为追求个人利益与享乐的一类新人。

而所谓"新新人类",是指 1970 年以后出生的人。可以说,他们是生活在日本经济成功后"幸福年代"里的一类新人。他们以一种新奇怪异、离经叛道的面目出现,主张标新立异和多元化,崇尚个性和追求自我。在人际关系上,愈加疏离人群,喜欢独享个人"自在"的空间。日本社会激烈的学业压力、就业压力,亦使新新人类陷入了强烈的孤独、空虚、惆怅、失落等消极、颓废的情绪之中。因此,带有浓烈"忧郁"气息的村上春树的小说一经出版,便受到年轻人的追捧,1988 年出版的《挪威的森林》印数超过 400 万,形成"春树"旋风。那种失却社会责任感的所谓"个人情调",似乎更能引起年轻人的兴致,日本的新新人类呈现出新的发展态势。

(一)逆转传统的价值观

明治维新以来,日本中小学教育在世界上享有很高声誉,但 20 世纪 80 年代以来,日本中小学却出现了诸如心灵荒废、班级崩溃、逃学、对教师施暴等各种病态现象,使得人们不得不重新审视日本中小学教育的是非功过,重新审视新新人类的发展趋向和态势。

1."心灵荒废"

17 世纪日本禅僧铃木正三确立了一种新职业观,他将劳动视为一种"佛"的修行和高尚行为。日本人以无人可与之匹敌的勤俭精神著称于世,"工作狂"般的生活方式唯日本所独有,而如今的新新人类则不再崇尚"日本精神"与吃苦耐劳的传统美德,以追求生活的舒适为乐,而奋斗精神不足。

据 1995 年日本总务厅《关于青少年生活意志的基本调查》,其以全国 15~17 岁约 600 人,18~21 岁大约 700 人为对象的调查统计表明:①希望事业有成、有地位的分别为 4.8% 和 4.6%;②希望经济富裕的分别为 15% 和 14.5%;③希望受人尊敬的分别为 23.4% 合 31.4%;④为他人和社会谋利益的支持率分别为 9.2% 和 7.5%;⑤自己乐趣最重要分别为 18.3% 和

19.2%；⑥快乐一天是一天的支持率竟然分别为27.9%和21.4%。由此可见，大多数新新人类没有明确的奋斗目标和人生信念，对未来没有理想和追求，对于国家社会不甚关心，而对于个人兴趣、个人生活的舒适和享乐则较为热衷。

另据1995年日本教育研究所编辑的《孩子的教师》一书中的资料，其以日、韩、中各国约300～2000名小学五年级学生（11岁）为对象的调查表明：①希望受人爱戴的分别为10.5%、33.5%、55.2%；②希望有名的分别为11.8%、39.1%、26%；③希望有钱的分别为12.3%、34.4%、29.3%；④希望事业成功的分别为20.6%、60.2%、51.3%；⑤希望有好的亲人的分别为21%、65.6%、70.2%；⑥希望家庭幸福的分别为19.2%、51.5%、50.1%。由上述统计可以看到，与韩国、中国孩子相比，日本孩子大多对自己未来期待不高，缺乏理想和斗志，并且亲情方面的需要也比较淡漠。

另据1994年《关于对青少年非行态度的国际比较》统计，日、中、韩、美各国青少年，为未来而努力奋斗的价值观调查显示，各国指数分别为：18.7%、55.7%、48.3%、25.2%。日本青少年为未来奋斗的愿望最低，他们认为奋斗是永无止境的，浪费了青春，青春的每一瞬间都应用来充分享受生活，而成为缺乏理念，没有追求的一代新人。正是由于日本青少年心灵的荒芜，才导致以下一系列"教育荒废"问题。

2. "班级崩溃"

班级崩溃是近20年来日本教育中出现的比较突出的学校病理现象之一。一般指在日本小学、初中、高中出现的由于学生捣乱等原因，造成的"授课不成立状态"，教师难以或无法进行正常的教学活动的现象。日本教育评论家尾木直树大体描述了其状况："教师进入教室以后，教室里仍有人声喧闹，学生们窃窃私语，即使教师提请注意，他们仍满不在乎，没有悔改。有的学生离开座位，更有甚者，一半左右学生离开教室，并有人向教师口吐脏话，或施以暴力。使正常的教学根本无法进行下去。"日本学者河上亮一这样描述班级崩溃状态："已经上课了，还不进入教室。上课时交头接耳，老师提出警告，根本无动于衷。上课时串桌，教室后面的学生玩起摔跤游戏，随时准备逃出教室。不愿打扫教室卫生，供餐时随便开始吃饭，显得很失礼，好吃的东西马上就没有了。欺侮行为越来越激烈，事态难以控制。这样班级作为一个小社会已经失去了它的功能。"

日本学校"班级崩溃",最早始于20世纪80年代的高中生,十年前开始殃及初中生,1994年小学也出现班级崩溃现象。与初、高中班级崩溃不同,日本小学实行的是"级任教师制",一位教师担任整个班级所有科目的教学,一旦班主任老师的课崩溃了,就意味着整个班级的课就瘫痪了。而初、高中由于实行的是"科任教师制",所以是在某位教师的某个课堂上的"局部"崩溃,并不造成整个班级全军覆没。不过,不管是哪一方,这样的现象都是日本教育界的重大损失和悲哀。

3. "不登校"与校园暴力

二战后,日本逐步确立了工业大国的地位,但"现代文明病"亦开始滋生与蔓延。其中,日本中小学生不登校(中文大致可译为"逃学")问题亦较为严重,成为日本教育界的顽疾之一。在日本,大致于1955年开始出现既非因生病,亦非因家庭贫困,却不去学校的现象,起初称之为"学校恐惧症"。此后随着对此问题研究的深入,改用"不登校"一语。1992年《文部省学校不适应对策调查研究协力者会议报告》正式将"不登校"定义为,由于某种心理的、情绪的、身体的,或社会原因和背景引起的不想,或是尽管想去却没去,并且在一年中缺席天数达30日以上的现象(由于生病和经济原因除外)。1998年起,"不登校"一语被广泛使用。

据日本文部科学省教育课程审议会作的《学生指导方面的诸问题现状》统计表明(自1991年每年缺席30日以上学生数量):1991年中小学不登校达66817人;1995年为81591人;2000年为134286人;2002年为131252人;2004年为123317人。近年来,不适应学校学习生活而退学的学生比例呈上升趋势。据《青少年白皮书》统计,1998年全国小学退学人数为26017人,中学为101675人。1999年高中阶段退学人数达111491人,占高中生总数的2.6%。

新生人类都将个人的私生活包得很严,每个人也活得很孤独、很寂寞,正是在这种孤寂和缺乏生活目标的迷茫之中,投入奥姆真理教的怀抱,终成为被教主利用的工具。以奥姆真理教上九一色村活动基地为例,其中新人类、新新人类占有一半的比例。诚然,吸引他们入教的原因,不排除渴望具有超能力和迅速升职等种种因素,但精神上缺乏斗志,生活上得过且过,心灵上无所皈依,"心灵荒废"是导致许多人加入邪教的主要原因。有些新新人类根本没有成家立业的打算,觉得那样的生活太辛苦,而甘愿一辈子留在父母家,"借着大树好乘凉",不仅不用过多地操心,还能够得到父母的照顾,平时打点零工,赚点零花钱。虽然大部分新新人类继承了老一辈勤俭的美德,但缺乏朝气和活力,未老先衰者也大有人在,从而引起许多老一代人的关注与忧虑。

(二)"新个人主义"的出台

自古神道伦理即强调"正直之心",笔者认为用汉语解释即为"克己奉公"之心,即去除个人私心私欲。在神道哲学看来,损公肥私乃是极大的恶行。圣德太子的《宪法十七条》(604年)即强调"背私向公"的美德观,明治维新以来统治阶级更是强调国家、社会利益高于一切。以涩泽荣一为代表的日本儒商则提出"士魂商才"的主张,认为商人经商首先要将国家的发展和民族的进步至于第一位。而如今的新人类、新新人类在西方个人主义、自由主义汹涌波涛的冲击下,而转向"以自我为中心",甚至走入极端的个人主义的境地。

1. 以个人为本位

新新人类往往表面看着亲切,被称为不大声嚷嚷、也无人吵架的一代,他们生活的原则是尽量不伤害他人,但他人有难,有六成的人表示拒绝帮助。新新人类生活的重心完全转向了个人,拒绝为社会、集团牺牲奉献,完全凭个人的兴致去选择公司,很多新新人类缺乏老一辈日本人坚强的忍耐力和吃苦精神,稍不顺心,就辞职,不断跳槽的现象极为严重。

日本著名哲学家梅原猛尖锐地指出:"今天的日本,赚钱已成为国际性的活动,没有任何抑制。从这一意义上来说,'普遍的赚钱哲学'甚至已成为日本人的共性,实际上支配今天日本人生活的规范,就是'能赚钱就好',然后是打高尔夫球,唱卡拉OK。在今天的社会里,愈是头脑空空,生活得愈舒服,不能不说这正在变成一种非常可怕的精神状态。"日本新一代的商人们崇尚"物质至上主义",企业利润成为至上的目标,企业为摆脱困境,不惜大量裁员,日本传统的"生命一体感意识"被彻底颠覆。有学者指出,战后大多数日本人在无意识中成为极其廉价的的功利主义道德的信奉者,日本企业家竞相追逐利润,社会呈现出种种病态,最终导致泡沫经济的形成与崩溃。

因此,某种意义上可以说,20世纪80年代末90年代初泡沫经济的崩溃乃是个人主义极度膨胀的结果。

婚姻问题上也由传统的注重家庭责任与义务,而转向注重所谓的个人感受,离婚率不断攀升。据统计,1992年日本有179117对夫妇离婚,创下战后新纪录,1994年有188000对夫妇离婚。据日本经济企划厅2001年《国民生活白皮书》统计,2000年全国离婚数又升至26万件,达到历史最高2.1‰。美国20世纪60年代离婚率为2.2‰,1981年达到5.27‰,日本虽与美国相比较低,但在东方国家则处于高位。

步入工业、后工业社会,日本则以高节奏的速度行进,人与人之间的关系也越加疏离和冷漠,特别在东京那样的大都市里,邻里关系、父母子女之间的关系带有冷酷色彩,人们对自己以外的人和事漠不关心,人情淡薄。即使一个人在家中孤独地死去也无人知晓,更无人过问,乃司空见惯之事。即使是二十世纪八九十年代在日本红极一时的女星大原丽子也难逃此厄运。据报道,她一个人孤零零地在东京家中死去两个星期竟不被发现,再次印证了日本传媒所推出的一个新社会学名词——"孤独死"。据不完全统计,在东京,每年就有将近3000人遭受"孤独死"的命运。看似繁华的东京大都市,又被人称为"人情冷漠的沙漠",让人感到心田的苍凉。

2. 校园暴力与欺负人

新新人类还表现出极端的个人主义行为,为了排解升学的巨大压力,表现出极端的校园暴力倾向和欺负人行为,只管个人即时行乐,却将个人的快乐、满足建立在他人的痛苦之上。这种现象引起日本社会普遍担忧。

据统计,1990年日本全国中学内共发生各类暴力事件780件,2500人受到侵犯。以教师为攻击目标有466件,受害教师达900人。1998年公立中小学校内暴力共29685件,比1997年上升26%。2000年又升至有史以来件数最高峰34595件。20世纪80年代初,仅日本一个县每年因中学生破坏公物而遭受的经济损失平均超过1亿日元。

据日本内阁府编辑的《青少年白皮书》对"校园欺负"所下的定义,它是指在校园内外发生的、对比自己弱的同学持续进行的身体或心理方面的攻击,令对方感到非常痛苦的行为。"校园欺负"主要表现为:言词威胁、取消、藏匿物品、无视、敲诈勒索、暴力等欺负类型。早在20世纪80年代就成为日本教育界恶疾之一。

据文部科学省的调查显示：1986年发生的欺负事件竟达155066件，到1993年减少到21598件，1994年欺负事件又增至56601件。2002年全国公立小学、初中、高中和聋哑等残疾学校，共发生欺负事件22205件。到2003年"校园欺负"事件又达23351件。初中欺负事件比例较高，以2002年为例，小学校发生率11.4%，高中为24.9%，聋哑等残疾学校为4.6%，而初中欺负事件发生率高达37.4%，占一半以上。受欺负学生身心受到极大伤害，而变得自闭、厌学、孤僻，严重者则走上了自杀的绝路。2005年日本共有608名青少年自杀，其中有70多起与"校园欺负"有关。

然而，日本文化恃强凌弱的特性，在某种意义上说则纵容、助长了欺负人的行为。日本的官员、校长、教师，往往认为被欺负者才有问题，弱者本该接受炼狱般的磨炼和考验，生存竞争、优胜劣汰。按照这样的逻辑，那么日本的"校园欺负"问题则永远无法彻底根除。

（三）新女性与少子化问题

日本传统女性讲究温顺谦恭、毕恭毕敬、忍辱负重、牺牲奉献，但如今新新女性拒绝步传统女性之后尘，去完成相夫教子的使命，年届婚龄仍栖息在父母身边享受"寄生单身"的生活方式。据1998年统计，日本女性平均初婚年龄26.7岁，比1975年提高了2岁，而大学以上学历女性初婚年龄为27.4岁。1995年30~39岁女性未婚率29.7%，比10年前增加近一倍，而1995年25~29岁女性未婚率为48%。追求自在而舒适的生活成为众多新新女性的追求（诚然，很多日本女性选择不婚，与日本法律对离婚后女性不能从丈夫处得到赡养费以及婚后就业艰难等问题有关）。

世界卫生组织指出，一个国家总和出生率若低于2.08人，就意味着人口步入少子化社会。由于日本女性晚婚、不婚现象，导致日本生育率急剧下降。1980年日本总和出生率降为1.76人，1990年再降至1.54人，1999年降为1.34人，创历史最低。目前日本女性总和生育率仅次于意大利的1.3人。据《日本1960—2001年部分年份中小学教育统计》，1980年至2000年，日本小学在校生数量不断减少，由1182.7万人，减少到736.6万人；初中生由1985年的509.4万人，减少到2000年的410.4万人；高中生由1990年的562.3万人减少到2000年的416.5万人。相应的，随着中小学生人数的大量锐减,日本的学校也面临全面萎缩。据统计,日本小学数量由1985年的25040所,减少到2001年的23964所,平均每所学校在校生数由1985年的443人,减少到304人。少子化更使得日本不少私立大学、短期大学面临破产的局面。由于18岁人口的大量减少,2002年春天,私立大学的新生减少了30%,短期大学减少了60%。有学者估计,目前日本有100所以上的私立大学存在倒闭的危险。也就是说,日本全国近500所四年制私立大学,其中有五分之一面临经营危机。四年制私立大学招生不满率,由1989年的4%,增至1999年的30%[①]。

为解决日本高等院校经营困难,日本公立、私立大学纷纷剧增学费。笔者20世纪90年代初在日本国立大学读书时,学费每年38万日元,当时私立大学学费基本为七八十万日元左右,据日本友人说,目前分别都翻了一番。为解决经营难题,日本各大高校还通过多招留学生的办法渡过难关。1980年日本的外国留学生只有6543人,1985年增至12442人,1989年、1995年分别增至23816人和53511人,2002年5月,在日外国人留学生总数达95000人,其中中国留学生达到58000人[②]。日本是世界物价最贵的地方,高额的学费和生活费则是中国留学生十分沉重的负担。

据2002年1月日本国立社会保障·人口问题研究所统计,日本人口在2050年将减到1亿人左右。即使按照高于现在的出生率预计,到2050年日本总人口仍减少至1.1亿人左右。相反,如果出生率达不到现在的水平,2050年总人口将减到9200万人左右。而2000年日本65岁以上的老人占总人口的17.4%,预计2050年老年人口约占35.7%,儿童人口占10.8%。由此可见,2050年儿童和65岁以上的老人占总人口的46.5%,即差不多一名劳动力养活一名非劳动力。按照现行社会保障制度,前景则不甚乐观。目前日本社会已显现出某种病态社会的征兆,由少子化问题而引发人力资源的困境等等,均引起日本学者极度忧虑。

二、国际化新态势与歧视现象

20世纪90年代初,笔者写就《日本的国际化与日本人的文化心理》一

---

① 转引自石人炳:《日本少子化及其对教育的影响》,人口学刊2005年第1期。
② 转引自石人炳:《日本少子化及其对教育的影响》,人口学刊2005年第1期。

文,指出日本国际化的障碍乃是由于日本人文化心理的封闭、不开放。但随着20世纪90年代日本泡沫经济的崩溃,世界经济国际化的大趋势,以及日本社会少子化问题与人力资源困境等诸多问题的出现,日本人的国际婚姻日趋增多,外国人在日就业也不断扩大,但日本社会的歧视问题依然是外国人抱怨最多的问题。

(一)在日外国人的激增

二战以后的一段时期,在日外国人虽有一定数量,但数字并不庞大,但二十世纪八九十年代以后,随着日本步入少子化和老龄化社会,保持劳动人口的稳定成为日本政府所忧心的问题,为此,日本政府不得已开始打开国门,调整对外政策,在日外国人数目则急速增长。据统计,2002年持有各种签证,并在居住地进行登录的在日外国人为185.2万人,还有约22.4万非法滞留者,两者合计207.6万人①。

庄国士教授认为,日本华侨社会形成于明代末期,随着明朝衰败,中国逃亡日本的"流亡义士"激增;另一方面虽明代严禁中日贸易,但民情趋利,且日本政府也极欢迎前往贸易,故留日的华裔、水手不断增多,当时日本平户、长崎有大量中国人聚集。据史料记载,1689年长崎总人口6万,其中唐人1万人。中国第一次留日热潮为清末民初(1896—1919),甲午战争后,1895年至1939年留日总数达10万人。改革开放以后,又迎来了第二次留日热潮。据统计,二战至1972年中日关系正常化期间,在日华人华侨大致保持在4~6万人左右。一般学术界将1972年以前在日的,称老华人华侨,总计5万人。改革开放以后,中国在海外新华人华侨估计200万左右,其中约五分之一在日本。至2000年底,在日华侨华人总数为45万,其中新华人华侨21万。世纪之交,日本的外国人数目达到了空前绝后的增长。

(二)国际婚姻不断走高

据1997年4月1日《留学生新闻》统计数字显示,日本人与外国人国际婚姻件数不断攀升:1970年为5546件,占日本人结婚件数的0.5%;1985年为12181件,占日本人结婚件数的1.7%;1990年为25626件,占日本人结婚

---

① 陈茗、陈若愚:《日本迈向"移民大国"的蹒跚步履:历史、现状和展望》,东南学术2005年第4期。

件数的3.5%;1995年为27727件,占日本人结婚件数的3.5%。据2007年9月日本厚生省发表的《人口动态统计》,2006年日本全国婚姻件数730971件,其中国际婚姻44701件,国际婚占日本人结婚件数的6.3%。国际婚姻与十年前相比,增长了近一倍。其中,与中国人的婚姻,自2001年起,每年均超过1万。2006年中日国际婚姻达13214件,离婚件数为5227件,比日本人离婚率偏高。

在日华侨第一代,受到日本社会相当的排斥、歧视,他们往往在日生活安定后,回家乡寻亲,当时若与中国人结婚,则要受到日本亲属强烈的反对,并受到日本社会普遍的蔑视,其子女也往往会被欺负,从就业到结婚,都会充满艰辛。第二代华侨仍受到这种余波的影响。但20世纪80年代以后,随着国际化的大趋势,有了很大的变化。据1980年日本总理府"对于国际婚姻的态度"舆论调查显示:日本男性50~60岁,赞成者为22%,反对者为47%;20~30岁,赞成者为42%,反对者为17%,较以往有了很大的改观。

20世纪50年代至70年代,老一辈华侨华人很难在日本找到想做的工作,只能在贸易、饮食、娱乐、不动产等有限的几个行业,从事"个人经营",很难融入日本社会。改革开放后的新华侨华人,大多具有高学历,是高水平的英才,他们视野开阔,博学多才,朝气蓬勃,勇于拼搏,因此更受到面临人力资源困境的日本社会的广泛欢迎。他们大多以被雇佣的形式,从事科技、教育、文化、卫生、商贸等数十个行业,特别是在高精尖领域,从事人文科学、自然科学、国际业务、科研工作的比率较大,日本将他们作为参与21世纪国际竞争的后备军。不过总的说来,在日华侨华人经济状况一般,不如东南亚华侨华人那样具有经济上的强势。

(三)有关外国人法律的变更

1871年《中日修好条约》对在日华侨作了严格的限制,只能是商人和具有特殊技能者,而且限定人数。从鸦片战争以后,可以说中国在日本人心目中的位置一落千丈,因此日本人从内心深处,即排斥、歧视中国人。1951年日本针对外国人颁布的《出入国管理令》,原则上不承认以"永久居住为目的的外国人入境"。日本《国籍法》一贯奉行"严格控制外国人加入日本国籍"的原则。从总体上看,日本长期实施的是限制、抵制乃至是排斥外国人居留日本的基本政策。

随着时代的发展,日本晚婚与不婚,或晚婚不育日增,低生育率、少子化和老龄化问题日益严峻,使日本劳动力面临困境。为此,1989年颁布的《入管法》,一定程度上拓宽了有技能的外国人为日本所用的渠道,但严格禁止无技能者移入。进入20世纪90年代,日本政府担心人口减少、科技人才不足威胁经济可持续发展,在"放宽限制"的呼声下,1999年第三次修改《入管法》,变消极为积极主动"吸引"外国精英人才,促进在日外国人生活安定化,为其营造良好的环境,减轻在日外国人的负担,从而使其更好地为日本社会效力。

对于《登录法》中"按指纹"问题,在日外国人一直抨击较多。为顺应大势,1997年1月日本重新修改《登录法》,废除了持"永居"签证的外国人按指纹的条款。1999年日本国会又通过《外国人登录法》修正案(2000年4月1日实施),废除外国人在登录时,必须按捺指纹的制度,只需签名。至此,延续了近百年的"将外国人当成犯罪嫌疑犯"的指纹按捺制度,终被彻底废除。

日本第一部《国籍法》制定于1899年,1950年重新修订第二部《国籍法》,一直倾向于"父系血统主义",因此,日本女性与华侨结婚所生子女,不能成为日本公民,而只能是持中国国籍的华侨。1985年修改后的《国籍法》规定:"子女出生时,父亲或母亲为日本公民时,其本人为日本公民",这样"父母双系血统主义"使其子女入日籍成为必然。此外,1985年《国籍法》修改后,对一些与日本人有血缘、姻缘等特殊关系的外国人,在入籍上均有所松动,经过一段时间的申请,日本人的配偶均可加入日籍。总之,20世纪90年代以来,随着日本人口压力骤降,对外国人入籍政策把握上有所放宽。

(四)对外国人政策"放宽"

关于录用一般公务员的"国籍条款"日渐废除。20世纪90年代开始,日本不少地方县、市,开始雇佣外籍人士担任公务员。如神奈川县政府1997年3月决定,自1998年开始允许外国人应试、应聘。在5700个一般公务员职位中,3400个位置均可聘用外国人。1997年夏,大阪市将持有"永居"签证的外国人作为被录用对象之一。1998年大分县大分市也向外国人开放。据统计,截至1997年,日本有外国籍地方公务员772人,比1992年增加了46%,不接受外国人考试的地方政府由1992年24.7%减少至19.7%。外国人公务员分布于28个都道府县、124个市内。还有2县、181个市开放了对"一般事务职种"的晋升限制。

永居、定居签证发放政策日益松动,旨在促进日本经济增长,稳定在日外国人队伍。据历年出版的《在日外国人统计》,1998年12月底,持"永居"签证的中国人为35940人,比1994年的27381人,增加了近万人。1994年"定居"28382人,1998年增至38927人,增幅史无前例。1999年8月4日日本经济企划厅长官表示:"日本从2007年开始,劳动力人口将急剧减少,如果特定的产业部门劳动力极端不足,则日本经济将全面衰退。因此从促进整个日本经济活力角度看,接受外国劳动力是必要的。"

由《入管法》、《登录法》、《国籍法》及有关外国人政策的出台,可以看出日本政府审时度势,灵活机敏的对外政策方案,标志着日本政府对外国人由极端的排斥,向主动"吸纳"的根本性转变。可以说日本国际化的步伐大大加速了,然而归根结底,还是日本社会内在需要的所决定的。

(五)歧视问题犹在

虽然日本历史上曾经历四次大规模对外开放(弥生时代、奈良时代、明治时代、二战以后),如今可谓是第五次对外"打开国门",无论是主动抑或是被动,但日本社会始终没有彻底根除"歧视"问题。日语称作"差别",在日语语境中,可理解为因人而异,区别对待,特别是对待比自己落后的国家或民族,这种歧视则愈加强烈。

歧视现象在日本由来已久,且种类繁多。但其中万古不变的铁律即是强者对弱者的歧视。从历史上看,日本即存在对阿伊努等落后民族的歧视。阿伊努是生活在日本最北部地区的少数民族,历史上称"毛人""虾夷人",他们一直备受大和人的欺凌。明治维新时期日本开发北海道地区,推行对阿伊努的"同化政策",阿伊努的文化和风俗被粗暴地否定,很多阿伊努人被迫隐姓埋名,流落他乡,人口锐减为原来的十分之一,目前日本的阿伊努仅有2.5万人左右。即使在现代社会中,他们在婚姻、就业、教育等方面仍承受着"有形"与"无形"的歧视,被视为与大和人相异的"蛮人"的后裔。

近代以来,日本一直奉行着福泽谕吉"脱亚入欧"路线,视欧美等发达国家为至尊,对亚洲等经济落后国家则采取侵略、蔑视、歧视的政策。虽然战争已经过去半个多世纪,但在日本人心灵深处仍未摆脱福泽谕吉"崇美(欧美)鄙亚"的阴影。还存在对70万在日韩国人和朝鲜人的歧视,对20世纪70年代归国的日本战争孤儿、战争幸存妇女及其子女的歧视,对在日外国人、日本人配偶的歧视等等。在由中国籍转为日本籍的大部分人士中,80%以上的人认为自己受到不同程度的歧视,感觉在日本生活过程中,总有一种看不见的敌视目光在盯着自己。日本著名国际关系评论家森本泽郎指出,日本国民的国际观相当不足,尤其轻视乃至歧视亚洲国家,这与政府长期以来的态度不无关系。但从骨子里讲,日本人一直对西方人心存疑惧,"敬而远之"也不足为怪了。而对亚洲国家,日本除了推行殖民统治和军事侵略外,在二战后也提供过经济援助,但说不上是平等交往。近些年来亚洲国家经济腾飞,日本才开始不得不关注与亚洲国家的关系。

20世纪90年代以来,虽然有关在日外国人法律政策开始放宽,但沉淀于日本人内心深处的"无形的歧视"犹在,只有从文化心理上消除歧视,才能真正实现日本的国际化。日本《读卖新闻》曾呼吁:在日本的外国人有200万之多,涉及歧视外国人的有关条例应予以取消或至少作出修改。在不违反日本国民自主权的原则下,应把一个个"歧视"取消,以逐步扩大外国人应享有的权利。但各国观察家仍认为,要消灭"歧视"还有很长一段路要走,日本的国际化仍任重而道远。

三、余论

由以上全方位透视,我们可得出结论:后现代、后工业社会的日本,某种程度上已呈现出某种"病态社会"的征兆,陷入深刻的"道德困境"之中。甚至有学者认为,今日日本的道德状况,还不如江户、明治时代。因此主张应回复到资本主义上升时期道德状态上,恢复近代社会的激情与斗志、理想与信念、自由与责任、道德与义务、感性与理性和谐统一的人格状态上。

日本的"经营之神"稻盛和夫(1932—)与著名思想家梅原猛合著的《回归哲学——探求资本主义的新精神》一书则指出:资本主义世界已面临着严重的危机,甚至已经到了崩溃的边缘,"今天的资本主义已经没有什么圣经了,两只手里都是拿着算盘,除了算盘以外,没有任何规定人的行为的基准","资本主义变得既无伦理,也无文化"。两位日本思想家为资本主义世界的危机而担忧,并开出医治现代资本主义文明病的"处方",即回到"原点",回到资本主义初期的那种有"伦理"的时代。即"一手拿圣经,一手拿算盘"的时代。他们指出:"我们应当重新回归到资本主义的原点上去。就欧洲来说,有所谓耶稣教徒的伦理。从日本来说,有江户时代资本主义发展时的心学",即"人的伦理"之学,它综合了儒教、佛教、神道各种伦理,成为当时民众的日常伦理规范。

梅原猛特别遗憾地指出,经济高速成长的现在,人的优美的人格却失去了。为此他们提出应进行"心灵的教育","建设新的资本主义",有伦理的资本主义,把"诚信"作为最起码的道德原点,改变偏向智育教育带来的混乱,培养具有道德感觉的知识分子和各种人才。梅原猛特别痛感"心灵的教育"的必要性。他提出日本文部省要很好地集中全国最高智慧和力量,来研究成功的"心灵教育"的学问,主张通过心理学、哲学、伦理学等综合学科一起,进行联合攻关。

联邦德国前总理、西方著名政治家赫尔穆特·施密特在《全球化与道德重建》一书中,对风靡世界的所谓自由主义、个人主义加以深度审视并加以深刻批判。他指出:"我们这个社会中的道德日益堕落的速度正在加快。可是,如果缺少个人权利和义务的双重原则,任何开放社会,任何民主制度都无法长期维持下去。"[1]他指出,即使是在后现代社会,"美德也是不可或缺的",否则"我们将无法和平共处","毫无约束的自由会导致野蛮和犯罪,任何社会都需要一些约束。没有规则、传统和关于行为规范的共识,任何共同体都无法存在"[2]。"没有美德,任何一种自由公民社会都无法长期维持下去"[3]。

笔者则感到,在今天中国的大学课堂上,学生有些过于"自由化",大学生们对上课吃东西、情侣堂而皇之地亲昵等行为,似乎习以为常。虽然笔者不敢妄自断言这就是班级崩溃的"前兆",但却是应引起我们高度重视的问

---

[1] (德)赫尔穆特·施密特:《全球化与道德重建》,柴方国译,社会科学文献出版社,2001年版,第201、208页。

[2] (德)赫尔穆特·施密特:《全球化与道德重建》,柴方国译,社会科学文献出版社,2001年版,第218页。

[3] (德)赫尔穆特·施密特:《全球化与道德重建》,柴方国译,社会科学文献出版社,2001年版,第234页。

题。我们研究邻家的问题,最终还是为了防微杜渐、规划自家的事。日本的前车之鉴带给我们深刻的启示即是:在搞好物质文明建设的同时,精神文明建设不仅要抓,而且要深抓。

第十五讲　关于"日本模式"的新思考

"日本模式"的深刻启示，即是：勤俭创业、持业，构建人与自然、人与人和谐的社会，以及"教育先行"的人力资本投资战略。

当今日本社会的确问题多多，但这是否就意味着日本完全失去竞争力？日本模式已告终结了呢？笔者认为虽然在很多具体问题上，日本正陷入困境，但就总体而言，日本并非在国际化中迷失自我，失去目标的国家，而是自20世纪90年代开始已朝着更加节能、环保、高效的后现代、后工业社会转型，或者说"远航"，它的建设"循环型经济"的许多理念及其做法都极具前瞻性，这个国家依然在为明天准备着，它的正反两个方面的经验都带给我们诸多启示。

一、现代价值理念的确立

由于日本独处一岛远离大陆，自然资源贫乏人口众多，加上火山等自然灾害频繁，使其自古就有一种忧心未来并深谋远虑的民族性格。古代日本人由于忧心食源枯竭，故在有限的土地上总是不停地精耕细作，过度劳作，形成勤勤恳恳、专心致志于农业生产的"精农主义"性格。17世纪日本思想家、禅僧铃木正三又将日本人这种"精农主义"性格加以"近代化"阐释，赋予其"近代理性"的色彩。从而建立起一种促进日本资本主义发展的全新宗教伦理。某种程度上可以说，这种新职业观与西方新教伦理所倡导的勤业、敬业、乐业的"天职"思想有着异曲同工之效,其对日本社会的发展和财富的创造发挥了积极的作用。现实中的日本人也的确如铃木正三所塑造的那样,以忘我的精神拼命工作,工作狂般的生活方式似乎已成为日本人所普遍认同的人生价值与生命追求。在二十世纪六七十年代欧美人心目中的日本人是只会埋头工作,不懂得玩为何物的"经济动物",但日本人自有其自身逻辑,并全民一致认同并自觉"奉行"。

　　日本人的节俭亦起于"忧患",有学者认为日本人喜食"生冷"也是出于节油省柴、精打细算的考虑,故中世纪日本人接受了佛教、禅宗清贫主义的生活观。江户幕府力倡节俭,一个人如果浪费和奢侈就是犯罪,会遭到整个社会的批判,而一位财界巨星若能以朴素为本,则会受到社会普遍的称赞,即虽拥有财富,却能自制,不为一己享受而消费,这方是为社会所尊敬的人。铃木正三之后,石田梅岩从理论上系统提出了"节俭为第一要义","俭约"乃政治之大本的主张,石田指出:"知节俭之理,而行节俭之事,则家齐国治天下平。"并将这种节俭观上升至哲学意义上的"道"的高度,可以说这种节俭观适应了日本资本主义原始积累时期财富积累的需要,为资本主义大发展确立了理论前提,此与西方新教伦理所倡导的廉俭、克制、清教徒式的生活方式有着同样的社会功用。经历了近代思想的启蒙,勤俭精神成为日本社会所普遍认同的道德理性原则。日本社会评论家山本七平锐利地指出:具备勤俭之道,岂有不富国之理?

　　勤俭成为老一代日本人美德评价的重要标准,那么二十世纪六七十年代以后成长起来的新人类、新新人类是否彻底背离了这一价值观呢?有观察者认为,除少数叛逆者外,如今大部分新人类、新新人类依然"勤劳",日语中的"猛烈社员"则是日本年轻一代上班族竭力工作的字眼。据日本联合工会 2002 年 6 月调查显示,日本有将近半数的上班族经常为公司"无偿"加班,并且每人每月无偿加班的时间高达 29.6 小时,比 1998 年高出 4.6 小时。日本两家研究机构对居住在首都圈和关西圈的私企职员进行的最新调查显示:男性职员平均工作时间为 10.5 小时,其中 28% 的人称他们的日均工作时间超过 12 小时。日本社会经济生产性本部和日本经济青年协议会在 2003 年联合调研表明,74 家公司、3700 名高中毕业以上的新职员,在"加班"与"约会"间做选择时,有 78.5% 的人选择加班,创该调查史上的最高纪录。

泡沫经济以后日本企业大幅裁员,职业竞争更加激烈,因此在工作职场,他们个个工作起来毫不懈怠,并且比他们的父辈们更讲求工作效率。如今日本的上班族流行打"点滴"①,一种可以迅速恢复体力、精力的维生素针剂,将今天日本的工作职场形容为"战场"则一点也不为过。

2007年改编自漫画家安野梦洋子的人气作品《工作狂》电视连续剧,在日本获得了很好的收视率。其主人公是一头茶色头发,28岁的女编辑松方弘子,信奉"工作第一、爱情第二",一旦进入工作状态就废寝忘食。这种新一代人勤勉工作的形象才是备受日本社会推崇和喜爱的。如今日本经济发展速度放缓,年轻人的消费理念也趋于保守(不买车、热衷于存款),节俭精神在年轻人身上再现。最近日本政府提出"零浪费"的口号,要求各级政府采取有效措施杜绝浪费,针对一些不必要的大型国家项目或建筑进行检讨,还有人提出日本议员出国出差应该从头等舱改为经济舱。已步入后现代、后工业社会的日本依然克勤克俭,埋头苦干,这样的国家,依然有后劲。

二、"人与自然"和谐关系的建立

日本人有着以"自然为本位"的优良传统,但在二战后现代化建设中,由于缺乏有效的管理,也曾走过一段弯路。二十世纪五六十年代的日本变得乌烟瘴气,濑户内海成了著名的"死海";由于企业排放废气、废水,使当地居民患上"水俣病"、骨痛病,哮喘病死亡;河里流着臭不可闻的黑水,使鱼类绝迹;汽车排放大量尾气,熏倒小学生,震动全国。为此日本政府各项环保法律相继出台,并动用大量人力、物力、财力,经过十年治理,20世纪80年代初终于重现蓝天碧水。据悉,工业化时期日本原始森林也曾遭劫,但政府及时修正政策,推出《森林法》,20世纪60年代重建森林植被,使森林覆盖率迅速回升,森林覆盖率保持在67%至70%的状态,是世界森林覆盖率最高的国家之一。日本强调营造环境保全林,其具有抗干扰能力强,在防风、防沙、防水土流失、调节气候,净化空气等方面都能发挥作用。

---

① 也称"点滴10",即打针、输液仅需10分钟,非常便捷,但可迅速消除疲劳,恢复体力与精力,以利于再投入高度紧张的工作中。在东京惠比寿地区就有"点滴10"的专门店,这项服务的最低消费为2000日元,约合人民币近150元。

经历现代化的阵痛与反思,20世纪90年代开始,日本已全面进入"以自然为本位",建设"循环型经济"的时代。日本深刻认识到大量生产、大量消费、大量废弃的危害。1993年制定的《环境基本法》规定:"企业必须根据保护环境的基本理念,防止破坏环境,在生产加工、销售等经济活动的各个环节中,必须将由此引起的物品使用、加工或废弃给环境带来的负荷减少到最低限度,并尽量使用再生资源,以及有利于减少环境负荷的原材料和方法。"这成为日后日本建设循环型社会的基本理念。2000年通过了《推进循环型社会形成基本法》,该法中将循环型社会勾画为:"最大限度减少废弃物,通过循环利用和对不能循环利用的资源进行合理处置,尽量减少资源的消费和最大限度地减少负荷的社会。"2000年日本颁布《家电循环利用法》(2001年4月实施),对电视、洗衣机、空调、冰箱等四类废弃物处理方式及责任作出规定。2003年修订《资源有效利用促进法》,将电脑主机显示器、笔记本电脑均列为循环对象。民众丢弃电子垃圾时,要自己花钱送至专门回收站。日本对生活垃圾的分类回收至少有10余年的历史,有的城市则有20余年的历史,有的城市废品再利用率达40%。在日本,循环再利用的理念早已深入人心。

　　日本人自古就有着崇尚自然、尚节俭的优良传统,这一文化优势在建设循环型社会中可谓如鱼得水,大显身手,突出表现为:(1)"超节能":日本力求做世界节能大国。日本汽车在全球已占有很大市场,其主要优势是节能、环保、质优;松下电器已决定,到2012年该公司生产的节能电灯将达总产量的90%;日本帝人工程公司正在开发一种新的节能空调,耗电可减少40%;而不动产开发业则通过特殊设计使家庭更多使用风能、太阳能等自然资源。据统计,创造同样的价值,中国其所耗能源是日本的9倍,美国则是日本的3倍。(2)"零排放":日本在全面推进零排放,据悉日本空气质量较高,与火力发电站使用清洁的燃料有很大关系;今天日本市场上60%以上的汽车是小排量车;而以美元为单位的温室气体排放量,日本只有欧美的一半;日本政府提出,到2050年要将本国温室气体排放量比2005年减少60%至80%。具体措施包括:到2020年把太阳能发电普及率提高到现在的10倍,选取10个左右环境示范城市以推进。(3)"高效益":以丰田汽车一家全自动化回收厂为例,一辆汽车92%零部件均可实现循环利用,剩下8%废弃物用于发电,最后坚硬残渣运至海边填海造地,废弃物得到高效利用且少污染。日本废旧电器循环利用率,空调为78%,电视为73%,冰箱为59%,洗衣机为56%。

现代循环经济是实现人与自然和谐、共生的明智选择,也是实现经济可持续发展的必由之路。日本的循环经济战略已深入社会,日本民众有着强烈的环境理念,可谓举国共建。中国已开始向"循环型经济"转型,日本的一些做法值得借鉴。

三、"人与人"和谐社会的构建

日本列岛一方面有着得天独厚的天然美景,另一方面自然资源贫乏,且火山、地震、台风、海啸等自然灾害频繁,因此为抗拒自然灾害,列岛全体国民必需精诚团结,同舟共济,"生命一体感"意识油然而生,这即是日本早期文化的特征,即所谓"和"的伦理。7世纪圣德太子吸收儒家思想,将日本这一原生文化加以理性化,制定《宪法十七条》(604年),第一条即曰:"以和为贵,上和下睦。"梅原猛则指出,早在绳纹时代日本人的世界观即以"生命一体感"为思想基础,它隐存于日本人灵魂的深处,故命之为"绳魂"。梅原猛还将日本人重视人际关系,善于协调人际关系概括为"和"的精神,日本社会学家中根千枝则从社会学角度剖析日本社会,提出"纵式社会论",并指出这种集团主义文化对日本的现代化做出了贡献。

在二战后日本经济高速增长期,日本传统文化中注重"人伦和谐"的思想,在日本政府的执政理念中得到充分体现,最典型的做法就是对高生产率企业、高收入人群及快速发展的核心城市,提高税率,然后将税收再分配给偏远地区,补贴给低生产率的农业、落后的服务业等等。因此,从地区差别上看,东京、京都、大阪、神户、名古屋等大城市的生活水平,与偏远的九州、四国、北海道等地几乎没有太大差别。因此二战后的日本政府也被民众称为"最酷"的政府,而为如今下层社会民众"怀想不已"。

战后日本政府大力扶植农业,使其迅速现代化。20世纪50年代日本政府对农业投资已占国民经济投资的20%,以后逐年增长,有学者统计,农民收入总额中一半来自政府补贴。因此在经济高速增长期,日本国民收入几乎没有太大差距,城乡收入、国家公务员与企业员工的收入、大企业与中小企业员工的工资相差不大,并且企业在经营上实行终身雇佣制、年功序列制,只要勤奋奉献,就可长期被聘用。当时日本政府曾对民众进行舆论调查,90%的日本人都认为自己生活于"中流社会","一亿总中流"即由此而来,因此社会安定有序,少有西方社会的游行、罢工。

但20世纪90年代随着泡沫经济的出现,日本经济陷入困境,而此时西方经济重又振兴,"新自由主义"开始复活。日本依据美国模式,进行全方位"改革",导致中小企业破产风潮,也导致"终身雇佣制"和"年功序列制"变调,正式员工急剧消减,临时工比例上升。京都大学橘木俊诏教授尖锐指出,低收入的非正式员工占了三分之一。据界内人士透露,被大小企业丢弃了的非正式员工从20岁到60岁都有,对于他们而言,以后的生活则完全没有保障。

2005年《下流社会》(光文社)一书在日本甚为热销,作者三浦展指出,日本的中产阶级正在消失,社会核心阶层的中产阶级迅速向下分化。泡沫经济时代个人年收入600万至1000万日元才算中产阶级,而2004年个人年收入低于600万日元的已占日本纳税人口的78%。年轻人大部分沉淀到下层社会。今天,在越南河内、泰国曼谷的大街上、旅馆里,常常可以见到远离日本社会的年轻人,他们从早到晚在旅馆里抽烟、看书、喝啤酒,有的为当地旅行同胞做导游,有人估计像这样以自由打工为生的年轻人至少有数百万。另外,既不工作也不读书不接受职业培训,而靠父母养活的"腻一族"(NEETs)或称"啃老族",也有100万以上。

2006年畅销书《为何年轻人三年就辞职》(光文社)的作者城繁幸认为,并非现在的年轻人堕落,缺乏上进心,而是支持日本经济高速发展时期的终身雇佣体系不复存在,职业没有安定感,年轻人只能从事低薪、繁重的工作,同时看不到希望。据统计,如今日本贫困人口近2000万,贫困率[①]15.3%,在发达国家中排名第三。2004年6月日本内阁府舆论调查表明,很多国民认为"现在的日本已经不是安全、安心的国家",其中认为"少年犯罪、不与外界接触、自杀等社会问题增加"的人达65.8%,认为"犯罪多发,治安恶化"

---

① 据世界经济合作与发展组织(OECD)的经济指数,在一个国家中收入不足国民平均收入一半的称为"贫困者",而贫困者占国民总数的比例即为"贫困率"。据统计,目前日本全国年收入在200万日元以下的达1000万人,为特困人口。2006年,日本政府向108万户家庭发放特困生活补助,其中大多为丧失劳动能力者。

的人达64%，日本已成为"不安社会"。

就在日本经济低迷，日本各大企业纷纷抛弃终身雇佣制，引进美国所谓的"灵活"雇佣模式的时代，在美国工作20余年，有"日本财界总理"美誉的日本佳能董事会主席御手洗则逆潮流而动，坚持终身雇佣制。他认为个人与集体一体感，即集团主义文化，乃日本所特有的国际竞争的关键所在，而对摒弃自己的优长，却生搬外国的经验，他持怀疑的态度。

从2002年2月开始，日本经济一直保持二战以来最长时间的增长，宏观经济显现出良好的态势，被视为"重新崛起"（不过近几个月来，日本经济一直在大幅下挫）。但也有人指出，日本大企业是靠削减员工的办法焕发了活力，他们认为所谓经济复苏，是大企业和富有者阶层的盛宴。大多数工薪阶层不仅没有享受到加薪，反而增加了社会保障和税金方面的负担，再这样下去，只能是富人愈富，穷人愈穷，使社会矛盾加剧。笔者认为，日本在改革中正将自身宝贵的东西加以否定和抛弃，曾经促进日本经济成功的集团主义文化受到西方新自由主义的侵蚀，这种"生存竞争""优胜劣汰"的社会达尔文主义的发展模式缺乏可持续性。科学的发展观应该注重人与自然、人与人、人与自身的和谐与可持续发展，日本经济高速增长期"建设和谐社会"的经验值得我们借鉴，它的新自由主义的改革也应引起我们警惕与深思。

四、人的现代化

要实现社会的现代化，首先要实现人的现代化，而人的现代化离不开教育，日本教育在两次经济腾飞之中扮演着绝对重要的角色。中国是东方文明的发源地之一，历来重视文化，尊重教育，但当我们考察近代日中两国教育发展状况时却发现了很大的落差。日本现代教育起步早、范围广、发展快、水平高，居亚洲各国之首。

日本现代教育起步于江户时代，据不完全统计，江户末期日本男子识字率达45%，女子达15%，武士及村长之类的干部识字率达100%，城市商人识字率也达80%以上；1848年至1860年，江户平民子弟就学率已达86%，一般小店主以上家庭的子女100%都上了学。江户时代日本已有了较完善的教育普及机构，分别为幕府直辖学校、藩校、寺子屋、乡校、私塾，等等。另外，明治维新前，"西学"传日也有近三百年历史，大多明治维新志士接受过

"西学"的启蒙。可以说,江户时代为明治初输送了一大批学养高、训练有素、具有远见卓识的政治官僚来领导维新运动。明治维新以后,《学制》(1873年)付诸实施,明治政府强制民众尽可能将子女送至小学上学,把最好的建筑提供给学校,并提倡女童上学。1900年文部省实行四年制免费义务教育,成为日本义务教育史上划时代的决策。1907年儿童义务教育普及率达97.8%,同年又将义务教育年限延至6年。1910年义务教育普及率几乎达100%。日本成为世界上第17个实施义务教育的国家。明治政府资金紧张,但文部省的经费开支则是各省中最高的。经过近30年的努力,明治政府在全国范围内基本普及了初等义务教育,速度之快为世界之首,比美国早4年,比法国早10年,是世界最早普及义务教育的国家,全面提高了国民的文化素质。二战后在国家财政极其困难的条件下,仍然坚持普及九年制义务教育,战后师生常常在极其简陋,甚至露天的教室里上课。日本政府不断追加教育投资,其教育经费在国民收入中的比例逐步上升,有时甚至超过15%还多。二十世纪五六十年代在5%左右,二十世纪七十年代上升到6%至7%,1980年达7.2%。"教育先行"始终作为国家发展战略的第一步,为日本经济的腾飞提供了充足的人力资源。

社会的现代化需要人力投资,诺贝尔经济学奖得主、美国芝加哥大学教授詹姆斯·海克曼认为,人力投资是最根本的,回报也是最大的。他指出现在中国的问题是在人力资本上投资不够,投资大部分集中于沿海和物质上,而不是内地和人力资本上。事实上,平衡的教育投资会促进经济发展,并会减少长期经济发展的不平衡。

为适应瞬息万变的时代发展需要,日本自1988年又提出了"向终身教育体系转型"的文化发展战略,即从"学历社会"转向"终身学习化社会",建成学校、社会、家庭一体化的终身教育体系,使人活到老,学到老,改造到老。终身教育被称为"可以与哥白尼学说带来的革命相媲美的"教育史上"最惊人的事件之一",引起世界各国重视,美国1976年制定《终身学习法》,欧盟2000年发布《终身学习备忘录》,韩国1996年将《社会教育法》更名为《终身学习法》,中国2002年通过《终身学习法》等等,各国均将终身教育视为进入21世纪的一把钥匙。

但推进终身教育体系最迅速,已形成体制的只有日本。早在1988年,日本就在文部省设立终身学习局。1900年由国会专门制定《终身学习振兴法》,在文部省设立终身学习审议会。终身学习审议会是直接听命于文部大臣的咨询机构,负责决策;各地方也设立终身学习的司、处、科,文部省给地方以财政与技术上的支持。在日本,大学毕业仅是人生的第一步,进入工作职场后则要接受从职业观到技术的全方位的职业培训,而且这种培训是永无止境的;尤其重视一线教师知识更新,教育理念与时俱进。政府要求全国高校、中小学均向社会开放,各地方文化会馆、图书馆、博物馆、体育活动中心等,均纳入教育范畴。目前,日本上网普及率已达70%,从学生、公司职员、公务员,到家庭主妇、老人,各个层次都有,为世界之最,日本人对各种信息的摄取极为热心。日本已建成"从幼儿园到坟墓"的完整的教育体系。

中国已将教育摆在优先发展的战略地位。温家宝总理明确指出:"有一流的教育才能成为一流的国家",中国丰富的人力资源亟待开发,并且它将会为中国经济再造奇迹。百业待兴,教育先行,这是保持国家经济可持续发展以及决定未来国家命运的关键。

笔者认为,"日本模式"的深刻启示即是:勤俭创业、持业,构建人与自然、人与人和谐的社会,以及"教育先行"的人力资本投资战略。虽然泡沫经济以来,日本盲目照搬"西方新自由主义"的改革,导致日本社会急速两极分化,"日本经济发展模式"处于无所归依,找不到"定位"阶段,但就总体而言,日本并非在国际化中迷失自我,失去目标的国家,而是自20世纪90年代开始朝着更加节能、环保、高效的后现代、后工业社会转型,或者说"远航",它的建设"循环型经济"的许多理念及其做法都极具前瞻性,这个国家依然在为明天准备着。